基层公共图书馆创新丛书

临安市基层公共图书馆服务体系创新研究

钱新峰 著

图书在版编目（CIP）数据

临安市基层公共图书馆服务体系创新研究/钱新峰著.
—天津：天津大学出版社，2016.1
（基层公共图书馆创新丛书）
ISBN 978-7-5618-5517-1

Ⅰ. ①临… Ⅱ. ①钱… Ⅲ. ①公共图书馆—图书馆服务—服务模式—研究—临安市 Ⅳ. ①G259.252

中国版本图书馆 CIP 数据核字（2016）第 017333 号

出版发行 天津大学出版社
地　　址 天津市卫津路 92 号天津大学内（邮编：300072）
电　　话 发行部：022-27403647
网　　址 publish.tju.edu.cn
印　　刷 廊坊市海涛印刷有限公司
经　　销 全国各地新华书店
开　　本 185mm×260mm
印　　张 13.5
字　　数 349 千
版　　次 2016 年 2 月第 1 版
印　　次 2016 年 2 月第 1 次
定　　价 60.00 元

编 委 会

序一

公共图书馆发展水平是一个地区文明程度的重要标志之一。构建城乡一体的公共图书馆服务体系，不仅是构建现代公共文化服务体系的重要组成部分，也是我省公共文化服务领域的一项文化创新工程，是打破城乡二元结构、改变城乡文化资源失衡、优化资源合理配置、促进城乡文化一体化发展、增强地方文化软实力的重要举措。

近年来，杭州市委市政府认真贯彻中央和省委省政府关于加强文化建设、特别是现代公共文化服务体系建设的部署要求，大力发展本地区公共图书馆事业，着力探索和实践“中心馆—总分馆”模式，不仅构建起了覆盖城乡、惠及全民、服务多元、高效便捷的杭州市公共图书馆服务体系，更为本地区各基层公共图书馆服务体系建设与可持续发展打下了坚实的基础。

临安地处浙江省西北部，生态环境优美，历史悠久，地方文化发达，是杭州地区最早被文化部命名的民间艺术之乡，也是浙江省农村文化礼堂的先发之地。近年来，临安在现代公共文化服务体系建设上积极融入以杭州图书馆为中心馆、区县（市）图书馆为地区性业务总馆、乡镇（街道）图书馆为业务分馆、村组（社区）图书馆（农家书屋）为亚分馆的四级公共图书馆服务网络中，通过明确政府主导、细化服务对象、整合地区公共文化服务资源、加强特色总馆建设、建立科学管理制度等一系列举措，实现了资源共享和服务联动，为辖区内居民提供图书信息、知识导航、文化休闲等均等免费的多元文化资源服务。

《临安市基层公共图书馆服务体系创新研究》一书，系统总结了临安市基层公共图书馆服务体系，为促进我省基层公共图书馆服务体系建设均等化、标准化提出了许多有价值的意见与建议，尤其是让农家书屋成为文化礼堂与基层公共图书馆服务体系的纽带，体现了临安图书馆在基层公共文化服务协调机制上的探索与创新，为我省基层公共文化服务体系建设提供了许多新的思路和实践经验，具有积极的借鉴意义。

浙江省文化厅副厅长　**柳河**

2015 年 11 月

序二

文化是现代城市发展的灵魂。公共图书馆不仅是人类的知识宝库和社会终身教育中心，更是城市文化的源动力，对增强城市软实力、提升竞争力具有十分积极的作用。

临安是我省内陆面积最大的县级市，是国内非常具有典型特征的县域城市代表，历史悠久，文化源远流长。近年来，临安市委市政府高度重视文化建设，认真贯彻中央、省、市相关要求与部署，大力加强现代公共文化服务体系建设，致力于将公共图书馆服务体系建设纳入国家经济社会发展规划和现代公共文化服务体系的总框架。在坚持政府主导、强化政策引导、提供制度保障的基础之上，根据杭州市"中心馆—总分馆"公共图书馆服务体系建设要求，结合本地特色，因地制宜，开拓创新，构建起以临安市图书馆为总馆，乡镇（街道）图书馆为分馆，村组农家书屋与社区图书室为亚分馆的三级公共图书馆总分馆体系网络，为广大基层群众提供普遍均等、丰富多元、高效便捷的公共文化服务，满足基层群众的精神文化需求。

同时，为充分发挥各类基层公共文化设施在充实基层文化生活中的作用，进一步保障基层民众基本文化权益，我们通过创新协调机制，有效整合农家书屋、农村文化礼堂、社区图书室等文化便民项目，将农家书屋等作为文化礼堂和基层公共图书馆服务体系的联系纽带，彼此互相支持、互相促进，共同打造基层民众的文化殿堂与精神家园，为基层公共文化服务体系的可持续稳定发展提供了有效保障，有力地推动了基层文化的大发展与大繁荣，为建设吴越文化名城、文化活力临安，构建杭州西郊现代化生态城市做出积极贡献。

《临安市基层公共图书馆服务体系创新研究》一书，系统归纳和总结了临安市基层公共图书馆服务体系及其与农家书屋、文化礼堂整合建设的做法和经验。这些做法与经验提供了许多有价值的意见和建议，对于下一步工作的开展与提升有着十分重要的启示。我们将以学习和贯彻党的十八届三中全会精神的方针政策为动力，牢牢把握住中央关于建设社会主义文化强国，特别是构建现代公共文化服务体系的决策部署，认真吸纳与转化这次调研的成果，不断完善本地区的公共图书馆总分馆服务体系，向更高层次的"普遍、均等"迈进，进一步创新服务形式、提升服务品质，以更好地满足基层民众的精神文化需求，助力文化活力临安的建设。

目标已经明确，大家共同努力！我们衷心希望，本书的出版能够更好地带动、促进临安市现代公共文化服务体系建设的进程。

临安市人民政府副市长　**裘小民**

2015 年 11 月

目　录

第一章

现代公共文化服务体系中的临安市图书馆

2013 年召开的中共十八届三中全会做出了深化文化体制改革的决定，在过去十年文化改革初见成效的基础上，特别提出了未来要“构建现代公共文化服务体系”。现代公共文化服务体系作为实现“惠及全民”的城乡一体化公共服务的重要组成部分，力争提供更加标准化、均等化的文化服务。公共图书馆服务体系作为公共文化服务体系的主体，也理应跟随现代公共文化服务体系的脚步，迈向更高层次的“普遍、均等”。

公共图书馆服务体系建设是一个制度建设，需要来自作为建设主体的国家政府和作为管理主体的文化部门的支持，这些支持包括文化政策、行业规范、经济支持，等等。本章作为全书的引领，第一节、第二节分别对现代公共文化服务体系与公共图书馆服务体系相关政策、概念进行梳理与介绍；第三节对我国东部地区公共图书馆发展情况作了整体的研究；第四节主要分析杭州市公共图书馆服务体系的建设特点；第五节对临安市公共图书馆服务体系建设背景进行介绍。本章旨在通过对行政单位由大到小逐级递减的剖析，呈现临安市公共图书馆服务体系建设的整体蓝图。

第一节　现代公共文化服务体系

一、公共文化服务体系建设历程

现代社会中文化的重要性不断凸显。文化不仅仅是民族生命力、创造力和凝聚力的重要组成部分，是国家综合实力和生产力的关键要素，更是国家崛起和民族复兴的最深层次的源泉。中国的文化事业随着改革开放的不断深入而日益进步和壮大。进入新世纪以来，党和国家为了保障我国文化事业的健康、可持续发展，相继出台了一系列促进文化发展和繁荣的方针、政策，彰显了党和国家对文化事业的重视。

2002 年中共十六大报告指出，“全面建设小康社会，必须大力发展社会主义文化……全党同志要深刻认识文化建设的战略意义，推动社会主义文化的发展繁荣”，特别提出“要加强政府对文化公益事业扶持的力度，为人民群众提供良好的公共文化服务”[①]。十六大报告突出强调了文化建设的重要性，在党的纲领性文件中确立了文化建设的战略地位，明确了文化建设和文化体制改革的目标、任务和政策措施，为发展社会主义文化指明了方向。

2004 年中共十六届四中全会指出，“党要带领人民推进中国特色社会主义伟大事业，必须大力发展社会主义文化，不断巩固全党全国人民团结奋斗的共同思想基础”，要“加强文化发展战略研究，抓紧制定文化发展纲要和文化体制改革总体方案”[②]。

2005 年 10 月 11 日，党的十六届五中全会通过的《中共中央关于制定国民经济和社会发展第十一个五年规划的建议》中指出，要“加大政府对文化事业的投入，逐步形成覆盖全社会的比较完备的公共文化服务体系”。由此，公共文化服务体系正式进入大众的视线。

公共文化服务体系是政府主导、社会参与形成的普及文化知识、传播先进文化、提供精神食粮、满足人民群众文化需求、保障人民群众文化权益的各种公益性文化机构和服务的总和[③]。

严格来说，公共文化服务体系应该是面向大众的公益性的文化服务体系。对于公共文化服务体系的构成，有研究者认为，主要包括先进文化理论研究服务体系、文艺精品创作服务体系、文化知识传授服务体系、文化传播服务体系、文化娱乐服务体系、文化传承服务体系、农村文化服务体系等七个方面[④]。

公共文化服务体系的建设，通常被认为包括三个方面。

（1）建设公共文化服务网络：以大型公共文化设施为骨干，以社区和乡镇基层文化设施为基础，加强图书馆、博物馆、文化馆、美术馆、电台、电视台等公共文化基础设施建设[⑤]；

（2）建设公共文化服务的各项工程：包括广播电视村村通工程、全国文化信息资源共享工程、社区和乡镇综合文化站工程；

（3）实现公共文化服务体系的全覆盖：随着国家经济的发展，政府要不断加大对文化事业的投入，逐步形成覆盖全社会的比较完备的公共文化服务体系。

2005 年 12 月 23 日，中共中央国务院《关于深化文化体制改革的若干意见》中指出，“国家兴办的图书馆、博物馆、文化馆（站）、科技馆、群众艺术馆、美术馆等为群众提供公共文化服务的单位，为公益性文化事业单位。”“发展公益性文化事业单位要以政府为主导，增加投入、转换机制、增强活力、改善服务，实现和保障广大人民群众的基本文化权益。”这不仅仅显示了公共图书馆是一个公益性文化事业单位，也体现了公共图书馆作为首

① 江泽民. 全面建设小康社会，开创中国特色社会主义事业新局面[EB/OL]. [2013-7-30]. http://cpc.people.com.cn/GB/64162/64168/64569/65444/4429125.html.

② 胡锦涛. 在中共十六届四中全会上的工作报告[EB/OL]. [2013-7-30]. http://cpc.people.com.cn/GB/64184/64186/207391/13295471.html.

③ 闫平. 试论公共文化服务体系建设[J]. 理论学刊，2007(12).

④ 奚洁人. 科学发展观百科辞典[M]. 上海：上海辞书出版社，2007.

⑤ 国家“十一五”时期文化发展规划纲要[EB/OL]. [2013-8-9]. http://www.gov.cn/jrzg/2006-09/13/content_388046.htm.

位出现，是公共文化服务建设的中坚力量。同时，《意见》还提出“要以农村和中西部地区为重点，加强县级文化馆和图书馆、乡镇综合文化站、村文化室建设，深入实施广播电视村村通、文化信息资源共享、农村电影放映、农家书屋等文化惠民工程，扩大覆盖、消除盲点、提高标准、完善服务、改进管理。”这就要求公共图书馆服务体系在建设过程中，应注重县级及其以下公共图书馆的成长管理，探索适合农村地区公共图书馆服务体系发展的建设机制，为实现普遍均等的公共图书馆服务体系建设打好坚实基础。

2006 年 9 月，国家颁布了《国家“十一五”时期文化发展规划纲要》，将加强公共文化服务作为下一步文化建设的重要组成部分。“公共文化服务”内容包括五个部分，即完善公共文化服务网络、加强农村文化建设、普及文化知识、建立健全文化援助机制、鼓励社会力量捐助和兴办公益性文化事业。公共图书馆服务体系与这五个部分息息相关，特别是其中的“完善公共文化服务网络”，更是只有公共图书馆服务体系才能支撑起来的。公共图书馆服务体系是公益性文化事业单位中唯一一个能够自上而下贯通到底的组织，也是最接地气的机构，这一点是“加强农村文化建设”的关键所在，若要加大文化资源向农村的倾斜，通过公共图书馆服务体系无疑是最佳的方式。因此，在《国家“十一五”时期文化发展规划纲要》“加强农村文化建设”一点中，明确要求县（市）图书馆逐步实行分馆制，丰富藏书量，形成统一采购、统一编目的图书配送体系，充分发挥县（市）图书馆对乡镇、村图书室的辐射作用，促进县、乡图书文献共享。按照“政府资助建设，鼓励社会捐助，农民自我管理，市场运作发展”的要求，支持农民群众开办“农家书屋”。可见，公共图书馆作为向农村传播文化的主要场所是得到国家认可的，并且应该是形成体系、具备辐射能力的，这就要求公共图书馆服务体系应该吸纳一切与信息资源传播相关的功能，将其融入公共图书馆服务体系，借助公共图书馆服务体系平台发挥更大的作用。

同年 10 月，中共十六届六中全会《中共中央关于构建社会主义和谐社会若干重大问题的决定》明确提出，要逐步实现基本公共服务均等化。这里“公共服务均等化”主要指的是公民享有基本公共服务的机会均等、结果相等、过程自由。而公平与自由，一直是公共图书馆的使命与追求，可以说，大力发展社会主义文化，完善公共文化服务体系，重中之重是要建设公共图书馆服务体系！

2007 年 6 月，中共中央政治局召开会议，研究加强公共文化服务体系建设，这是中央政治局多年来首次专题研究公共文化服务体系建设问题。会议提出了建设公共文化服务体系的目标任务是：按照结构合理、发展平衡、网络健全、运行有效、惠及全民的原则，以政府为主导，以公益性文化单位为骨干，鼓励全社会积极参与，努力建设以公共文化产品生产供给、设施网络、资金人才技术保障、组织支撑和运行评估为基本框架的覆盖全社会的公共文化服务体系。这实际上是对公共文化服务体系的科学界定[①]。

2007 年 10 月，中共十七大报告首次明确将文化作为“国家软实力”，发出了“推动社会主义文化大发展大繁荣”“兴起社会主义文化建设新高潮”的号召。

2008 年，为加快建立覆盖全社会的公共文化服务体系，党中央、国务院出台《中共中央办公厅、国务院办公厅关于加强公共文化服务体系建设的若干意见》，将中央政治局讨论的内容以国家文件的形式确定下来，明确了公共文化服务体系建设的目标任务，并提出包含“到 2010 年基本建成覆盖城乡的文化信息资源共享工程服务网络”在内的若干项重大公共文化服务工程的建设要求。其中主要包括六项内容：提高对公共文化服务体系建设重要性的认识，明确公共文化服务体系建设的重要指导思想和目标任务，实施重大公共文化服务工程（广播电视村村通工程、全国文化信息资源共享工程、乡镇文化站和基层文化阵地建设工程、农村电影放映工程、农家书屋建设工程），增强公共文化产品的生产供给能力，创新公共文化服务运行机制，加强对公共文化服务体系的领导。《文化部关于进一步加强农村文化建设的意见》指出，到 2010 年，全国农村要实现县县有图书馆、文化馆或综合性文化设施，乡乡有文化站，有条件的村积极建立文化室或图书室，满足人们就近、经常和有选择地参加文化活动的需要，这是国家文化建设开始向基层倾斜的信号。

中共中央国务院在 2005 年下发的《关于深化文化体制改革的若干意见》中就提到，“必须坚持政府主导，按照公益性、基本性、均等性、便利性的要求，加强文化基础设施建设，完善公共文化服务网络，让群众广泛享有免费或优惠的基本公共文化服务。”这是国家首次提出公共文化服务的“公益性、基本性、均等性、便利性”四个特性要求。2010 年 7 月 23 日，中共中央政治局就深化我国文化体制改革研究问题进行集体学习，胡锦涛总书记再次强调了公共文化服务的这四个特性，这四个特性也是构建公共文化服务体系的重要原则。

2011 年，中共十七届六中全会再次将“文化命题”作为中央全会的议题，就深化文化体制改革、推动社会主义文化大发展大繁荣的相关文件进行审议。会上所作出的《关于深化文化体制改革、推动社会主义文化大发展大繁荣若干重大问题的决定》（以下简称《决定》），对文化建设进行了全面部署，对发展公益性文化事业、构建公共文化服务体系提出了一系列新的要求，《决定》指出，“加强公益性文化设施建设，鼓励社会力量捐助和兴办公益性文化事业，加快建立覆盖全社会的公共文化服务体系。”《决定》中再一次强调了公共文化服务体系应具备的四个特性：公益性就是政府提供的公共文化服务基本上是免费服务，或者是低于成本、收费很少的服务；基本性，是指政府提供的是基本文化服务，而不是所有文化服务；均等性，就是不分男女老少，不分富人穷人，不分城市农村，不分东中

---

① 王世伟．城市图书馆公共文化服务体系论丛[M]．上海：上海社会科学院出版社，2008.

② 同①

西部，都平等地享受服务；便利性，就是要网点化，做到一定范围内必须有公共文化活动场所，方便群众就近参加。

2012 年 2 月，中共中央办公厅、国务院办公厅根据《中共中央关于深化文化体制改革、推动社会主义文化大发展大繁荣若干重大问题的决定》和《中华人民共和国国民经济和社会发展第十二个五年规划纲要》，印发了《国家“十二五”时期文化改革发展规划纲要》。“十二五”期间，国家将在“十一五”的基础上继续加大对公益性文化事业的投入，争取实现真正意义上的公益性。同年 11 月，中共十八大报告指出，“要加强重大公共文化工程和文化项目建设，完善公共文化服务体系，提高服务效能”，并提出若干项推进公共文化服务体系建设的重点工作。

2013 年 3 月 5 日，第十二届全国人民代表大会第一次会议中，国务院总理温家宝的《政府工作报告》中，对当年政府工作提出“要履行好发展公益性文化事业的责任，加快推进重点文化惠民工程，完善公共文化服务体系”的建议。

从进入 21 世纪的十余年里我国文化政策的演变可以看出，党和政府对文化建设是非常重视的，文化政策日益完善，文化建设逐步进入常规化形态，国家政策为文化建设指明了大发展大繁荣的方向，确立了均等化的原则，同时结合我国国情，制定了公共文化服务体系的实施方案。从最初的“建立”公共文化服务体系到 2013 年的“完善”公共文化服务体系，国家政策的不断进步已向我们暗示：“覆盖城乡的公共文化设施网络体系初步建成[①]”，未来应“履行好发展公益性文化事业的责任，加快推进重点文化惠民工程，完善公共文化服务体系”。要继续完善公共文化服务体系建设，就要将建设的重点向基层公共文化服务体系建设可持续性发展倾斜。

二、现代公共文化服务体系的特征

2013 年 11 月，党的十八届三中全会审议通过的《中共中央关于全面深化改革若干重大问题的决定》（以下简称《决定》）中首次提出要“构建现代公共文化服务体系”。《决定》指出，“构建现代公共文化服务体系。建立公共文化服务体系建设协调机制，统筹服务设施网络建设，促进基本公共文化服务标准化、均等化。建立群众评价和反馈机制，推动文化惠民项目与群众文化需求有效对接。整合基层宣传文化、党员教育、科学普及、体育健身等设施，建设综合性文化服务中心。明确不同文化事业单位功能定位，建立法人治理结构，完善绩效考核机制。推动公共图书馆、博物馆、文化馆、科技馆等组建理事会，吸纳有关方面代表、专业人士、各界群众参与管理。引入竞争机制，推动公共文化服务社会化发展。鼓励社会力量、社会资本参与公共文化服务体系建设，培育文化非营利组织。”

这里的“现代公共文化服务体系”，相较于过去的“公共文化服务体系”，“现代”可以

① 温家宝．政府工作报告[EB/OL]．[2013-03-19]．http://www.gov.cn/test/2013-03/19/content_2357136.htm．

从均等化、标准化这两方面去理解。过去我们要求公共文化服务要“公益性、基本性、均等性、便利性”，那是因为我们还处在“打地基、建骨架”的阶段。现阶段我们的目标是要完善公共文化服务体系，首先从整体状况来看，公共文化服务的均等化我们做得很不够，在东西部之间、城乡之间、汉族地区和少数民族地区之间、不同阶层之间存在很大差别，需要通过发展把公共文化服务这块蛋糕做大，合理分配。其次，对于公共文化服务，在初步形成普遍均等的雏形基础上，我们要有建设的标准。乡镇综合文化站、村文化活动室、社区文化活动中心、县图书馆、县群艺馆、文化馆，应该有哪些项目，应该有多少人，一年应该有多少经费，都需要有标准。

按照中央的要求，构建现代公共文化服务体系，意味着公共文化服务体系建设必须以开放的态度，整合力量，面向全社会，提供更加符合人民群众需求的基本公共文化服务。建立公共文化服务体系建设协调机制，有利于发挥各部门的力量，充分体现现代公共文化服务体系开放性、多元性、创新性特点，提高公共文化服务的覆盖水平和服务供给能力，更好地履行公共文化服务的责任和使命，保障好、实现好、发展好广大人民群众的文化权益①。

所谓协调机制，主要是针对公共文化资源分散在不同的管理部门，彼此之间缺乏协调机制，导致资源重复建设等问题而提出的。长期以来，公共文化服务多头管理，条块分割，缺乏统筹；各个部门都拥有一些公共文化设施、队伍和资源，但是互相之间缺乏必要的协调。特别是当前改革发展已进入关键时期，“单兵突进”很难见到成效。像如何进一步落实政府主导责任，强化经费、设施、人才、资源保障，如何逐步缩小公共文化服务区域差距、城乡差距、群体差距，促进均等化，如何推进公共文化服务的社会化等，都不是哪一个部门单独能够完成的任务。因此，必须以协调机制为依托，从整体上谋篇布局，把全面深化改革的各环节协同起来，充分发挥各部门的力量，整合相关服务资源，做好规划布局，构建系统完善、科学规范、运行有效的制度体系，从而有效提升政府的文化治理能力。

中央对贯彻实施党的十八届三中全会通过的《中共中央关于全面深化改革若干重大问题的决定》重要举措作了分工，明确由文化部作为“建立公共文化服务体系建设协调机制”这项重要任务的牵头单位。按照中央要求，自 2013 年 10 月以来，文化部将协调机制建设作为当前加强公共文化服务体系建设的首要任务，积极推进相关工作的落实。2013 年 12 月，文化部组织力量制定了《公共文化服务体系建设协调机制工作方案》，并先后征求了相关参与部门的意见。2014 年 1 月 30 日，经部务会审议后，文化部起草了《关于建立公共文化服务体系建设协调机制的请示》，上报中央文化体制改革和发展工作领导小组。2 月 11 日，中央文化体制改革和发展工作领导小组正式批复，原则上同意成立公共文化服务体系建设协调机制。3 月 19 日，国家公共文化服务体系建设协调组成立暨第一次全体会议召开，

① 蔡武. 努力构建现代公共文化服务体系[EB/OL]. [2014-04-01]. http://www.gov.cn/xinwen/2014-04/01/content_2651117.htm.

标志着国家层面公共文化服务体系建设协调机制正式建立。

国家公共文化服务体系建设协调组成立后，将重点做好以下几项工作。

第一，协调推进公共文化服务法律法规、政策、标准的制定，实施和考核。这是协调组的首要工作。今明两年，我们将重点推动《公共文化服务保障法》立法、《关于加快构建现代公共文化服务体系的意见》起草，启动公共文化服务体系建设“十三五”规划预研究等。特别要推进公共文化服务标准化建设，根据基层群众需求和政府保障能力，推动国家基本公共文化服务保障标准的制定。

第二，建立稳定的公共文化服务保障机制。协调机制将围绕如何进一步落实政府主导责任，推动政府在公共文化上的财政支出持续稳步增长，推动落实“将主要公共文化产品和服务项目、公益性文化活动纳入公共财政经常性支出预算”。以完善和拓展“免费开放”政策为突破口，完善以本级政府为主、中央和地方财政合理分担的常态化和可持续的经费保障机制。

第三，推动基层公共文化资源共建共享。进一步发挥市县基层政府在基本公共文化服务方面的统筹作用，整合县、乡公共文化设施资源，完善建设布局，提高服务效能。加强各部门之间的协作，整合基层宣传文化、党员教育、科学普及、体育健身等设施，建设综合性文化服务中心。

第四，统筹实施公共文化服务重大工程。重大文化惠民项目发展规划要相互衔接，要做好各项重大文化惠民项目在基层的统筹实施和资源整合工作。要把重点放在深化“广播电视户户通”“文化信息资源共享工程”“数字农家书屋”的融合发展、进村入户上，实现公共数字文化服务建设的协同推进。

第五，加强各级各类公共文化队伍建设。要依托协调机制，针对当前基层文化队伍建设薄弱、人才匮乏的问题，围绕培养、培训、选拔、使用等环节，做好顶层设计。建立县域城乡公共文化队伍建设统筹机制，稳步提高基层公共文化队伍的素质和服务能力。同时，大力推进文化志愿者建设。

第六，以贫困地区为突破口促进公共文化服务均等化发展。实现公共文化服务均等化，最艰巨、最繁重的任务在贫困地区，这是当前最大的“短板”，也是下一步工作的突破口。要对贫困地区文化建设的投入力度予以倾斜，力争结合贫困地区实际策划一批新的文化惠民工程。

第二节　现代公共文化服务体系中的公共图书馆服务体系

一、公共图书馆服务体系概述

从《国家“十一五”时期文化发展规划纲要》对公共文化服务网络的表述可以看出，

在国家所建设的公共文化服务体系中，图书馆和其他共同承担公共文化服务职能的文化基础设施如博物馆、文化馆、美术馆等，同居于一个很重要的位置。

《国民经济与社会发展第十一个五年规划纲要》所提出的“逐步形成覆盖全社会的比较完备的公共文化服务体系”的目标，给公共文化服务体系的建设指明了方向。作为公共文化服务体系构成要件的文化基础设施，如图书馆、博物馆、文化馆、美术馆等由于自身服务方式、服务对象、服务内容的侧重不同，在历史发展过程中所形成的结构和运作方式也不完全一致，承担的文化职能也不尽相同。博物馆、文化馆、美术馆的文化服务功能的实现通常是通过单体形式，服务的对象和群体通常具有较为明显的目的性和专指性，普适性不够。而图书馆，尤其是广大的公共图书馆，从建设之初就是为了服务最广大的社会公众，公众进入的门槛较低，追求的是资源共享、通借通还等服务理念，客观上为形成全社会的服务网络体系提供了理论支持，多年来我国公共图书馆的建设实践也一直是以构建向下延伸并尽可能覆盖街道、社区、乡镇、村组等基层的服务网络体系为目标而努力的。

此外，中华文化博大精深，各地的文化发展水平、文化特点不一而足，我们找不到或者说很难找到一个标准去衡量文化建设到底发展到了哪个地步。文化没有固定的形式，但由于图书馆服务指标，如办证率、到馆率、借阅率等是可以考核的，并与本地区文化建设与繁荣指标相联系，与公众感受相连接，可以成为政府、社会公众评价本地区文化建设与发展水平的依据。因此，以本地区公共图书馆为主导的公共图书馆服务体系理应成为公共文化服务体系的主体。

公共图书馆服务体系通常被认为是公共图书馆独立或通过合作的方式提供的图书馆服务的总和[①]，通过在不同层级的公共图书馆之间建立密切合作关系，共搭服务平台，实现跨馆资源共享、通借通还、联合参考咨询等功能。相比起单体公共图书馆服务的叠加，该体系更能发挥联动的优势，因而也就更能有效地发挥公共文化服务体系的效能。

公共图书馆服务体系功能的发挥和价值的实现是由体系内一个个具体的公共图书馆努力工作、合力实现的。

国际标准化组织于 1974 年颁布的“国际图书馆统计标准（ISO 2789）”中对公共图书馆定义为：公共图书馆是免费或只收取少量费用，为一个团体或区域的公众服务的图书馆，既包括为一般公众服务的图书馆，也包括为专门类别的公众，如儿童、囚犯等服务的图书馆。公共图书馆用户成分的无与伦比的包容性，是它区别于其他社会机构的重要特征，也是公共图书馆存在和发展的巨大政治资本[②]。

我国已经越来越清楚地认识到公共图书馆对全社会经济、文化发展所起的作用，以及在公共文化服务体系建设中所能发挥的优势，于是在全国范围内普遍建立各级公共图书馆，

① 邱冠华，于良芝，许晓霞．覆盖全社会的公共图书馆服务体系：模式、技术支撑与方案[M]．北京：北京图书馆出版社，2008.

② 于良芝．图书馆学导论[M]．北京：科学出版社，2003.

就成了近几届政府非常重要的工作中心。全国范围内公共图书馆机构数量逐年增长，如图1-1所示，2006年全国有县以上公共图书馆2778座，2013年达到3112座，增幅由0.8%升至4.2%。

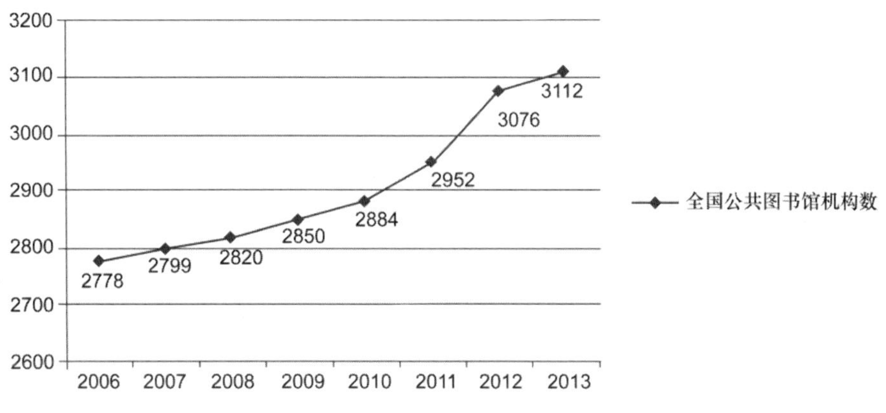

图1-1　全国公共图书馆机构数（单位：个）

（资料来源：根据《中国文化文物统计年鉴2013》《文化部2013年文化发展统计公报》数据整理）

二、基层公共图书馆服务体系

1. 公共图书馆服务体系

国际图联/联合国教科文组织1994年通过的《公共图书馆宣言》和2001年出版的《公共图书馆服务发展指南》都重申，公共图书馆主要是由地方性、地区性或全国性政府提供的社区设施[①]。这个概念映射在中国，是指由国家中央或地方政府管理、资助和支持的免费为社会公众服务的各级图书馆。从概念上来讲，“公共图书馆”应该从两个方面进行辨析，一个是“公共”，另一个是“图书馆”。我国学者多从公共图书馆服务具有公共品性质这一方面辨析“公共”二字，因此它应该是由政府建立并支持的机构，建立的财政支持来源于人民的税收，公共服务就应该免费向民众提供；对于“图书馆”的概念，自然是凡是能够提供具备一定体系的文献信息资源服务的机构都可称为“图书馆”，二者合并即是“由政府建立的、免费为公众提供形成体系的文献信息资源服务的机构”。

单个的公共图书馆从能力上来讲并不能完全拥有所有的资源，因此，需要通过联合的方式以最少的成本为公众提供最多的服务。公共图书馆服务体系作为公共文化服务体系的主体，是指一个国家或地区的公共图书馆独立或通过合作方式提供的图书馆服务的总和。从基础设施架构的角度看，公共图书馆服务体系就包括所有实体图书馆、流动图书馆以及

① 邱冠华，于良芝，许晓霞．覆盖全社会的公共图书馆服务体系：模式、技术支撑与方案[M]．北京：北京图书馆出版社，2008.

它们建立的馆外服务点、图书馆联盟、总分馆系统、区域性服务网络等服务平台。由于我国各地区情况各异，因此形成的公共图书馆服务体系具有强烈的地方特色，这也是我国公共图书馆服务体系研究的价值所在。

2. 基层公共图书馆服务体系

公共文化服务体系要求的均等化更多的是针对城乡差异造成的文化鸿沟而言的。要填平文化鸿沟，为农村居民提供同等的文化服务，就要重视基层公共文化服务体系的建设。在图书馆界，“基层图书馆”是一个特有的概念。一般情况下，我们把非大城市并且靠近农村的公共图书馆称为基层图书馆。本书使用于良芝的定义，将基层图书馆定义为满足下列条件的县及以下独立建制的图书馆或分支机构：①具有独立的或与其他机构合用的馆舍；②具有一个基本馆藏；③具有常规的人员配置（专职或能保证固定工作时间的兼职）；④具有固定的开馆时间。

根据上文进行的概念辨析，本书定义了基层公共图书馆服务体系，即特指公共图书馆服务体系中县及县以下由县级财政所建的公共图书馆所形成的服务体系，这既包含了县级公共图书馆本身，也包含其下级的乡镇或街道图书馆、村或社区图书室，还有其他服务点与服务联盟。

第三节　东部经济发达地区公共图书馆服务体系建设

正如美国著名图书馆学家谢拉（JesseHawk Shera）所言，“图书馆是一个社会部门，在社会中起着媒介作用。它过去是，现在仍然是受社会环境的影响和制约的”[①]。图书馆的发展受社会经济、社会文化、社会政治、科学研究与教育、社会交流系统共同影响，而其中，社会经济水平对图书馆的发展程度起到不容小觑的作用。这是因为：首先，图书馆的发展依赖于社会提供的资金和物力保障，因此一个社会的经济水平决定它对图书馆的投入量；其次，经济发展水平还在很大程度上决定着人们的教育水平，因而在很大程度上决定着社会的阅读能力和阅读需求量；第三，经济生活的活跃程度决定着它对信息交流系统的依赖程度，经济生活越是活跃，对包括图书馆在内的情报交流机构的要求就越高，就越可能刺激图书馆的发展[②]。

在全国公共图书馆事业如火如荼推进之时，我国东部经济发达地区的公共图书馆建设已卓有成效。改革开放以来，东部地区经济起步早、发展快，为图书馆事业的发展奠定了极佳的社会经济基础；东部地区自古就有尚文的传统，在这片土地上孕育了热爱阅读、崇尚学习的地域社会文化；东部经济发达地区中，设立图书馆学专业的著名高校很

① 杨威理．西方图书馆史[M]．北京：商务印书馆，1988.
② 宓浩等．图书馆学原理[M]．上海：华东师范大学出版社，1988.

多，如北京大学、南开大学、南京大学、华东师范大学、浙江大学、中山大学等，图书馆学的科研成果能够迅速转化为图书馆实践的指导，图书馆实践的成果也容易尽快被总结和传播。这一切，都使得东部经济发达地区的公共图书馆事业蒸蒸日上，建设出一批如首都图书馆、南京图书馆、苏州图书馆、上海图书馆、浦东新区图书馆、杭州图书馆、深圳图书馆等探索出适合自身发展路径的“明星图书馆”，引领着东部经济发达地区公共图书馆事业大踏步地向前迈进。

一、东部经济发达地区公共图书馆建设

为了更好地了解东部经济发达地区公共图书馆事业和公共图书馆服务体系的实际建设状况，我们对《中国文化文物统计年鉴 2013》提供的有关公共图书馆的相关数据进行了统计分析，具体做法为：直接选取了连续 3 年国民生产总值超过全国 31 个省、市、自治区（不含香港、澳门、台湾）平均值的北京、河北、上海、江苏、浙江、福建、山东、广东 8 个东部省市[①]，将上述地区公共图书馆的主要业务活动数据与全国同类数据进行比较，以展示东部经济发达地区的公共图书馆的发展状况。

1. 基础设施建设不断加强

阅览座席数是反映图书馆服务能力的重要指标，如图 1-2 所示，2006—2012 年期间，全国范围内公共图书馆阅览座席数增加了 23.5 万个，而东部经济发达地区的阅览座席数也由 2006 年的 18.9 万个提升至 2012 年的 28.3 万个，增加了 9.4 万个，为全国公共图书馆阅览座席数的增长贡献了 40% 的份额。

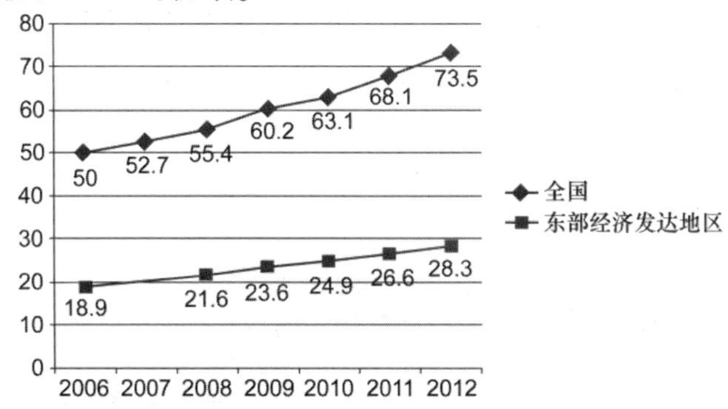

图 1-2　全国和东部经济发达地区公共图书馆坐席数对比（单位：万个）

（资料来源：根据《中国文化文物统计年鉴 2012》《中国文化文物统计年鉴 2013》数据整理，2007 年无各省市统计数据）

① 注：国内生产总值资料来源：2012 中国国内生产总值 7.8% [EB/OL]http://news.163.com/13/0119/07/8LIK048R00014AED.html, 2013-8-3

2003 年 10 月，国家确立了发展东北地区等老工业基地振兴战略后，我国的地域区划一般分为东部地区、东北地区、中部地区和西部地区，东部地区包括：北京、天津、河北、山东、江苏、上海、浙江、福建、广东、海南 10 个省市。

2. 资源保障能力强

公共图书馆的资源保障能力可以通过总藏量和人均藏量两个指标显示。其中，图书总藏量代表图书馆整体的资源建设情况，人均藏量则显示国家、地区图书馆的资源保障能力。

如图 1-3 所示，全国公共图书馆的藏书数量增长速度不断加快，东部经济发达地区的资源建设呈现稳步发展态势，结合此前的全国图书馆机构数与阅览座席数可以看出，东部经济发达地区的图书馆事业已将发展重心由馆舍建设转移至资源建设和服务。

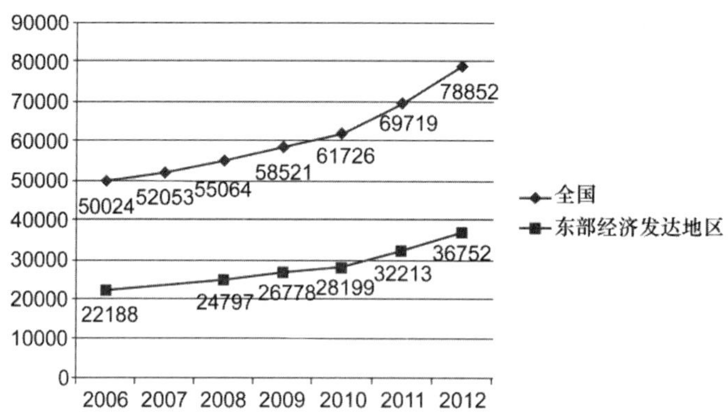

图 1-3　全国和东部经济发达地区公共图书馆总藏量对比（单位：万册件）

（资料来源：根据《中国文化文物统计年鉴 2012》《中国文化文物统计年鉴 2013》数据整理，2007 年无各省市统计数据）

根据国际图联规定，公共图书馆人均藏量应为 1.5～2.5 册，而从图 1-4 中可以看到，2011 年全国范围人均藏量仅 0.52 册，表明我国公共图书馆资源建设的工作还任重道远。虽然东部经济发达地区的平均值距离国际标准尚有一定距离，但近几年该地区人均藏量持续保持在 0.8 册以上，已经超出全国平均值许多。

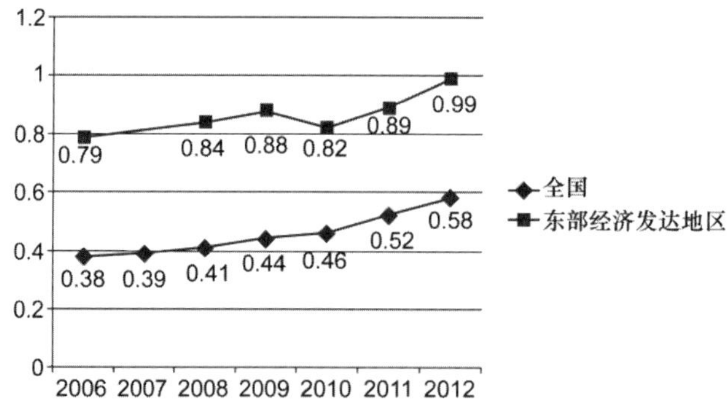

图 1-4　全国与东部经济发达地区公共图书馆人均藏量对比（单位：册）

（资料来源：根据《中国文化文物统计年鉴 2012》《中国文化文物统计年鉴 2013》数据整理，2007 年无各省市统计数据）

3. 资源利用率高

公共图书馆的资源利用率可以通过总流通人次和书刊、文献外借册次两个指标来反映。

如图 1-5 所示，2006 年以来，东部经济发达地区公共图书馆的总流通人次均超过全国均值的一半，2012 年东部经济发达地区公共图书馆总流通人次的贡献率达全国均值的 53.01%，说明东部经济发达地区公共图书馆一直有着较好的读者基础。

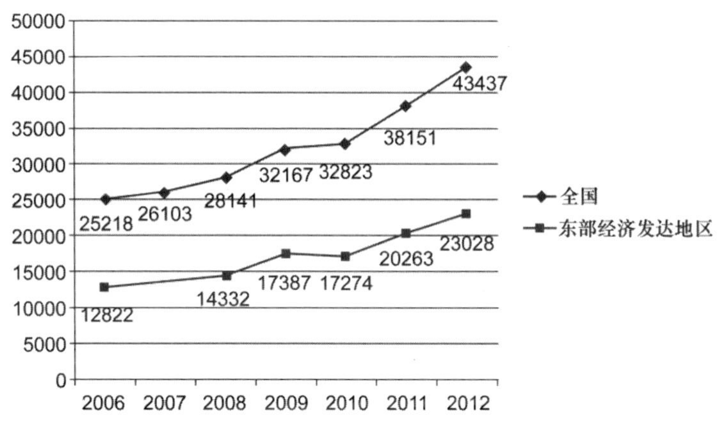

图 1-5　全国与东部经济发达地区公共图书馆总流通人次对比（单位：万人次）

（资料来源：根据《中国文化文物统计年鉴 2012》《中国文化文物统计年鉴 2013》数据整理，2007 年无各省市统计数据）

如图 1-6 所示，2009 年之后，东部经济发达地区的公共图书馆书刊、文献外借册次均超过全国水平的一半。

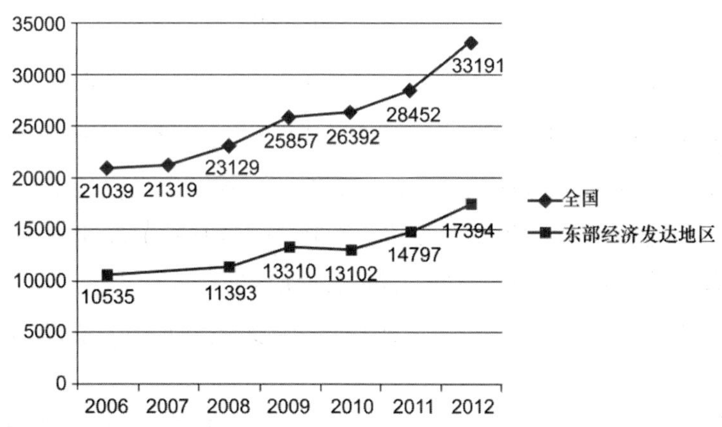

图 1-6　全国与东部经济发达地区公共图书馆书刊、文献外借册次对比（单位：万册次）

（资料来源：根据《中国文化文物统计年鉴 2012》《中国文化文物统计年鉴 2013》数据整理，2007 年无各省市统计数据）

由图 1-5、图 1-6 可知，东部经济发达地区公共图书馆的资源利用率远高于全国平均水平，结合前文的公共图书馆机构数、阅览座席数、总藏量、人均藏量等指标可以看出，公共图书馆的资源在东部经济发达地区得到了极大的利用。

4. 财政支持力度大

公共图书馆作为免费为社会公众服务的机构，它的发展和兴旺自然离不开公共财政的支持。公共图书馆接受的财政拨款额，直接反映了政府对公共图书馆的资金投入和对公共图书馆的重视程度；文献资源建设经费作为专项单列费用，在总支出中所占比例越高，说明图书馆经费的使用效益越高。

如图 1-7 所示，2006 年起，全国公共图书馆获得的财政拨款连续提升，尤其是 2012 年更是有了大幅度的提升，比 2010 年增加了 23.6%。此外，2012 年全国公共图书馆共获得财政拨款 934 890 万元，相较 2006 年的 319 479 万元，增加了近两倍，反映近些年国家对公共图书馆事业的重视程度不断加深。

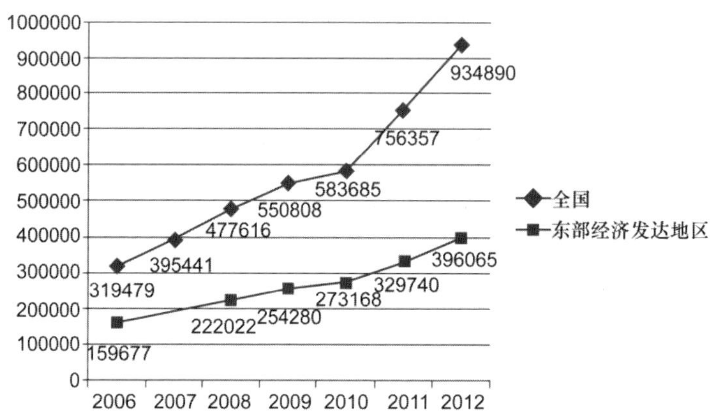

图 1-7　全国与东部经济发达地区公共图书馆财政拨款额对比（单位：万元）

2006 年，东部经济发达地区公共图书馆财政拨款额即已占了全国总额的 49.98%，表明东部经济发达地区公共图书馆事业起步较早。在此后的几年中，东部经济发达地区公共图书馆的财政拨款额占全国总额的比例虽然在下降，但自身的提高速度还是很快的，2011 年相较于 2006 年，政府对公共图书馆的财政投入就增加了 1 倍以上。

（资料来源：根据《中国文化文物统计年鉴 2012》《中国文化文物统计年鉴 2013》数据整理，2007 年无各省市统计数据）

如图 1-8 所示，东部经济发达地区的购书专项经费占总支出的比重高于全国平均水平，说明东部经济发达地区公共图书馆的经费使用效益相较于全国水平更高。

结合图 1-7 和图 1-8 可知，东部经济发达地区公共图书馆事业之所以得到了很好的发展，除了与近几年中不断获得政府大量、持续的财政投入有关，更是与其将财政拨款较大比重地应用于资源建设分不开的。

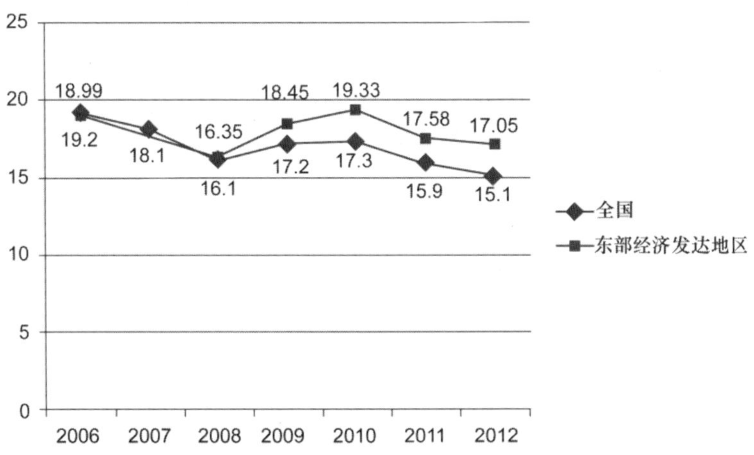

图 1-8　全国和东部经济发达地区公共图书馆购书费支出在总支出中的比重对比（单位：%）

（资料来源：根据《中国文化文物统计年鉴 2012》《中国文化文物统计年鉴 2013》数据整理，2007 年无各省市统计数据）

5. 东部各省、市之间公共图书馆资源建设水平差距大

如图 1-9 所示，东部经济发达地区 8 个省、市人均拥有公共图书馆藏书数量尚存在较大差距：上海人均拥有 2.94 册，排名最高，是河北省的 12.25 倍。此外，河北、山东两省的人均拥有量低于全国平均水平，与其东部经济发达省份的地位是不相称的，还有很大的提升和改善空间。

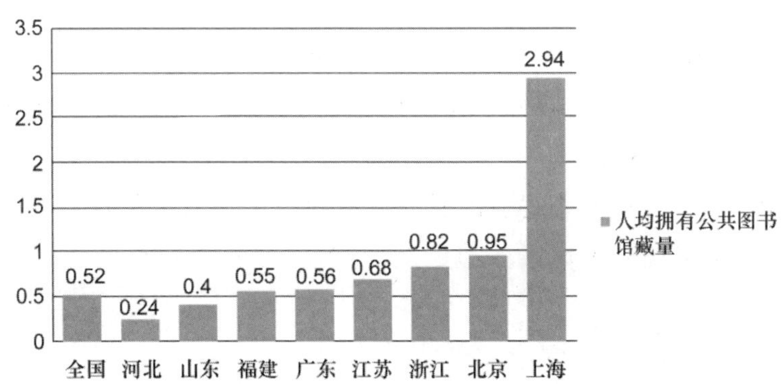

图 1-9　2011 年东部经济发达地区各省市人均拥有公共图书馆藏量对比（单位：册）

（资料来源：根据《中国文化文物统计年鉴 2012》《中国文化文物统计年鉴 2013》数据整理）

二、东部经济发达地区公共图书馆服务体系建设分析

1. 起步较早

从东部经济发达地区公共图书馆事业发展的状况可以看到，随着经济的发展和公共图

书馆事业的较早起步，再建新馆（也就是单体图书馆数量的增长）在多年前即已不是图书馆事业发展的重点，发展重心转向资源保障能力的加强和服务水平的提升。由于单体图书馆的服务能力有限，唯有建设覆盖全省、全市的公共图书馆服务体系才能更好地发挥公共图书馆职能、服务更多的用户。长久以来，这已成为东部经济发达地区公共图书馆界的共识，并进行了多方面的探索。如北京市西城区早在 20 世纪 70 年代就已经存在一些总分馆的雏形①；20 世纪 90 年代苏州图书馆也因扶持万册街道（乡镇）图书馆建设而一时成名。从当今情况来看，东部地区公共图书馆服务体系建设是远远走在全国前列的。

2. 模式多样

2002 年 3 月国务院办公厅转发了文化部、国家计委、财政部《关于进一步加强基层文化建设指导意见的通知（国办发[2002]7 号）》。同年 4 月，文化部、财政部“全国文化信息资源共享工程”项目启动，为东部经济发达地区的公共图书馆服务体系建设提供了理论指导和政策保障。十多年的探索和实践，使得东部经济发达地区公共图书馆服务体系在覆盖范围不断扩大、服务能力持续加强的同时，还产生了“苏州模式”“嘉兴模式”“佛山市禅城区联合图书馆”“深圳图书馆之城”等诸多可供其他地区学习和推广的成功经验。

尽管东部经济发达地区已有了诸多不同类型的公共图书馆服务体系建设模式，但由于区域广泛和彼此间的经济、文化发展不平衡，以及对政策、国情的不同理解，很难产生一种能够普遍适用于所有地区的标准模式，还是存在着很多探索与实践的空间。我们认为，一个具有普遍推广意义和适用范围的公共图书馆服务体系，既要能够适应本地区经济、文化发展水平，满足社会公众不断增长的文化需求，又要符合中国国情，在现有行政体制的框架内，发挥不同层级公共图书馆的积极作用，调动大家的积极性、创造性和主观能动性；不能对某种前提条件的依赖性非常强，要具有先进性和创新性的特点；最终成效要实现政府满意、社会嘉许、公众欢迎。

临安市图书馆近年来在公共图书馆服务体系建设方面所做的探索和努力卓有成效，特别是在基层公共图书馆服务体系的建设上，已经开始探索建设公共文化服务体系的协调机制。

第四节　杭州市“中心馆—总分馆”模式的创新

杭州是浙江省的省会和全省政治、经济、科教、文化中心，中国七大古都之一，是国家首批命名的历史文化名城，自古就以“上有天堂，下有苏杭”蜚声海内外。杭州的历史悠久、

① 邱冠华，于良芝，许晓霞．覆盖全社会的公共图书馆服务体系：模式、技术支撑与方案[M]．北京：北京图书馆出版社，2008.

文化发达，同时也是经济发展走在国家前列的东部发达城市。进入新世纪以来，杭州图书馆就不断探索杭州地区公共图书馆如何发挥整体效应的建设之路，先是形成了“联盟式总分馆制”，随后为了适应我国分级财政办公共图书馆的国情，创造性地推出了“中心馆—总分馆”建设模式，为杭州地区公共图书馆服务体系的建设指明了道路，也为临安市基层公共图书馆服务体系的构建打下了坚实的基础。

一、理念与探索并行走出的“中心馆-总分馆”创新之路

2000 年，杭州市以联合国教科文组织和国际图联于 1994 年共同颁布的“公共图书馆宣言”为指导，在学习、吸收国内外公共图书馆前瞻性理论和研究成果，借鉴国外先进经验的基础上，从杭州地区的具体实际出发，在杭州市信息化水准较高的基础之上，开始考虑发挥整体作用的公共图书馆网络与系统建设。网络建设的首次成功即是“图书信息服务一证通”工程。2004 年，在初步试点的基础上，杭州地区公共图书馆开始了联网实践，利用“图书信息服务一证通”工程，整合了杭州图书馆、杭州少年儿童图书馆、萧山图书馆、余杭图书馆、富阳图书馆、临安图书馆、建德图书馆、淳安图书馆、桐庐图书馆的文献信息资源，规范网络内各馆的业务工作，并计划将街道、社区、乡镇（村）图书馆也一并纳入“图书信息服务一证通”运行体系。“图书信息服务一证通”工程以区域联盟的形式，打破了不同层级图书馆间信息资源、人员、经费、设施的条块分割、分散管理、无法有效配置的局面，形成了统一的图书馆业务管理平台和统一的业务工作管理规范。在联盟范围内，全面实现了通借通还、馆际互借、预约服务、远程咨询等服务。

2006 年，以杭州图书馆为首的杭州地区各公共图书馆联盟联合颁布了《杭州地区公共图书馆服务公约》（见附录二），公开向全体市民承诺实施免费图书馆服务。2007 年杭州图书馆投入 45 万元扶持了 49 个“远程教育”试点村的图书室，又分别对临安、桐庐、建德 3 个县、市公共图书馆提供了 20 余万元的图书，加强了基层公共图书馆继续向下延伸服务的能力。2008 年，在继续推进“图书信息服务一证通”工程的基础上，为使杭州地区公共图书馆服务体系越发向下深入，整个大杭州地区新增 1 000 余家基层流通点，向“图书信息服务一证通”各基层点配置流动图书 136 713 册，光碟资料 6 400 册，预约图书 116 册次，办证数量较 2007 年提高 80%，达 3 265 张，服务人次达 137 万。2008 年，杭州图书馆搬进钱江新城市民中心，在对国内外公共图书馆服务体系进行系统考察的基础之上，杭州图书馆总结了自身历年来公共图书馆服务体系建设的经验、教训，结合国家分级财政建设公共图书馆的客观实际，创造性地推出了“中心馆—总分馆”体系。

“中心馆—总分馆”制度的创新是根据我国分级财政建设公共图书馆的体制而设计的一种适用于地市级公共图书馆的四级服务网络运行模式。随着公共图书馆服务延伸需求的不断提高，服务体系的完善就成为满足城乡居民对公共图书馆服务需求的必然。居于杭州

地区公共图书馆服务体系最高层级的杭州图书馆，要想全面顾及下属的区、县、市、街道（乡镇）、社区（村）2000多家不同层级公共图书馆所有的业务建设与服务，显然是不可能的。这不仅与国家分级财政投入建设各级公共图书馆的体制不相吻合，也不利于调动作为一级财政建设的区、县、市公共图书馆的积极性、创造性和主观能动性。因此，在2003年背景下提出和开展的“联盟式总分馆制”就已经与新图书馆建成之后的杭州地区公共图书馆服务体系建设的现实严重脱节。

“中心馆—总分馆”体系的内涵如下。①中心馆：是本地区承担全地区公共图书馆业务指导、管理服务、技术支持、人员培训功能的图书馆，一般由地市级图书馆承担。②总分馆体系：是指一个地区由同一建设主体资助，同一个主管机构管理的公共图书馆群，其中处于核心地位的一个图书馆为总馆，其他处于从属地位的图书馆为分馆，分馆在行政上隶属于总馆，或与总馆一起隶属于同一主管部门，在业务上接受总馆管理。③总馆通常由本地区的区、县、市公共图书馆承担，分馆为下属的街道（乡镇）、社区（村组）图书馆，由于层级的不一样又可以区分为分馆（支馆）、亚分馆（分馆）。④“中心馆—总分馆”体系：是在公共图书馆服务体系中所有成员图书馆的集合，是一种实现城乡统筹、资源共享的服务链模式，一般分为地市公共图书馆为中心馆，区、县、市公共图书馆为总馆，街道（乡镇）图书馆为分馆、支馆，社区（村组）图书馆（室）为亚分馆、分馆的四级服务网络。

二、保障体系与顶层设计

1. 政府统筹与多方力量的参与

公共图书馆作为社会机构，其生存和发展状况都与所处地区政府对其的态度、支持力度息息相关。杭州图书馆以其多年来为社会文化发展的持续促进、对公众提供的高质量图书馆服务赢得了政府的关注和支持，并在政策方面提供了诸多便利和坚实保障。2011年12月31日由杭州市委、杭州市政府正式颁发的《关于进一步加强杭州市公共图书馆服务体系建设的实施意见》，在促进“中心馆—总分馆”体系的建设，尤其是加强街道（乡镇）公共图书馆的网络建设方面起到了极大的支持和保障作用。这是国内首个以政府为发文单位下达的专门针对公共图书馆服务体系建设的行政文件，是发展杭州公共图书馆事业的行动纲领和政策保障。之后，杭州市的各级区、县、市政府又分别针对《关于进一步加强杭州市公共图书馆服务体系建设的实施意见》（见附录三）下发了适合本地区公共图书馆发展的补充文件和实施细则，成为了杭州市“中心馆—总分馆”体系建设道路上的有力保障。为进一步提升各级公共图书馆管理服务水平，健全杭州市“中心馆—总分馆”体系，实现杭州市公共图书馆事业的全面、协调、可持续发展，推进杭州市公共文化服务体系建设，杭州市委、市政府又决定，建立杭州市公共图书馆发展委员会，并下发《市委办公厅市政府办公厅关于建立杭州市公共图书馆发展委员会的通知》。由成员的所属单位可以看出，此次杭州市公共图书馆发展委员会代表着某种程度上的政府合力公共图书馆界，共同打造杭州地区公共图书馆服务体系的举措。

公共图书馆事业的健康、稳定发展，离不开它深深植根、并为之服务的社会各界的支持，杭州图书馆充分发动社会的力量，设立杭州市图书馆事业基金会，解决了制约杭州图书馆服务开展的资金问题。杭州市图书馆事业基金会自 2003 年建立后，就一直致力于促进杭州地区乃至我国全国各地，尤其是边远的经济欠发达地区公共图书馆事业的发展。基金会成立伊始，主要通过举办活动，发动社会各界支持，将募集到的资金主要用于完善杭州地区的部分区、县公共图书馆和基层图书馆的资源建设，而后，逐渐开展了一系列对经济欠发达地区公共图书馆建设的帮扶，产生了积极的成效。杭州市图书馆事业基金会是中国第一家推动公共图书馆事业发展的公募基金会，在组织发动社会力量支持中国公共文化服务体系建设方面站在了全国公共图书馆界的前列，为探索公共图书馆发展的新途径迈出了坚实的第一步。

2. 顶层设计谋划全局

作为“中心馆—总分馆”体系的中心馆，杭州图书馆的主要职能包括四方面：①业务指导中心；②文献保障中心；③专业培训中心；④技术支持中心。可以看出，中心馆不直接参与基层分馆建设，也不直接管理基层分馆的人、财、物，而是由下一级公共图书馆（县、区图书馆）作为辖区内的总馆承担该地区分馆建设，中心馆只负责下一级公共图书馆服务体系业务的规划、指导、协调、评估工作，整合地区资源。这是杭州经过初期的“摸着石头过河”后，立足于地区公共图书馆服务体系全局，统筹各方面因素，自上而下的系统谋划。由此形成的“中心馆—总分馆”框架设计、制度化的运行机制为整个大杭州范围内公共图书馆服务体系的高效运转提供了可靠保证。

第五节　临安市公共图书馆服务体系建设历程

一、临安概况

临安是太湖水系的源头，位于杭州市西郊，距杭州市区 46 公里，为杭州市县级市。临安总面积 3 126.8 平方公里，是浙江省陆地面积最大的县级市，地处浙江省西北部天目山区，北纬 29° 56′ ～30° 23′ ，东经 118° 51′ ～119° 52′ ；东临杭州市余杭区，南连富阳市、桐庐县、淳安县，西接安徽省歙县，北与安吉县及安徽省绩溪县、宁国市交界。市境东西长约

100 公里，南北宽约 50 公里；中心城市锦城（概指临安市治所在城市）东距杭州市 46 公里，西距黄山市 128 公里，处在杭州至黄山的黄金旅游线上，杭徽高速公路贯穿全境，交通便捷。境内地势自西北向东南倾斜，市境北、西、南三面环山，形成一个东南向的马蹄形屏障。西北多崇山峻岭、深沟幽谷；东南为丘陵宽谷，地势平坦，全境地貌以中低丘陵为主。

南宋建炎三年（1129）定都杭州，升杭州为临安府，临安为其属县。“杭州”当时称“临安”，有三说：一是寓有“君临即安”之意；二是南宋朝廷感念吴越国王钱镠对杭州的历史功绩，以其故里“临安”为府名；三是南宋偏安江南，有“临时安置”之意。

临安全境系原临安、於潜、昌化三县合并，县治建置有 2100 余年。西汉武帝元封二年（前 109）设於潜县；东汉建安十六年（211）置临水县，县治在高工镇高乐村；西晋太康元年（280）因境内临安山而更名临安县；唐垂拱二年（686）置紫溪县；北宋太平兴国三年（978）改称昌化。1958 年，余杭县并入临安县，於潜县并入昌化县。1960 年，昌化县（含於潜）并入临安县。1961 年，原余杭县析出。1996 年 12 月 28 日，临安撤县设市。

现临安市下辖 5 个街道、13 个镇、298 个行政村（社区），户籍人口 525 984 人。全市有畲族、苗族、回族、满族、壮族、朝鲜族、侗族、高山族、傣族、蒙古族、藏族、白族、彝族、黎族、土家族等 26 个少数民族，少数民族人口 11 091 人，占全市总人口的 2%。到 2013 年止，临安市连续 10 年被命名为全省“千村示范、万村整治”工作先进单位，入选浙江省十大养生福地并荣登榜首，成功创建清凉峰省级旅游度假区。全年实现生产总值 409.2 亿元，实现财政总收入 48.6 亿元，其中地方财政收入 26.1 亿元。在大杭州范围内七区、县（市）中，临安市经济发展属于中等行列。（见表 1-1）

表 1-1　2013 年杭州市七区、县（市）重要经济社会指标

指标 区、县（市）	地区生产总值（亿元）	规模以上工业总产值（亿元）	财政收入（亿元）	地方财政收入（亿元）	城镇居民人均收入（元）	工业用电量（亿千瓦时）	人口（万人）
萧山区	1 614.47	5 017.52	230.68	122.68	40 570	162.23	123.57
余杭区	834.93	1 350.10	167.04	104.65	36 464	46.40	89.04
富阳市	541.83	1 182.72	78.47	42.01	32 739	57.43	65.60
临安市	381.35	6 719.37	44.17	23.66	30 903	22.10	53.60
桐庐县	247.73	394.63	29.55	16.00	28 802	20.66	50.92
建德市	258.13	405.69	34.01	19.51	30 226	10.51	40.42
淳安县	159.73	206.66	17.20	11.21	24 811	5.93	45.55

（资料来源：《临安年鉴 2013》）

临安的儒、佛、道教文化历史悠久。这里有大禹、防风氏、秦始皇的遗迹，有保存完好的唐末五代十国之一吴越国王钱镠的墓葬和钱镠父母钱宽、水丘氏墓及康陵等吴越国王陵。因此，临安市于 1992 年成立了群众性学术团体——钱镠研究会，现有会员 100 余人，先后举行研讨会 8 次，编辑会刊 17 期，研究交流活动曾引起全国各地新闻媒体的关注。

2011 年，临安市开始建设钱王宗庙、市图书馆。同年，钱王宗庙进入内饰设计阶段，市图书馆完成主体工程建设。太阳镇、青山湖街道、锦南街道、湍口镇文体中心建设完成，锦北街道文体中心土建工程完成，清凉峰镇新建文体中心结项，河桥镇启动文体中心扩建工程。高虹镇、昌化镇、太湖源镇、河桥镇、龙岗镇、湍口镇、太阳镇、於潜镇、潜川镇、天目山镇、青山湖街道、锦南街道、锦城街道 13 个镇（街道）建成市图书馆分馆。同时，继续推进“农家书屋”工程，70%的行政村建有农家书屋。创建省级文化强镇 1 个、文化示范村 1 个，杭州市级文化示范镇 2 个、综合文化站示范点 1 个、文化示范村 10 个。当年全年获杭州市级以上奖项 70 项，涵盖美术、书法、摄影、戏曲（小品）、音乐、曲艺故事、民间艺术和群文理论等门类。举办了中国钱王传说学术研讨会、非物质文化遗产曲艺专场送戏下乡、首届传统手工技艺绝技绝活展示活动。开展第三批民间艺术家和首批非物质文化遗产传承基地命名工作。在 2011 中国（浙江）非物质文化遗产博览会上，昌化鸡血石雕获金奖，昌化竹编获银奖，千洪宣纸桃花纸制作技艺获优秀奖。在浙江省非物质文化保护名录传统技艺、传统美术雕镌塑青年作品大赛中，钱建仁的作品《王母出游》、林敏的作品《佛光普照》、钱友杰的作品《群星聚会》获金牌，凌东辉、潘汉斌、胡武杰、文波、钱争辉、王梁军的作品获银牌，奖牌数居杭州地区第一位。在中国轻工艺美术百花奖评比中，邵城鑫的作品《满载而归》获金奖。许林田、吴晓武撰写的《临安市非物质文化遗产资源保护及利用的调研报告》获省文化厅组织的非物质文化遗产学术论文评比一等奖。

二、临安公共图书馆建设历程

临安境内原有三个乡镇图书室，分别为临安镇、於潜镇、昌化镇图书室，各自设置在文化馆中，共有图书 30 000 册。每一个乡镇图书室仅有一名工作人员，虽然过去建设的农村图书网络中有 86 个农村图书点，但由于人少、钱少、书少，现有的资源根本不能满足读者的需求，而三名工作人员也基本无力普及农村图书网和发展农村图书事业。1975 年，临安县文化馆开始筹建成立县图书馆，于 1978 年向县委、县委宣传部报告，要求成立县图书馆。同年，临安县委批复了文化馆的报告，同意建立临安县图书馆，设置在临安县文化馆新楼，1979 年 7 月临安县图书馆正式开放，馆舍面积为 444 平方米。

从建馆之初，临安县图书馆就非常重视未成年人阅读指导。早在 1981 年春节，临安县图书馆就成立了专门的少年儿童阅览室，阅览室面积为 80 平方米，少儿阅览室藏书 1 473 册，报刊 40 种，连环画 2 750 册，配有 106 个座位，配备 1 名工作人员。少儿阅览室每周开放 6 天，共计 36 小时，暑假期间增至 42 小时，月流通达到 3 200 人次，仅当年“六一”儿童节一天接待人数就达到 903 人。

临安县图书馆在建立儿童阅览室的同时，还注重加强农村网络的建设，在 17 个大队设立农村书库，1981 年共流通 68 次，流通图书 2 253 本。1982 年，全县建立农村图书室 223 个；同年，在临安县图书馆的指导下，於潜、河桥、藻溪等公社文化站相继建立了少年儿童阅览室。至 1983 年，仅临安县文化系统所属的少年儿童阅览室就有 5 家。

1983 年，临安县图书馆率先确立了读者座谈会制度，平均每五个月召开一次，邀请来自不同行业的读者参与到座谈会中，畅谈对临安县图书馆现有服务的看法与意见，提出改进建议。可以看出，临安县图书馆很早就意识到将社会力量纳入公共图书馆的建设中来，为公共图书馆事业的发展提供可靠保障。

1984 年 7 月，临安县图书馆单独建制，隶属于县文化局。1985 年，临安县图书馆业务工作机构包括采编组、外界阅览组、少儿图书室、业务辅导组，行政管理部门有馆长办公室和图书馆办公室、财务办公室等。全馆有工作人员 9 人，藏书 87 504 册，还有线装古籍《大藏经》《古今图书集成》《四部备要》（部分），地方文献《临安县志》《于潜县志》《昌化县志》《西天目祖山志》《钱氏家谱》等十余种及各种现代地方史资料。建立乡、村流通站 22 个，利用集体借书证定期来馆借阅图书。对临安县各区、乡图书馆（室）及其他系统（工厂、学校、机关等）图书馆（室）在业务上进行业务指导，举办业务短期学习班，促进工作经验交流。

经过一段时间的筹备，1986 年 5 月，临安县委宣传部批准成立临安县图书馆学会，共有 50 多名会员，分别由学校、工厂、农村、县图书馆、机关等机构图书馆（室）的工作人员组成。学会的成立加强了各系统间的横向联系，是联络全县图书馆（室）工作者进行工作讨论、学术研究的有效组合。同年，时任临安县图书馆馆长蒋勤向上级提交了《我对临安县公共图书馆事业发展的设想》（详见附录四），首次提出希望县财政给予支持，要在临安各乡镇普及图书服务，建立各区分馆，形成县、区、乡三级网络。可见拥有悠久历史的临安图书馆在构建公共图书馆服务体系的尝试中是走在全国前列的，而且十分清晰地意识到政府支持与体制建设是形成体系的关键所在。

此后，临安县图书馆开始着重搞好全县乡镇图书馆（室）的建设。为了提升基层图书馆（室）的效用，临安县图书馆自 1990 年起就开始对全县乡镇图书馆（室）进行等级考核工作，在日常工作中以《文明馆（室）标准》为主，结合各馆实际情况进行检查对照，还坚持乡镇图书馆（室）目标管理工作，及时了解情况，时常督促各馆把管理工作调整至最佳状态。

1994 年，临安县图书馆被确立为国家二级馆。次年，临安县在城中街中段建立的县图书馆正式竣工，并于 10 月投入使用，馆舍面积为 2 343.67 平方米，总投资 280 万元，书库能储藏 30 万册图书，全部开放能同时容纳 600 人阅览，总藏量达到 12.3 万册，其中地方文献有《临安县志》《昌化县志》《於潜县志》《西天目祖山志》《钱氏家谱》《万有文库》

《玲珑山志》等。每年订阅期刊 305 种，报纸 92 种。馆藏设有总目录、公务书名目录、读者分类、书名目录、参考书分类目录和期刊目录。当年全县 39 个乡镇普遍建立了图书馆，并有 6 个乡镇图书馆藏书在万册以上。图书馆学会共组织完成论文（专著）29 篇，在市级以上刊物发表和各种学术研讨会上交流。

1997 年年底，临安市已建成万册图书馆 10 个，并于 1999 年实现了图书采编、流通、检索等自动化管理。2001 年创办了电子阅览室，由此开启了临安市公共图书馆服务体系建设的新路程。（见表 1-2 至 1-5）

进入 21 世纪，临安市图书馆一方面不断完善本馆的重点工作——地方文献建设、少儿工作，另一方面探索如何加强农村图书馆的建设。为了促进农村图书馆的发展，临安市图书馆对全市的农村图书馆（室）进行了业务普查，到 2002 年年底，全市各乡镇街道已经建成图书馆 26 个，其中建成一定规模图书馆 15 个，总藏书累计达 25 万册，馆舍面积为 2 万余平方米。有 10 个乡镇图书馆先后加入浙江省和杭州市级“东海明珠”工程。2003 年临安市图书馆被文化部定级为国家一级图书馆。2004 年，临安市图书馆完成了与杭州地区公共图书馆联网的“图书信息服务一证通”工程，实现了杭州地区公共图书馆资源共享。2009 年，临安市图书馆抓住机遇完成了共享工程县级支中心的建设，各种设备均达到了省级标准。随后，临安市图书馆在做好内部服务的基础上，努力拓展服务渠道，不断扩大服务区域，将公共图书馆服务延伸到企业、学校、乡镇和村组，建立了多个企业、乡镇、村组“图书信息服务一证通”服务点，至 2009 年年底全市范围内行政村图书室已达到全覆盖。

至 2012 年，临安市图书馆内设外借部、少儿借阅部、阅览部、采编部、网络技术部（共享工程办公室）、馆外流通部、电子阅览室、办公室 8 个部室。事业在编 13 人，其中新增事业编制 5 人；储备计划内聘用人员 18 人。

为解决图书馆旧馆场地规模小、设施不全等问题，2010 年 12 月，临安市图书馆新馆动建，地点在衣锦街 321 号，钱王文化广场东侧，占地面积 2 500 平方米，由临安市政府与临安绿城置业有限公司联合出资建造，总投资 7 700 余万元。其中，市政府出资 3 000 万元，临安绿城置业有限公司出资 4 700 余万元。工程由浙江省工业设计研究院设计，浙江大华建设集团有限公司承建，北京方达工程管理有限公司监理。馆舍为“现代中式”风格。2012 年 12 月 28 日新馆营业。总建筑面积 8 051 平方米，其中地上四层建筑面积 6 051 平方米，地下书库建筑面积 2 000 平方米。馆内设总服务台、儿童借阅室、低幼活动室、外借室、报刊参考阅览室、电子阅览室、专题文献部、盲文文献阅览室、网络技术部、报告厅、展览厅、培训室、综合办、接待室及地下书库。全馆实现无线网络全覆盖，流通部开展自助借还服务，使用阿法迪自助借还和图书定位系统。馆内设有微型图书馆、24 小时自助还书机，启用统一办证系统，基本完成自动化建设。

表 1-2　临安市图书馆 2009 —2013 年基础设施情况统计

项目	建筑面积（平方米）				
年份	2009	2010	2011	2012	2013
数据	4 930	4 930	4 930	4 930	8 051
项目	阅览座位（个）				
年份	2009	2010	2011	2012	2013
数据	250	250	250	250	488
项目	读者用计算机（台）				
年份	2009	2010	2011	2012	2013
数据	21	21	21	21	37

表 1-3　临安市图书馆 2009—2013 年资源建设情况统计

项目	馆藏总量（万册）				
年份	2009	2010	2011	2012	2013
数据	30.8	33.5	38.8	42.7	46.9
项目	年度新增藏书（册）				
年份	2009	2010	2011	2012	2013
数据	10 681	21 050	47 211	24 200	40 814
项目	地方文献（图书）收集（册）				
年份	2009	2010	2011	2012	2013
数据	767	932	1 024	690	486

表 1-4　临安市图书馆 2009—2013 年从业人员情况统计

项目	事业编制人员数（人）				
年份	2009	2010	2011	2012	2013
数据	11	12	13	18	18
项目	计划内合同用工数（人）				
年份	2009	2010	2011	2012	2013
数据	0	0	0	18	18

表 1-5　临安市图书馆 2009—2013 年读者服务情况统计

项目	办证量（个）				
年份	2009	2010	2011	2012	2013
数据	1 912	2 078	1 867	3 060	启用市民卡
项目	外借人次（人）				
年份	2009	2010	2011	2012	2013
数据	98 168	109 666	102 006	105 400	156 512

三、临安市基层公共图书馆服务体系建设

临安自 1986 年就形成了建设本地区公共图书馆服务网络的先进理念，并不断摸索可行的道路。从建设各乡镇的万册图书馆起，纵向建立覆盖区域的各级公共图书馆或分支机构，横向抓住学校、企业、军队等阵地服务，建立覆盖临安地区公共图书馆服务的大网络。

在完成市馆数字化建设和文化共享工程临安支中心建设工作之后，2004 年临安市图书馆加入了杭州市图书馆“图书信息服务一证通”工程，其下属部分乡镇馆也加入工程，以区域联盟的形式，打破了不同层级图书馆间信息资源、人员、经费、设施的条块分割、分散管理、无法有效配置的局面，形成了统一的图书馆业务管理平台、统一的业务工作管理规范。在联盟范围内，全面实现了通借通还、馆际互借、预约服务、远程咨询等服务。

在加入杭州市“图书信息服务一证通”工程之后，通过进行摸底调查、需求分析，临安市图书馆依托整个大杭州的背景与资源，开始进行村级图书室的建设工作，在做到行政村图书室全覆盖之后，又依托“农家书屋”工程对图书室的资源进行升级，进行考核式管理，实现了公共图书馆服务体系扎根农村的目标。

2010 年，临安市图书馆在杭州市“中心馆—总分馆”体系的指导下，开始探索本地区公共图书馆的总分馆制度建设。临安市公共图书馆总分馆制度依托临安市公共图书馆服务体系，争取上级业务主管部门及本地财政的支持，在辖区内将已有的乡镇（街道）图书馆普遍升级为分馆，没有图书馆的乡镇建设分馆。进入 2012 年，在 2011 年已建成 13 个分馆的基础上，完成了 298 个行政村农家书屋的全覆盖。为了真正将“普遍均等”的公共文化服务辐射到基层，临安市图书馆还将农家书屋纳入到杭州市公共图书馆“中心馆—总分馆”四级网络体系的建设中，并将其同文化礼堂等公共文化服务设施结合起来，真正实现了杭州市中心馆、临安市业务总馆、乡镇（街道）业务分馆、村（社区）图书室四级公共图书馆服务网络的全覆盖。

四、21 世纪以来临安市图书馆所获荣誉

多年来，临安市图书馆作为本地区内的公益文化机构，尽力实现公共图书馆传播社会信息、保障公民文化权利、社会教育等职能，提高图书馆文献收藏与阅览、信息传播、社会活动等服务质量，扎实推进基层公共图书馆服务体系建设，科学管理图书馆工作流程，并在多个级别的评比中获得佳绩（详见表 1-6）。这既是对临安市图书馆工作的肯定，也是促进临安市图书馆创新基层公共图书馆服务体系建设的动力。

表 1-6　临安市图书馆近十年获得的奖励

序号	级别	奖励名称	授予单位	年度
1	国家级	“一证通”获第十四届群星（服务）奖	中华人民共和国文化部	2004
2	杭州市	杭州市公共图书馆青年岗位技能比武竞赛三等奖	杭州市文广新局	2006
3	杭州市	2007 年杭州市小学生古诗词表演大赛优秀组织奖	杭州市文广新局	2007
4	杭州市	第二届杭州市小学生古诗词赏读系列活动优秀组织奖	杭州市文广新局	2008
5	省级	浙江省卫生先进单位	浙江省爱卫会	2008
6	省级	第四届浙江省未成年人读书节组织奖	浙江省文化厅	2009
7	省级	巾帼文明岗	浙江省巾帼建功和双学双比活动协调小组	2008
8	省级	巾帼文明岗	浙江省巾帼建功和双学双比活动协调小组	2009
9	杭州市	全国科普日活动优秀组织奖	杭州市科学技术学会	2009
10	临安市	临安市关心下一代工作先进集体	临安市关心下一代工作委员会	2009
11	国家级	国家一级图书馆	浙江省文化厅	2010
12	杭州市	全国少年儿童“辛亥革命”百年纪念征文活动优秀组织奖	中国图书馆学会	2010
13	杭州市	文化共享工程知识与技能竞赛亚军	杭州图书馆	2011
14	杭州市	2009—2011 年“姐妹帮扶工程”先进单位	杭州市妇联	2011
15	杭州市	第五届西湖读书节十大“书香人家”“书迷”评选活动优秀组织奖	杭州市西湖读书节组委会	2011
16	临安市	先进基层党组织	临安市文广新局	2011
17	省级	浙江省公共图书馆地方文献工作考评特色资源奖	浙江省图书馆	2012
18	杭州市	杭州市农家书屋工程建设达标单位	杭州市文广新局	2012
19	杭州市	第六届西湖读书节十大“书香人家”“书迷”评选活动优秀组织奖	杭州市西湖读书节组委会	2012
20	杭州市	第七届浙江省未成年人读书节“经典诵读大赛”杭州地区预选赛组织奖	杭州市西湖读书节组委会	2013
21	全国学会	绘本剧《钱王射潮》获网络人气奖	中国图书馆学会	2014
22	全国学会	2014 年“全民阅读”先进单位	中国图书馆学会	2014
23	省级	第十届未成年人读书节创新奖	浙江省图书馆学会	2014
24	省级	“让国学好玩起来”活动中荣获第八届西湖读书节优秀项目奖	杭州市西湖读书节组委会	2014
25	省级	“逐梦企业，爱岗敬业”读书征文活动中荣获第八届西湖读书节优秀组织奖	杭州市西湖读书节组委会	2014
26	省级	绘本剧《钱王射潮》获全国图书馆员绘本讲读大赛活动二等奖	中国图书馆学会	2014
27	临安市	2013—2014 年临安市科普工作先进集体	临安市人民政府	2014
28	临安市	2014 年度临安市平安文化场所	临安市委平安办、临安市文广新局	2014
29	临安市	2014 年度先进基层党组织	临安市文广新局	2014

第二章

依托特色服务的总馆建设

多年来，临安市图书馆向政府和上级馆争取支持，积极向兄弟馆学习，面对庞大的基层群众的需求以及独特的地理特点，克服了人才短缺、资源有限、服务条件落后等困难，获得了政府、上级馆和兄弟馆的支持，注重特色服务，积累了丰富的经验。为了更好地发挥县级公共图书馆在基层公共图书馆服务体系中的领头作用，服务广大在经济或信息获取上存在弱势的群体，临安市图书馆在做好基础借阅服务的基础上，在一些延伸服务和管理手段上形成了特色，本章分别对临安市图书馆地方文献建设、少年儿童服务、文化信息资源共享工程建设、科学管理等方面进行介绍，旨在全面展现临安市图书馆是如何在困难中为辖区内的市民提供全方位服务的。

第一节　地方特色文献建设

地方文献是公共图书馆，尤其是基层公共图书馆藏书建设的重要组成部分。按照我国著名的图书馆学家杜定友先生的见解，地方文献是指有关地方的一切资料，包括地方史料、地方人物与著述、地方出版物三个部分[①]。地方文献涉及社会的方方面面，具有浓郁的本土气息，可帮助人们从某一侧面了解当地的人文景观、风土人情、经济发展、历史变革等。鉴于"地方文献"发行量小，流传面窄，又很少有再版的机会等特点，若不及时征集，后期将难以弥补。我国文化部于 1955 年就强调公共图书馆应根据本地建设的需要收集整理有关图书、资料，特别是地方文献和地方出版物，把对地方文献的认识与征集工作提高到一个新的高度。

临安作为五代十国时期吴越王钱镠的出生和归葬地，遗存了大量的吴越时期的历史文化。从 1978 年县图书馆成立至 1985 年，临安县图书馆就收集了《临安县志》《西天目祖山志》《钱氏家谱》等十余种现代地方史料，还收藏了《大藏经》《古今图书集成》《四部备要》（部分）等线装古籍，催生了临安县图书馆对地方文献工作的重视，从建馆之初起，地

① 高炳礼. 杜定友先生与中山图书馆地方文献工作的实践[M]//杜定友学术思想研讨会论文集. 广州：广东省立中山图书馆，1988.

方文献建设工作一直是我馆的重点工作之一。

1987 年，考虑到临安县图书馆的地方文献建设工作进展缓慢，我馆特地在社会上招聘了两名能够胜任地方文献工作的人员，并向地方财政申请了每年五千元的地方文献专项经费和两万元的专项设备费，以支持地方文献建设工作。

1993 年，临安县图书馆在全国第五届“图书馆服务宣传周”到来之际，特举办了一期“部分馆藏地方文献书屋”活动。在活动中展出自清嘉庆三年（1798）到 1993 年 3 月收集的地方文献共 260 余件。这既是对我馆地方文献工作的一次检阅和展示，更重要的是希望借此机会能扩大地方文献工作的影响，让更多的读者、单位来关心、支持地方文献工作，尽快建立起一个长期稳定的地方文献工作网络。由此可见，当时的临安县图书馆已经意识到：社会力量的广泛参与是促进公共图书馆工作的一大动力。

至 2014 年，临安市图书馆有地方文献 2 832 种。其中，书籍 5 286 册，期刊 38 种，报纸 14 种，电子 69 种。馆内设置专门的地方文献部门以及专职工作人员和兼职工作人员各一名。近几年，随着地方文献工作的推进，临安市图书馆仍不断探索地方文献建设的新举措，已经形成了系统的地方文献建设工作流程，并取得了一定的成绩。

一、争取领导支持，规范工作流程

临安市图书馆在过去的地方文献征集工作中发现，我国许多非物质文化遗产都分布在基层，县级公共图书馆作为基层公共图书馆的领导者，在征集地方特色文献、保存地方文化遗产上具有不可推卸的责任，也在地域上拥有较大的优势。2006 年年初，临安市图书馆在《今日临安》上刊登了图书馆征集地方文献活动的启事，制定了《临安市图书馆地方文献工作征集方案》，同时向临安市委宣传部和文广新局请求联合下发《关于临安市图书馆征集地方文献的通知》，向社会各界征集临安地方文献，将图书馆地方文献征集工作转化为政府行为。此通知中明确指出，地方文献是图书馆馆藏的重要组成部分，而发展地方文献建设工作在推动本市经济社会的协调发展中具有重要的意义和作用。这既是政府对地方文献建设工作的肯定和支持，同时也确定了临安市图书馆地方文献建设的主体地位，在整个地方文献建设工作中起决定性作用。图书馆犹如手持“尚方宝剑”，搜集地方文献的道路越来越平坦。

2012 年，为了扩大地方文献的收集范围，规范地方文献建设工作，根据《浙江省公共图书馆地方文献资源建设考核细则・县级》（见附录五）的要求，临安市文广新局又下发了《关于征集乡镇、街道地方文献的通知》。此通知中要求“各镇、街道文化站要高度重视，积极完成地方文献资源的征集工作，确保相关征集活动顺利进行”。在最后还规定了各项工作完成的时间，通知了省考核的相关事宜。由此，地方文献建设工作从最初的分散征集走向系统化、规范化，落实责任，全面推进建立一个依靠公共图书馆服务体系的地方文献建设工作模式。

二、完善地方文献工作的指导文件体系

临安市图书馆认为，地方文献的征集工作转变成政府行为为地方特色文献建设工作打开了征集通道的大门，而地方文献建设工作的关键在于藏好并且用好文献资源。因此，自“十一五”计划开始，临安市图书馆不断完善地方文献工作指导文件体系，整个文件体系以“广征集、深开发、利用好”为主要原则，从整体的建设方针到每年的工作计划与总结，再到具体的工作流程，在地方特色文献建设工作中发挥了指导性作用。

1. 临安市图书馆地方文献发展规划

根据浙江省文化厅下达的《浙江省公共图书馆地方文献资料建设规范（试行）》文件精神，结合临安市图书馆事业发展的实际需求，我馆每五年制定一次“临安市图书馆地方文献发展规划”，作为今后几年地方文献建设工作的任务和发展目标。规划内容涉及未来几年地方文献建设工作的方方面面，包括在搜集、整理地方文献过程中的文献范围与运用的方法，还包括在利用文献提供服务时的相关规定。

2. 每年地方文献建设工作计划及目标

为了将地方文献建设工作落在实处，结合岗位目标责任制，临安市图书馆要求地方文献部门每年年末在总结本年工作的基础上制订新一年的工作计划和岗位目标，其中，工作计划需具体到数字，岗位目标需列出未达到目标相应扣掉的分数。年末总结的内容需与年初计划、岗位目标相对应，由此形成的条目清晰、首尾对应的文件可以促进地方文献建设工作的不断改进，也是对读者负责的表现。

3. 具体工作方案

地方文献建设工作的具体方案是文件体系的主体部分。它包括《临安市图书馆地方文献征集方案》《临安市图书馆地方文献保护制度》《临安市图书馆数据库建设规划》《临安市地方文献阅览规则》《登记制度》等一系列文件。这些操作性文件是在发展规划和工作计划的指导下，根据临安市和临安市图书馆的具体情况制定的。

三、文献征集规则由被动到主动

《临安市图书馆地方文献征集方案》中明确指出：“凡是临安籍人士的著作以及反映临安历史文化的文献皆属于征集范围。具体包括：地方出版文献，地方人士著述，地方档案资料，地方原始文献及所有关于临安地区的历史、地理、政治、军事、经济、文化、宗教、华侨、民族风情、历代名人等方面的资料。”可以看出，临安市图书馆界定的地方文献的范围涉及临安市各个地方部门和单位，地方文献在这些单位每日的产出量是十分巨大的。过去是今天的历史，今天又是明天的历史。今天的地方文献资料如不及时收集，明天有的就

可能永远收集不到了。更重要的是，从利用的角度来看，地方文献更新及时是提高读者利用率的一大因素。比如，各个部门和单位编纂或出版的部门志、地情文化丛书，地方各界人士的著作，地方各级政府制定的政策、法规等，特别是地方年鉴和地方文史小丛书是很有价值的新编地方文献资料。及时收集这些地方文献，对常来临安市图书馆查阅地方文献的研究者提供最新最全的信息，可以推进研究的进展，对整个临安的社会发展带来长远的影响。

为了保证地方文献征集工作的及时性，临安市图书馆转变了征集方式，以前是等读者送上门，现在是走出门，了解新旧文献资料线索，以保证及时征集。主要工作方式为负责地方文献的工作人员每周手拿《浙江省公共图书馆管理办法》及临安市宣传部下发的《关于临安市图书馆征集地方文献的通知》，地毯式地和每个单位联系（见图 2-1）。工作人员主动登门，与各单位及个人建立良好感情，以诚意感动对方，从而形成固定的地方文献呈送渠道。在收集过程中，工作人员一边宣传图书馆收集地方文献资料的意义与好处，一边同地方单位的人员进行沟通，以便得到更多的地方文献线索。

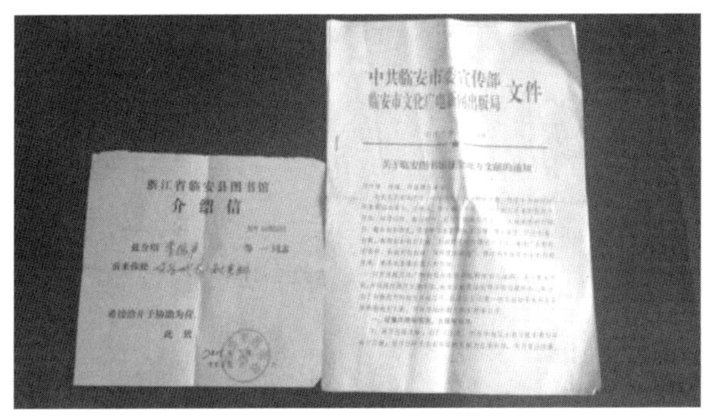

图 2-1　地方文献征集工作人员征集凭证

经过几年的努力，现在的临安市图书馆已经和临安市大部分具有固定周期出版物的单位以及本地著名作者之间建立了征集渠道，他们都能及时把新出版的文献送到图书馆。其他地方文献也由各单位专人整理，统一交给临安市图书馆的工作人员。

四、多样分类征集

除了工作人员上门征集这一主要渠道，临安市图书馆还采取其他的方式扩大地方文献征集范围。首先是交换收集周边县市或全国其他重要地区的地方文献资料，这一方式能够迅速丰富地方文献资料馆藏。比如全国各地第一轮修志基本结束，新一轮续志正在启动，第一轮的修志成果是非常有价值的，这类各地综合性历史性文献著作含金量很高，如果能利用当地所修志书进行适当交换，则能够收集到相当数量的各地地方志书。此外，全国各地地方综合年鉴编纂工作开展得如火如荼，这一类地方文献在当今日益开放的经济生活中作用越来越大，如能及时交换收集，可以有效服务社会，尤其是对广大企业和广大营销人员来说更为需要。为此临安市图书馆从2002年起就与临安地方志办公室协商，在年鉴印刷的时候，加印一定数量，由图书馆实施交换，两家共享。这种方式成效显著，既省钱，又省力，一举多得。

地方文献一是集中在上述本地区各政府机关、企业等可直接联系的组织中，二是分散在本地区群众手中。这就要求征集工作必须按照不同的渠道形成不同的征集制度和方式，并充分考虑到征集过程中可能出现的各种障碍，给予相应的指导。针对散落在基层群众手中的地方特色文献，临安市图书馆依托基层公共图书馆服务体系，构建了一条“农家书屋—分馆—总馆”征集渠道。对基层公共图书馆服务体系的管理员进行征集工作培训，指导他们如何上门征集地方文献，如何向辖区内的群众宣传地方文献建设工作，如何将征集的地方文献进行保存或记录并上报上级馆以进行更深层次的开发工作等。如此形成了一张覆盖临安地区的地方文献征集网络。

最后就是发动捐书活动。几年来的捐书活动使临安市图书馆收获不少，不仅收集到了临安各单位和人士的一些文献资料，还收到了原籍在本地的或原籍虽不在本地但曾在本地任职、居住并长期从事学术活动、政治活动及各种社会活动等颇有影响力的人物的珍贵文献。例如在杭州工作的任晓芳女士代其父（临安籍原浙江省副省长任一力先生）捐赠的一些珍贵文献资料。

在实际开展地方文献搜集工作的时候，除了要面对不同的被征集者，还需要面对不同的地方文献类型，这同样需要采取不同的征集手段。

对待当地重要的历史文献资料，临安市图书馆的原则是不惜代价出资征集，如征集不到，要想办法出资复印或影印，对那些实在不能完整得到的地方历史文献资料，则分门别类建立一个索引库，以供读者查找。对临安的旧县志、山水志、家谱等地方文献都应该以不同的形式加以搜集。一方面，广泛调动当地社会力量，多方提供地方文献资料的线索，予以备案；另一方面，广开资金渠道，积极争取社会力量参与征集。

利用图书馆与其他单位的关系，建立地方文献资料收藏网络。即便工作人员上门征集，仍旧有不少珍贵的地方文献资料散藏在各个单位或一些私人的手里，不易一一获得。比如，临安市的地方文献资料除市图书馆外，在市档案馆、市地方志办公室、市民政局、市政协文史委员及各重要学校和各重点乡镇图书馆等都有收藏，更多的还散藏于个人收藏者手中。针对这一现状，图书馆人员可以在上门的同时登记造册，建立一个小的地方文献资料数据库，给读者做好引导，并指导收藏者科学保管和提供利用。

最后就是建立个人图书资料库，鼓励那些有一定数量图书的收藏者把自己的图书资料存放在图书馆，设立个人图书专架，妥善保管利用。而这些人或其家属会得到一定的社会荣誉和物质补偿。

临安市图书馆深知地方文献建设工作的复杂性，只有首先确定好藏书建设的方针，做到有的放矢，结合馆藏基础，再针对临安的政治、经济、文化、自然条件、民族特点及历史沿革等方面有目的地进行征集，才能建立起真正对本地区经济社会发展起推动作用的地方文献的藏书体系。从最初制定《临安市图书馆地方文献工作征集方案》到临安市文广新局下发《关于征集乡镇、街道地方文献的通知》，我馆逐步细化地方文献的收藏内容与类型，以更好地指导地方文献征集工作。

临安市图书馆地方文献收藏的内容与类型范围如下。

（1）地方出版文献。从广义上讲，所有临安地区内的出版文献皆属临安地方文献。其中以研究临安地区的文献为主要内容，作为重点收藏；特别注意临安地区所出版的期刊、报纸，尤其是报纸，每天都有大量的本地区新闻资料，具有较高的保存价值。

（2）地方人士著述。它既包括原籍在临安本地的，也包括原籍虽不在临安，但曾在临安任职、居住并从事学术活动、政治活动及各种社会活动等颇有影响的人物。这些文献包括涉及临安地区的研究资料、调查报告、游记、笔记及其他专门著述。

（3）地方档案资料。其范围广泛，包括临安地区的公文、布告、法令、计划、统计报表等公开文献，也包括会议记录、调查笔记、勘测记录、人事档案等内部文献。

（4）地方原始文献。它主要指当事人的亲笔手稿、亲笔签署的机关或个人的书信，具有地方性的重要人物的日记、谱牒、拓片、碑刻和原声的录音，反映地方特色的诗词、奏折、文物、古籍、经过实地考察所形成的记录，也包括虽然已经缺少当时当地人物、事件的真凭实据，但根据采访或会议而形成的文献。

（5）以地方志为例，凡对临安一定行政区域内的各方面资料进行综合记载的，涉及临安地区的历史、地理、政治、军事、经济、文化、宗教、华侨、民族风情、历代名人等方面的资料，均属于地方文献征集范围。

（6）对于乡镇或街道征集的地方文献，内容则涉及本镇、街道、村编纂的文献，包括地方年鉴、统计资料、地方史、家谱、旅游读物、专题资料汇编、本地风景名胜、文化遗存文献、当地传统物产、特色或支柱产业文献、会节文献、地图、政史文史资料、电话号码簿、地方丛书、文献汇编、老照片、影像类、电子类、出版和发行的报刊等文献。

五、深层开发资源

在地方文献资源的整理与开发工作方面，临安市图书馆十分重视最基础的文献目录的编制。首先，单独设立地方文献目录，其中包括地方文献总目和专科或专题地方文献目录。地方文献总目用以揭示馆藏全部地方文献，专科或专题地方文献目录用以揭示某一专题方面的全部地方文献。其次，地方文献总目设有两套目录，一套为书名（题名）目录，一套为分类目录。专科或专题地方文献目录则采用书本式目录，并把目录复印若干份，有针对性地提供给用户，使用户熟悉馆藏。现今临安市图书馆有专题目录三种，分别为《钱王文化文献目录》《昌化鸡血石文献目录》《天目山人文目录》（详见附录六）。为了便于群众了解馆内地方文献内容体系，临安市图书馆还会定期在县馆和乡镇（街道）分馆举行地方文献展览（见图 2-2、图 2-3）。

图 2-2　昌化鸡血石文献展

图 2-3　乡镇（街道）地方文献展

除了本馆编制的目录外，临安市图书馆还主持编制了本地区地方文献联合目录。这是从地方文献资源共享的群体意识出发，组织本地区各文献收藏单位编制地方文献藏书联合目录，通过馆际互借、一证通用等方式解决了地方文献用户的需求。

地方文献是一个地区社会经济等方面的历史记录，对了解过去、指导现在、预测未来有着重要的借鉴作用，在开发上应立足于长远。为了方便用户利用地方文献，将地方文献的使用价值发挥到最大，临安市图书馆通过对文献深层次的揭示，开发深层次信息产品，以服务地方经济建设与用户需要。首先进行文献信息的市场调研，了解本地区的经济、文化、教育及科研的动态发展情况。同时既要了解用户的现时需求，又要捕捉用户的潜在需求与未来需求，进而对馆藏文献进行鉴别、筛选、分析、研究，收集、整合编印了《决策参考》《关注临安》《钱王传说汇编》《临安山歌》《临安民谣汇编》等信息产品。《决策参考》和《关注临安》是临安图书馆利用网络、报刊资源收集和整合各大媒体对临安的宣传报道而编印的供市委市政府决策参考及读者查阅的文献（见图 2-4、图 2-5）。《钱王传说汇编》《临安山歌》《临安民谣汇编》为已具备一定规模的并且形成独立文本的专题文献汇编。由于文献内容具有地方性、时间久远等特点，所以基本上文献来源都是地方人士的口述或捐赠。为了保证文献来源的真实性，并且为用户提供文献来源，在最后成册的文献汇编中，每一篇文献内容既包括整理后的文献正文，也包括文献征集整理过程中涉及的时间、地点、人员及其联系方式，如下文所示。

怀王庙的来历（庙下村的由来）

怀王庙又叫庙下村。追究历史，怀王庙初建于北宋时期（1028—1038）。后庙毁，重建于明朝万历壬子年（1612）。庙主人钱怀柔明王为吴越开国君主钱镠的曾孙，忠懿王钱弘俶第七子钱惟溍，因为他字怀柔，故被称为怀柔明王。

钱惟溍出生于公元 969 年。太平兴国三年（978）其父钱弘俶遵照十三祖“善事中国，勿废臣礼”的训导，审时度势，将十四州，八十六县，五十五万零七百户，十一万五千卒，全部献给北宋王朝，实现了国家的和平统一。钱帷湝随父归宋。宋瑞拱元年（988），在钱弘俶60岁生日时，食御赐果品后当天死亡，所谓“寿筵才摆又哀筵”，成为钱氏家庭千古疑案。但钱氏的千百子孙总算活下来了，并长享荣华富贵。宋王还在钱弘俶的儿子中挑选王位继承人，钱帷湝与其兄帷睿、帷漼、帷比、帷灏、帷演、帷济七王学习商朝太伯之子伯夷、叔齐让国让天下之壮举，均让位给四哥帷演。钱帷湝脱去官服官帽便回到家乡临安，隐居山中。乡亲们感念他的功德，在大云乡（今庙下村）建钱怀柔明王庙，庙名为“怀王庙”。大庙坐北朝南，在庙的西面（即庙的下方）已有王家、曹家、沈家，所以俗称庙下。后有罗家、何家、万家、袁家、章家等。

新中国成立后，在庙上方有五六户人家，但近百户人家均在庙下方居住。据庙内碑石记载，1612年该庙重建时该村叫大云乡庙下村，可见建庙前亦叫庙下，估计怀王庙即庙下村村名历史已近千年。

人们为了纪念怀柔明王，每年正月三十在庙中举行庙会、开斋、做戏文，本地及运河两岸成百上千的香客前来进香朝拜，十分热闹。

（注：1958年拆庙建供销社，2004年又重建怀王庙，改名为“白马寺”）

讲述人：张方林，男，八十三岁，汉族，小学文化

采访地点：张方林家中

采访时间：2010年5月10—13日

撰写人：许东炎，男，七十七岁，汉族，大专文化，退休教师

图2-4 《关注临安》

图2-5 《决策参考》

六、向数字化发展

以计算机为核心的现代信息技术在图书馆的应用，为地方文献的开发利用提供了强大的技术手段。当今对图书馆的评价标准已不仅仅限于藏书量、读者量、图书借阅量，而是能够提供方便、快捷、准确的文献信息服务，尤其是网上资源的服务。因此，在地方文献的开发上，临安市图书馆把建立地方文献数据库摆在首位。临安市图书馆现有地方文献数字化资源文献37种，已发布在图书馆网站上，如《临安日报》（1958年第235期至1961

年第 1040 期）电子报 807 期；《今日临安》数字报刊平台，每天更新查阅；文学季刊《吴越》电子版 10 期。另有 DVD 电子文献 66 种。

2009 年以前，临安市图书馆涉及的文献数据库建设工作主要由杭州图书馆负责，临安市图书馆负责文献标引与著录工作。由于前期图书馆硬件条件有限，自身数据库建设存在很多困难，无法开展相应工作。2009 年 8 月临安市图书馆新增网络硬件设备，为建立本馆数据库创造了有利条件。临安市图书馆根据自身的条件和优势，充分利用地方特色资源，开发反映地方特色的专题数据库、多媒体数据库等多种形式的数据库，并使之成为网上信息资源的一部分。我馆数据库建设规划主要分以下三点。

1. 地方文献数据库

建立地方文献数据库是临安地区进行两个文明建设的需要。地方文献具有以下作用：为本地区两个文明建设提供参考和依据，为本地区社会经济建设提供信息，为发展科技文化、学术研究服务，为开展爱国主义教育提供宝贵的乡土教材，为编纂志书和地方史书提供翔实的原始资料。该数据库主要是针对古籍、家谱、县志等地方宝贵文献建设。2009 年馆内开展收集整理文献工作，所收集的地方文献资源信息通过本馆网站发布。2010 年馆中开始进行部分地方特色文献和县志的加工工作。针对古籍、家谱和钱缪研究专题数据库加工进行专项经费申请，并于 2012 年 7 月完成基础建设（见图 2-6）。

图 2-6　临安市图书馆地方文献数据库

2. 非物质文化遗产数据库

临安是吴越文化的发祥地，历史文化积淀深厚。2009 年年底通过全国文化信息资源公共工程这个大平台，临安市图书馆建立了当地非物质文化遗产数据库。

3. 文化信息资源共享工程数据库

2009 年起重点开展文化信息资源公共工程临安支中心数据库建设，年底完成地方特色资源的收集，并至少完成所收集资源80%的加工工作，其中针对实用性较强的资源优先加工。

可以说，临安图书馆数据库建设已走过起步阶段，即将进入快速发展时期，这项工作是图书馆现代化的中心工作之一，需要较强的综合知识和工作责任心，我们会更加努力去完成，使临安文献资源为全国乃至全世界利用，并最终步入“信息高速公路”。

除以上三种数据库，临安市图书馆网站还设有“地方文献——特色景点”一栏，用以介绍临安境内特色景点的相关信息（见图2-7）。

图2-7　特色文献数据库中的特色景点

为了提高地方文献的利用率，临安市图书馆加强了对用户的培训。举办地方文献重点用户培训班，提高用户地方文献利用意识，辅导地方文献检索方法，通报地方文献收藏动态，征询用户对地方文献工作的建议和要求，与用户建立经常性的联系。如临安市政协文史委员会的王建华先生经常来图书馆查阅有关《吴越备史》等资料，并利用有关资料于2005年10月出版了《钱镠与西湖》，收集在《西湖》全书中。又如临安著名画家、市政协委员虞福来经常到图书馆查阅有关天目山风景、山水等资料，课题写生创作的135幅作品分别发表在《中国美术报》《中华美术报》《中华书画》上，并即将出版个人作品集《浙江天目山区风情录》大型画册。

除此之外，临安市图书馆还注重建立地方文献利用档案制度。档案制度包括建立地方文献基本用户档案、服务登记档案和用户反馈档案，这样更有利于发挥地方文献的作用。比如上文提到的经常性用户，本身就是临安地方文献的生产者，图书馆工作人员可以后期跟踪用户的利用地方文献的进展，挖掘更多的地方文献。

未来临安市图书馆地方文献建设工作将重点转移至古籍普查与保护工作。浙江省近年来开展了全省范围内的古籍普查，为了积极配合省内的工作，临安市图书馆筹集资金13 500元购置了古籍普查专门设备，派专员参加古籍普查培训班，预计将于2015年年底完成全馆

5 000 余册古籍的普查工作，为中华古籍保护计划提供古籍著录数据。为了进一步贯彻落实《国务院办公厅关于进一步加强古籍保护工作的意见》《浙江省“中华古籍保护计划”实施方案》，加强古籍的抢救和保护，临安市图书馆制订了符合本馆实际的古籍保护计划。保护计划主要针对古籍的书目数据建设工作、鉴定与定级工作、保护与利用并行等方面展开，以期在未来能够发挥古籍资源的质量和数量优势，为公众提供方便快捷的文献服务。

第二节　未成年读者服务

作为浙江省首家县级少儿阅览室的建立者，未成年读者服务工作一直是临安市图书馆的工作重心之一。1981 年 2 月 4 日，临安县图书馆正式成立少儿阅览室，总面积为 80 平方米，配有 56 个座位，藏书 1 473 册，报刊 40 种，设有专门的儿童书库，每周开放 36 个小时。少儿阅览室成立后，临安县所属的公社文化站又成立了数家少儿阅览室，使得临安市图书馆的少儿工作居浙江省第一，之后几年一直保持先进称号。1985 年，在“杭州市图书馆工作改革研讨会”上，临安县图书馆提出要把少儿阅览室办成校外之校的理念，并在偏远学校设置了巡回流通点，不定期送书上门，同时组织“学雷锋服务小组”从事志愿活动，在本县开展活动的同时扩大少儿阅览室的影响范围。1986 年，临安县图书馆馆长蒋勤在《我对临安县公共图书馆事业发展的设想》中指出，临安县图书馆少儿阅览室的发展已经进入瓶颈阶段，在其他县相继在藏书、经费、人员等方面都有较大发展的时期，原先的“最好的”临安县图书馆少儿工作已经不具有“最好的”优势，必须寻求新的发展方向，首先要做的是在各分馆、乡镇馆建立少儿阅览室，其次是多开展适合少儿的活动，特别是社会教育活动。

有了新的发展方向，临安县图书馆未成年读者服务工作有了新的起色。一是社会教育活动质量多有提高。暑期开办小学毕业生初中课程学习班，系统地帮助初中新生预习初中课程，受到广大少儿、家长的欢迎，在社会上产生较大反响。二是少儿写作小组于每周日上午组织报名的学生观察、写作、讨论，系统训练少儿的写作能力，得到学校教师的赞同。另外还组织开展了一系列读书活动，并编印了《第二课堂》油印小报，通报图书室活动，反映学校、家长、读者的要求，扩大了少儿阅览室的影响，加强了与社会的联系。

随着临安市图书馆的不断发展，少儿阅览室也在不断地前进。多年来临安市图书馆始终不变的是对未成年读者服务工作在公共图书馆建设中的重要性的认识——如果图书馆有 100 个可以提供给成人使用的座位，那么就应该也有相同的空间专门提供给未成年读者使用。正是在这样的工作理念的指导下，临安市图书馆未成年读者服务工作一直在全省领先，并形成了临安经验，这里既包括用于指导服务工作的先进理念，也包括服务工作的具体实践。

一、未成年人服务工作理念

1. 未成年服务工作是公共图书馆服务范畴的重要组成部分

联合国教科文组织 1994 年的《公共图书馆宣言》中指出，公共图书馆应在平等的基础上向所有人提供服务，而不论年龄、种族、性别、宗教、国籍、语言或社会地位。截至 2012 年，我国公共图书馆共有 3 076 个，少儿图书馆只有 99 个，各级图书馆附设的少儿阅览室最多有 15 个。长期以来，我国公共图书馆有相当数量只对成年读者服务，这是公共图书馆服务对象的遗漏和缺失。近年来，公共图书馆界才逐渐开始重视未成年服务工作。我国 14 岁以下的未成年人有 2 亿左右，占总人口的 16.5%。但是，中学图书馆（室）的基础相当薄弱，甚至有相当一部分并未向学生开放，小学设有阅览室的更是寥寥无几，甚至一些重点小学也没有阅览室，即使有了，在节假日和寒暑假也不对学生开放。所以，我国少年儿童图书馆事业的现状还远远不能满足广大少年儿童渴求知识的需要。而作为提供社会教育的场所，开展少年儿童活动教育服务，积极拓展图书馆社会教育功能，是公共图书馆义不容辞的责任。

2. 培养少年儿童的阅读习惯，奠定学习型和创新型社会的坚实基础

全民阅读水平是衡量一个国家社会文明程度的重要标志。我国正在建设创新型国家，创新型国家的基础是学习型社会，提高全民阅读水平，增强全民族的文化素质和创新意识，促进人的全面发展，对于建设学习型社会和创新型国家是至关重要的。2006 年和 2007 年中宣部等多部门联合发出倡议，号召全社会开展全民阅读活动。2014 年，我国全民阅读活动达到高峰，“年度好书评比”“好书推荐”“名人书单”等活动接踵而至。

联合国教科文组织 1994 年的《公共图书馆宣言》中指出，公共图书馆使命的第一条就是“从小养成和增强儿童的阅读习惯”。习惯是人们长时期养成的动作、生活方式、社会风尚等。人类心理学家广泛地开展了对人类自身各种能力与行为发展关键期的研究后发现，儿童期是人格和习惯形成的最佳时期，在儿童时期养成的良好习惯可让孩子受益终身。英国唯物主义哲学家、科学家培根说：“习惯真是一种顽强而巨大的力量，它可以主宰人的一生，因此，人从幼年起就应该通过教育培养一种良好的习惯。”在新的时代背景和网络环境下，公共图书馆应创造性地开展各种活动，从小培养少年儿童的阅读习惯，从而提高全民阅读水平，奠定学习型和创新型社会的坚实基础。

3. 充分发挥社会教育职能，起到第二课堂的作用

著名教育学家蔡元培先生说过：“教育不专在学校，学校之外还有许多机关，第一是图书馆。”如果说庭教育、学校教育、社会教育构成了一个人才开发的系统教育工程，那么图书馆教育则是这个系统教育工程中的一个子系统。公共图书馆是少年儿童学习的第二课堂，

它在少儿成长过程中产生的积极作用是不可低估的。如果公共图书馆的少儿服务工作弱化了，那么图书馆发挥第二课堂的作用就得不到有效的保证。临安市图书馆自 1981 年成立少儿阅览室，就始终致力于将少儿阅览室办成综合性的校外教育机构。为了使每年的活动都能成为一个完整的教育过程，临安市图书馆每年组织十项大型少儿活动，内容涉及思想、知识、情操、能力等方面。除此之外，开设兴趣小组，结合学校的教学活动，对少年儿童进行比较系统的训练。

4. 图书馆自身服务发展的需要

对图书馆自身发展来讲，要加强对未成年人服务，可充分利用文献信息、技术、人员、馆舍条件等资源优势，增强图书馆的服务辐射能力，扩大图书馆服务覆盖面，丰富服务内容与方式，提高公共图书馆的社会文化服务能力。现代中国家庭结构日趋简单，一个孩子和父母亲组成的三口之家越来越普遍。在现代中国家庭中，以独生子女为中心的现象十分普遍，身为父母的成年人在休息时间的学习、休闲活动，往往服从于家中孩子的学习安排。如果公共图书馆里很少有适合少儿的文献资料，就不能吸引少年儿童到图书馆来，也就大大减少了他们的家长来图书馆浏览学习的机会，公共图书馆也就可能失去了一大批固定的读者。

读者服务工作是图书馆的主要职能，也是图书馆一切工作的出发点和落脚点，它的好坏直接影响到图书馆的社会效益。公共图书馆通过开展优质的少儿服务工作，可以巧妙地触动全社会的“敏感神经”，成为家长、学校以及整个社会关注的亮点；反之，则会影响到图书馆许多业务活动的开展。

5. 未成年人服务工作网络建设的重要性

1986 年临安县图书馆就提出要在各分馆、乡镇馆建立少儿阅览室，各馆同时需要加强少儿活动服务。临安地形特殊，而作为总馆，想要少儿资源辐射至全市，就必须加强基层建设。成人的行动可以由自己决定，而孩子的行动则受许多因素的限制。如果基层未成年人服务工作做得到位，可以大大增加少儿阅览室的影响。在基层馆建设的同时，多倾向未成年人服务，多与当地学校联系。考虑到一些学校离图书馆较远，借阅不方便，但所在地又没有开设图书室，临安县图书馆就直接与学校合作，在校内设置流通点，不定期送书上门，以满足边远学校少年儿童的阅读需求。

6. 在服务开展中树立品牌意识

虽然公共图书馆提供的服务具有公共品的性质，但效益依旧是衡量服务的关键要素。只不过相对于一般服务业强调的经济效益，公共图书馆更注重社会效益。最理想的社会效益就是忠实的读者，这就要求公共图书馆要具有品牌意识，既要树立本馆的品牌，也要形成不同的品牌活动以吸引读者。

树立本馆的品牌即作为本地的文化信息中心，要利用本地的地方文化优势，结合公共图书馆拥有的资源，形成本馆独特的品牌资源。资源形式可以因地制宜，但品牌效应必须明显，例如提到临安市图书馆，首先想到的就是少儿电影院和绘本剧，这就是利用本地文化资源塑造的本馆品牌形象。而品牌活动则是培养忠实读者的关键所在，要具有长远的眼光，可以以影响一代人为目标，打造属于这一代人的年度品牌活动，采取一切形式做好宣传活动，呼吁更多读者参与到活动的策划、管理当中来。当读者成为活动的主人，依存感增强，品牌的忠诚度就会增强。例如临安市图书馆开展了十届未成年人读书节活动，每一年都在前几届的经验上不断改进，从最初的一两个活动、几十人参与到现在的多个系列活动、上百人参与，这就是品牌塑造成功的案例。

二、未成年人服务工作实践

1. 整体现状

临安市图书馆现设有少儿阅览室、低幼活动室、时空隧道等提供少儿服务的专门空间。多年来，临安市图书馆特别重视少儿服务工作，为克服购书经费不足的困难，向杭州少年儿童图书馆争取了每年 3 000 册新书的补助，弥补少儿馆藏图书的不足；扩大少儿专用空间，将原先只有 125 平方米的少儿阅览室扩大到 250 平方米，增加阅览席位等。

少儿读者始终是读者中最为活跃的，他们活泼好动、求知欲强。临安市图书馆少儿阅览室根据小朋友的特点，营造出一个轻松和谐的学习与玩乐的小天地。每年开展各种类型的少儿活动，注重培养少年儿童的动手能力和创造能力，展示他们的特长，培养他们的公德心，发挥他们的表现力。较有影响力的活动有“我为少儿添绿意”植树节活动、“悦读，漫步书香”活动、“爱护图书，从我做起”倡议活动、庆“六一”绘画比赛、“六一”快乐游园活动、“世博知识知多少”有奖竞答、“七彩的沙画、缤纷的开端”活动、“灵动的思维、神奇的吹画”活动、“承袭传统民俗、剪出多彩童话”剪纸活动、“聆听革命故事、传承革命精神”故事会、“走进图书馆、对话少儿室”小记者采访活动、“关爱久久、微笑久久”重阳节活动、“圣诞节”狂欢活动等一系列集趣味性、教育性于一体的活动，深受家长和小朋友的喜爱，双休日、节假日的少儿阅览室热闹非凡。

2. 一切为少儿量身定做

少儿读者与成人读者有很大的区别，针对不同的读者，临安市图书馆有不同的服务方式。

为了给读者提供更为安静舒适的阅读环境和更为便捷有效的借还方式，图书馆公布了一些规章制度，要求读者遵守。当然，在日常工作中，难免会碰到一些违规或是不文明的行为。但成人读者的身心发展成熟，只需稍作提醒，即能领悟，适时纠正，很少会有二次犯错。但是少儿读者的控制能力差，行为反复较大。临安市图书馆在服务过程中，如果发现这些事情发生在小读者身上，则需要一再提醒，反复强调，帮助其渐渐改正。在发觉少儿读者有进步时，则及时给予肯定和表扬，这样可以提高儿童养成文明借阅的习惯积极性，从而自觉遵守规章制度，养成文明看书的好习惯。再过几年，这些少儿读者便成了成人读者，因为图书馆在平常工作中注意培养他们良好的借阅习惯，他们成为了文明的成人读者，以后的读者服务工作也会容易很多。

临安市图书馆的书籍排架是根据《中国图书馆分类法》（简称《中图法》）进行编目归类的，使每本书都有一个索书码。但成人外借室与少儿阅览室的排架方式是不同的。成人外借室的书籍除新书、港台书籍、优生优育、武侠大家等设有专柜外，其他书籍排架大多细分到位，按序摆放。少儿阅览室除了 B 哲学类、I 文学类和 Z 综合性图书细分排架外，其他书籍均根据一级或二级书目，按大类粗排，还设了杨红樱、伍美珍、沈石溪等热门作家的专柜，以及古典文学、名人传记、国际大奖小说、福尔摩斯、脑筋急转弯、作文天地、绘画、绘本、热门图书等众多专题书柜。成人外借室与少儿阅览室分类排架的区别对待，是为了给读者借阅书籍提供方便。第一，两个借阅室的藏书量不同。成人外借室的藏书量为 78 000 多册，少儿阅览室的藏书量为 36 000 多册，成人读物多而儿童读物相对较少。书籍多时，按索书码查找可以准确找到书的具体位置；书籍少时，按类查找更为方便。第二，阅读习惯不同。成人读者的阅读是独立的，目的性较强，通常阅读的是同一类的书；而少儿读者阅读的目的性不强，往往因为互相影响或老师推荐而借阅一些热门书籍，或是因喜爱其中的一本书而阅读整个系列的书籍，如儿童文学大奖小说等。第三，查找能力不同。成人读者可以运用索书码进行查询，准确找到书的位置；而少儿读者，尚无这种能力，尤其是低幼读者，识字少，不会运用索书码查书，而是运用记忆记住感兴趣的书的位置。因此少儿图书，尤其是低幼的书籍，按大类粗分更为合适（见图 2-8）。

图 2-8　临安市图书馆儿童阅览室

组织读者活动也是图书馆读者服务工作的一部分。通过各种读者活动，可以使读者更加了解图书馆，亲近图书馆。少儿活动更是少儿服务的重中之重。由于读者的兴趣爱好及心理需求不同，成人活动和少儿活动的性质是不一样的。成人读者身心发展成熟，有一定的社会阅历、知识积累及专业倾向，他们喜欢知识性且具有针对性、实用性的活动，如讲座、学术沙龙等。而爱玩是孩子的天性，且儿童的表现欲也很强，参与性强的活动会吸引他们，如手工活动、趣味竞答、童话剧表演等，这些活动应让少儿读者“唱主角”，为他们提供一个展示自我的舞台的同时，也锻炼他们的动手能力与创造力。

3. 专业化的服务队伍建设

作为县市级公共图书馆，临安图书馆的工作人员数量十分有限，在没有设立专门的读者活动部的情况下，所有的少儿服务工作和活动全由少儿部门的几名管理员承担，由办公室提供其他支持。过去，除了提供借阅服务和组织馆内的小型活动外，参加人数多、持续时间长、形式多样，特别是具有专业性的大中型活动很少举办。

为了改变这种情况，临安市图书馆先从改变馆内员工构成起步。首先是少儿部门的管理人员年轻化，同时要求工作人员学习先进的少儿活动举办案例，并针对不同年龄的少儿读者形成品牌活动。其次是有针对性地进行人员招聘。任何活动的成功举办离不开艺术氛围的烘托，特别是少儿活动，需要有富有艺术气息的主持人带领孩子们，同时还需要擅长和孩子们沟通的工作人员。临安市图书馆在招聘时特别注意招收艺术专业以及具有多年儿童教育经历的人才，由此形成的少儿部门分工明确、层次鲜明。

图 2-9　成人志愿者教小读者捏橡皮泥

再专业的人才在面对密集的、多样化的少儿活动服务时也有束手无策的情况。为了改变这种被动的局面，临安市图书馆形成了一支成人志愿者队伍，这些志愿者来自于临安各行各业，他们或者本人是图书馆的读者，或者孩子是图书馆的常客。根据不同职业，每个志愿者可以主要负责一次少儿活动，由志愿者组织主持，临安图书馆协助，只要是主题适合，形式可行，即可举办。这种成人志愿者队伍的建立，不仅保证了少年儿童活动服务的可持续性，同时还将读者转变为公共图书馆的主人，增强了其主人翁意识，也提高了成人读者光顾公共图书馆的频率。

4. 多样化的品牌活动

临安市图书馆一层大部分区域为少儿服务区域，除了专门开辟的少儿阅览室外，还建有低幼活动室（见图 2-10）及时光隧道（见图 2-11），用以举办不同年龄层的少年儿童活动。多年来，临安市图书馆关注少年儿童服务，逐步形成了一系列品牌活动，并且已经成为临安市少年儿童业余生活的重要伴侣（见表 2-1）。

1）低幼活动室

低幼活动室是临安图书馆专门为 0—6 岁幼儿开辟的专属活动区域。活动室面积 60 平方米，配有专门定做的两排房子造型、动物造型书架，书架上摆着上百本适合幼儿阅读的童话书。除此之外，低幼活动室考虑到服务对象的特点，配有可移动的五彩地毯和橡胶座垫，便于幼儿爬行，当有些活动需要桌椅的时候，转换起来十分方便。除了吸引人的童话书，低幼活动室还配备了最新的玩具和少儿活动需要的一些器材。这些用具既可以供低幼活动室的幼儿随便取用，还用于每周的系列活动。

低幼活动室开展了多项适合 0—6 岁幼儿的活动。原则上每次活动每位儿童至少有一名家长陪伴，但年龄稍大的幼儿家长可选择站在全透明的玻璃房外等待活动结束。低幼活动室系列活动包括亲子游戏、读绘本故事、唱歌、跳舞等，由少儿部 8 名工作人员负责策划组织，每月至少两次，选择在周末的下午举办。每期活动在月初的时候将会在馆内、图书馆官网、微信平台提前通告。自从低幼活动室开放以来，场场活动的参加者爆满，家长和幼儿都能在活动中得到意想不到的收获。

图 2-10　低幼活动室活动

图 2-11　时光隧道

2）时光隧道

时光隧道建于少儿阅览室与低幼活动室之间，是一条由彩色的墙纸和斑斓的画作装饰成的长廊。为了方便活动的举办，隧道内配有多套儿童座椅。时光隧道面对的服务对象为年龄稍大一点的儿童，活动内容主要以手工制作和知识普及为主，旨在培养适龄儿童的动手和动脑能力。

手工制作多以适合儿童的剪纸和橡皮泥为原材料，每期活动根据主讲人策划的主题，带领孩子们动手做出自己的作品。知识普及类活动多以趣味讲解和趣味答题为主要形式，辅以便于儿童接受的视觉上的冲击，以在孩子们大脑中形成鲜活的记忆。

3）绘本剧

临安是吴越文化的发祥地，为了传承本地文化，发扬本地精神，临安市图书馆将本馆收藏的地方文献中的临安传说改变成绘本故事，并拍摄成电影播放给本地儿童观看，以期起到加深本地文化教育的启蒙效果。其中，《钱王射潮》在全国图书馆员绘本讲读大赛网络投票中得到第一名的好成绩。

图 2-12　全国图书馆员绘本讲读大赛投票结果

4）人气电影

临安市图书馆作为文化资源信息共享工程临安支中心，拥有大量文化共享工程资源包的数字资源。为了真正让共享工程惠及本地居民，临安市图书馆于每周五晚进行少儿电影播放。每月初将本月安排在馆内公告，在报告厅按时播放孩子们喜闻乐见的电影，受到了本地群众的喜爱。为了确保让更多的孩子能够看到电影，报告厅中凡是适龄儿童不允许家长陪伴，由工作人员和保安在各个门口和厕所保障孩子们的安全。很多家长表示，这种方式给他们的周末生活也带来很大的质量提升。送孩子来看一场电影，自己可以在阅览室读书，电影结束了可以带孩子读一会儿书。每周固定下来，孩子和家长都养成了好习惯，并且十分享受这样的生活。

表 2-1　临安市图书馆 2014 年 8 月活动预告表

活动时间	活动类型	活动内容	活动地点
8 月 1 日	展览	中外名著插图展	一楼大厅
8 月 1 日	电影	《西柏坡 2》	报告厅
8 月 3 日 下午 3：00—3：30	绘画	葡萄	低幼活动室
8 月 7 日	创意大赛	杭州市民生活才艺创意大赛启动	一楼大厅
8 月 8 日	电影	《神偷奶爸 2》	报告厅
8 月 9 日 上午 9：30	外借部活动	补书活动	三楼培训教室
8 月 10 日 下午 3：00—3：30	手工	卡通书签	低幼活动室
8 月 13 日 上午 9：30	外借部活动	补书活动	三楼培训教室
8 月 15 日	电影	《驯龙骑士》	报告厅
8 月 16 日 下午 3：00—3：30	手工	向日葵	低幼活动室
8 月 17 日 下午 2：00—3：00	少儿活动	捏橡皮泥	时光隧道
8 月 22 日	电影	《火鸡总动员》	报告厅
8 月 22 日	讲座	集贤堂法律系列讲座	四楼报告厅
8 月 24 日 下午 2：00—3：00	少儿活动	纸杯娃娃	时光隧道
8 月 24 日 下午 3：00—3：30	手工	指偶	低幼活动室
8 月 25 日	展览	暑期公益培训班风采展	一楼大厅
8 月 29 日	演讲比赛	“书香飘农家·共建好家风”	报告厅
8 月 29 日	电影	《天才眼镜狗》	报告厅

三、品牌活动案例——未成年人读书节

未成年人读书节活动是浙江省文化厅、浙江省图书馆为丰富未成年人精神生活，强调读书乐趣，营造读书氛围，在整个浙江省举办的区域活动。自 2005 年起已经成功举办过十届未成年人读书节的临安市图书馆已经把这个活动打造成了面向未成年人服务的品牌活动。从最初的步步探索到今日的成熟品牌，有成功也有挫折，但临安市图书馆一直坚信，只要秉承本馆的未成年人服务工作理念，在服务实践中注重服务对象的反馈，与教育机构合作，就能充分发挥图书馆未成年人服务工作的社会教育职能。

1. “我读书，我快乐，我智慧”

举办未成年人读书节的目的是促进少儿阅读，培养他们的阅读习惯。浙江省未成年人读书节主题为“我读书，我快乐，我智慧”，公共图书馆理应做少年儿童与书籍之间的纽带，给予他们正确的引导和推荐，使少年儿童拥有智慧，这是公共图书馆义不容辞的责任。2005 年 10 月，临安市图书馆与浙江省未成年人读书节组委会同步启动首届未成年人读书节开幕仪式，在本馆及基层服务点悬挂横幅进行活动宣传，并打印 200 种推荐书目分发到各中小学校，同时精选部分好书送到偏远山区或革命老区学校。使用这种以点带面的宣传方式，目的是为来年依次到全市各中小学校做好现场读书节宣传服务工作打下良好的基础，也使图书馆服务与学校进行了一次直接的对接，为下一步规范学校基层服务点管理铺设道路。

而对于未成年人来讲，到底什么才是他们需要的？什么才是能够使他们快乐的？问题的答案必须回到孩子身上去发现。为了充分了解临安未成年人的阅读和活动需求，临安市图书馆在首届未成年人读书节中发起了“读书节金点子”活动，活动要求参与者为具有阅读能力和写作能力的未成年读者，家长可以启发、指导孩子参与活动，但必须由小读者展开想象，大胆设想读书节活动方案，表达出自己希望从读书节中获取什么。最后，活动采取现场交流讨论的方式，每位参与者都有小礼品赠送，而优秀的作品则会被报送上级参与优秀奖的评选。临安市图书馆的这种做法其实是一种服务理念的具体体现，即读者才是公共图书馆真正的主人，及时掌握小读者的读书需求、兴趣，采集对读书节活动的有效建议，是提高服务水平最有效的方式。这种以读者为中心的读书节活动也是一种契机，可以把广大未成年人吸引到图书馆来，形成读书、读好书的良好氛围。

除了以上的创新活动和浙江省未成年人读书节组委会规定的“一句话书评”活动之外，临安市图书馆还结合本市实际，利用市图书馆阵地，开展其他未成年人读书节系列活动，如针对学校部分学生迷恋网络游戏、荒废学业的不良风气，举办全市中小学生“远离网吧，走进图书馆”征文比赛和演讲比赛，并将优胜者作品以板报形式在图书馆大厅进行长期宣传展出；根据小读者借阅记录对借阅积极分子排出前 10 名，张榜公布，并进行物质和精神奖励；开展为贫困地区学生和外来民工子弟送书送温暖活动；举办小读者欢乐晚会，组织各中小学校的小读者来图书馆，在活泼多样的游戏活动中交流读书心得等。

2. 紧握时代脉搏，与社会主义建设同步前进

2006 年，适逢胡锦涛总书记提出要引导青少年树立社会主义荣辱观，临安市图书馆在第二届未成年人读书节之际举办了“明荣辱，扬正气”征文比赛，并在图书馆读者园地公告栏中张贴了社会主义荣辱观相关推荐书目，得到学校老师的积极肯定，纷纷推荐学生参加比赛（见图 2-13）。考虑到首届未成年人读书节“远离网吧，走进图书馆”征文比赛、演讲比赛取得了很好的效果，为了响应国家号召，第二届读书节继续举办了演讲活动。这次活动通过前

一年在全市中小学打下的基础，在教育体系进行了广泛宣传，层层发动，得到了全市中小学生的积极响应，经过各中小学校选拔、推荐，全市有17所中学、18所小学的39位学生参加了决赛。参赛的内容生动、真实，很多都是讲述学生身边所发生的事例：有血的教训，有浪子回头金不换，有拒腐蚀而不染，更有积极向上、奋发好学的鲜明对照……一篇篇发自内心充满真情实感、内容丰富的精彩演讲，让所有的观众为之流下了感动的泪水。比赛分中学组和小学组，最终评选出一等奖各一名、二等奖各二名、三等奖各三名、优胜奖若干名。由市有关领导当场颁奖，给予精神鼓励和物质奖励。这次活动不仅在全市中小学中引起了重大反响，同时也得到了家长和社会的高度赞扬，纷纷表示通过这次活动青少年受到了一次深深的教育和触动，心灵上进行了一次洗涤。活动也对引导未成年人走进图书馆，读爱国主义教育书籍，增强爱国情感，树立社会主义荣辱观，确立远大志向，起到了积极作用。

图 2-13　读者园地——“明荣辱，扬正气”征文推荐书目

同时，在首届“读书节金点子”活动的优秀方案中，选出了第二届读书节的部分活动内容，如少儿阅览室开展了小读者猜谜活动、举办了“鸟类”科普展等。这些活动都营造出活泼向上的图书馆文化氛围，充分发挥了小读者的兴趣特长，提升了少年儿童的全面素质。单是猜谜活动就有近300位未成年人参加，整个活动气氛热烈。第二届读书节活动还通过临安市电视台、电台的报道，为吸引更多的未成年人来图书馆读书和活动做了一次生动的宣传。临安市图书馆也利用举办展览的时间开展了为少儿免费办证赠礼品活动，向到馆的家长和小读者热情宣讲图书馆的多种功能和服务内容，使他们真正认识图书馆，成为图书馆的新读者。活动产生了一定的影响力，吸引了更多的小读者来图书馆读书、读好书，也受到了广大少年儿童及家长的一致好评。

第二届读书节的成功举办说明在第一届读书节中埋下的伏笔产生了很大的效应。这既包括直接与教育体系的联合促进了活动的有效开展，也包括从“图书馆员本位”到“读者本位”的服务观念的转变提升了活动的吸引力。公共图书馆一直倡导要让阅读变成习惯，事实证明，单纯的倡议和教育是无法达到最佳效果的。于是我们开始举办和阅读相关的活动，以期待通过更生动的方式促进阅读习惯的养成。不可否认的是，在信息爆炸的今天，读者的注意力很快会从一件事情转移到另一件事情上，想要留住读者的眼光，除了具有厚重感的经典活动，新鲜感成为了至关重要的因素。公共图书馆作为一定地区的信息中心，不仅要满足大众对信息大而全的需求，更重要的是能够提供最新的、及时的信息。特别是像临安市图书馆这样作为公共图书馆服务体系基层建设的县级市总馆，更要与时俱进，紧握时代的脉搏，在本地区群众感兴趣的范围内举办新颖的活动，在某个主题还占据大众话题的阶段为读者构建一个平台，广泛联系群众，创造一个与社会共同进步的空间。

3. 寻找美丽的中华，爱国爱家

青少年正处在世界观、人生观、价值观的塑造阶段，正确的引导与教育有利于其高尚人格的形成。为了树立未成年人的爱国爱家之心，激发他们对中华传统文化的兴趣，临安市图书馆举办了丰富多彩的活动。一是将第三届未成年人读书节的主题定为“寻找美丽的中华”。本次读书节的活动形式均以“在达到教育目的的前提下更加注重视听效果”为原则，目的在于吸引青少年的注意力。例如“寻找美丽的中华”图书展是由市图书馆挑选出 36 个系列 90 册图书，在馆内设立“寻找美丽的中华”书目专柜，向小读者们推荐展出。二是举办了未成年人教育影片展播，为广大小读者展播《闪闪的红星》《平原游击队》《狼牙山五壮士》《八月一日》《强渡大渡河》等革命故事片，对青少年进行思想道德教育。三是特邀临安“故事大王”黄金森来为小朋友们讲钱王故事和钱王故里的传说。“故事大王”绘声绘色的故事给小朋友们带来了欢笑，同时使广大青少年更加了解临安、了解家乡，由此更加热爱临安、热爱家乡（见图 2-14）。四是发动、组织全市各小学积极参加杭州市小学生“诵千年古诗词，做中华好少年”古诗词表演大赛，从发动、组织到辅导，层层筛选，通过努力，临安市石镜小学的《春晓》和晨曦小学的《游子吟》双双荣获一等奖，临安市图书馆获优秀组织奖。

图 2-14　临安市第三届未成年人读书节系列活动

临安市图书馆还通过媒体对活动进行大力宣传，在社会上引起了很好的反响。读书节开幕当天吸引了近千名小读者纷纷前来，在宽大的“我读书，我快乐，我智慧”横幅上认真地签上了自己的名字。读书节上还收到了 65 位小读者捐赠的 400 本好书，这些书全部送到了临安聋哑学校。这些活动都为第三届未成年人读书节活动增添了不少的气氛。可以看到，在前两届未成年人读书节成功举办的经验基础上，第三届未成年人读书节在开展活动的形式上做出了创新，并且在活动内容上更加注重地方色彩，这也是临安市图书馆在对少儿读者进行细致的调查后做出的改变。

4. 做一个有道德的人

前三届未成年人读书节的经验表明，不论是对青少年还是成人，使读者具有强烈的视觉感受是最直观、最有效的宣传方式，由此形成了临安市图书馆未成年人读书节的经典活动——图片展。2008 年，“神舟七号”载人航天飞船成功上天，这标志着我国载人航天技术登上了一个新的台阶。为了向临安市未成年人普及航天科技知识，激发他们学习了解科学技术的热情，临安市图书馆在第四届未成年人读书节之际举办了航天科普展——从“神一”到“神七”（见图 2-15）。从模型到图片讲解，小朋友们都看得津津有味，就连陪同他们的家长也表示从中学到了不少新知识。

图 2-15　航天科普展览

第四届未成年人读书节的主题为“做一个有道德的人”，目的是希望根据未成年人的身心特点和成长规律，动员全市中小学生弘扬社会主义荣辱观，积极参与多种形式的道德实践活动，从身边的事情做起，从一点一滴做起，自觉践行道德规范，增强道德意识，养成良好习惯，争做富有理想、品德高尚、充满活力和创造力的新一代。因此，在图书馆中开展“向不良行为说再见，争做文明小读者”志愿活动，让小朋友们志愿成为少儿阅览室的小小管理员，去督促身边的小朋友文明读书，纠正一些不良行为。由小朋友们讲述自己身边真实的道德文明故事，讲述发生在图书馆中的各种文明或不文明事例。再由图书馆的工作人员向在座的小读者们介绍读书节的口号和主题标语，将在图书馆发现的一些不良行为公布于众，使孩子们真正认识到生活中的小小细节都会暴露出很多不文明行为，告诫他们从身边的小事做起，做一个文明的小读者。

县市级图书馆是与城镇、农村群众进行直接联系的公共图书馆，作为地方的知识门户，公共图书馆有义务给个人或社会团体提供可以接受终身教育的条件。这种终身教育，在宏观上理应与我国的教育体制的目标相一致，即培养德、智、体、美、劳全面发展的社会公民。我国现有的国情下，教育正在由过去单纯注重智力教育的时代向全面素质教育过渡，公共图书馆应该配合过渡时期的公民教育，充分利用图书馆的各种资源，以图书馆特有的优势作为公民教育的补充，这也是公共图书馆实现其社会教育职能的重要一环。

5. 图书馆是小读者之家

随着社会经济、文化和图书馆管理理念的发展，公共图书馆作为一个公益性服务机构，让客户即读者有家的感觉才能吸引更多的读者来到图书馆。因此，第五届未成年人读书节的系列活动都是围绕着“图书馆之家”这个概念开展的。临安市图书馆先是举办了第五届未成年人读书节联欢晚会。活动现场聚集了很多小读者和家长朋友，小读者们兴致勃勃地参加了扔飞镖、投篮、抢凳子等趣味游戏，积极参与现场成语竞猜活动，观看精彩有趣的情境剧表演和电影。由少儿阅览室辅导老师精心辅导、小读者亲自表演的情景剧生动活泼，让前来观看的家长赞不绝口。图书馆的小院子成了孩子们的乐园，欢笑声久久回荡在小院的上空。之后是请外来农民工子女走进图书馆活动，为他们播放从“全国文化信息资源共享工程”资源库中挑选、以爱国主义教育为主题的国产故事片，通过这种大联欢的方式，希望小读者们在图书馆这个大家庭中找到自己的新朋友，建立归属感。

图 2-16　小读者联欢晚会

围绕“新中国成立 60 周年”的大主题和创建和谐社会的热潮，临安市图书馆举办了“新中国成立 60 周年国庆庆典”图片展、“国事盛典文化印证”图片展及“和谐社会”少儿主题征文展。这些展览结合当时的社会热点，不仅展示了当前的国事盛况和新中国发展的历程，看到了和谐社会在小读者心目中的形象，而且还可以培养少年儿童的爱国热情、加深对和谐社会重要性的认识，具有深刻的教育意义和广泛的影响力。为了激发少年儿童对和谐社会美好生活的追求、对社会劳动的热爱，临安市图书馆还举办了少年儿童科学幻想绘画比赛。比赛发动少年儿童通过对未来科学发展的畅想和展望，利用绘画形式表现出未来人类生产、生活情景。小读者们认真构思，大胆幻想，经过一个多小时的精心制作，一幅幅想象奇特、设计新颖、色彩鲜艳的作品展现在我们的眼前：有自己会走路又会驮小读者去上学的神奇书包，有建造在蓝天白云上的美丽学校，有建立在大海上可以随风飘移的舒适温暖的家……在场的家长和读者朋友们都被这些画深深地吸引了，他们纷纷称赞这群孩子了不起，同时也感谢图书馆给孩子们创造了一个相互学习、展示自我的好机会。

6. 共享图书资源，共建书香家庭

第六届临安市图书馆未成年人读书节主要针对未成年读者的需求，开拓创新，围绕“共享图书资源，共建书香家庭”的主题，倡导“人人求知识，家家读书乐”，积极营造有利于未成年人健康成长的良好的社会和家庭文化环境，引导广大青少年践行道德规范，培养高尚品德。读书节期间，临安市图书馆开展了“我爱我家”家庭读书知识竞赛、庆“六一”绘画比赛、“人人求知识，家家读书乐”——为未成年人营造健康良好的文化环境宣传板报展等 12 项活动。在“我爱我家”家庭读书知识竞赛中，经过层层竞赛，最后选出的一组家庭参加了在杭州市图书馆举办的“我爱我家”首届家庭读书竞赛活动，并获得了三等奖。

为了迎接即将开始的世博会，临安市图书馆特举行了“画世博”活动。小朋友们或三人一组，或两人一组，合作完成同一幅作品，从分工、构图到作画，小朋友们相互配合，发挥各自所长。经过两个多小时的合作努力，一幅幅色彩艳丽、生动活泼的作品展现在我们的眼前：姹紫嫣红的花朵，千姿百态的海宝，雄伟壮观的世博馆，似乎在为世博喝彩。

7. 传承国学文化，弘扬社会美德

为迎接浙江省第七届未成年人读书节的到来，临安市图书馆推出了以“传承国学文化，弘扬社会美德”为主题的系列活动。本次活动以深入浅出的方式，激发读者了解国学、热爱国学的热情。在现今越来越多充斥着带有不良影响的垃圾文化、快餐文化的情况下，正确地了解、运用国学成为了挽救青少年迷失自我的一剂良药，还可以引导青少年形成良好的学习风尚和精神品质。首先是宣传板报，主要分三个板块：“国学定义”“青少年与国学”“国学经典名言”。“国学定义”板块着重让大家了解什么是国学。“青少年与国学”板块着重论述国学在青少年道德成长方面的重要性。“国学经典名言”板块则列举了几则深入人心的国学名言，希望青少年明白学习国学并非一朝一夕、一蹴而就的事，需日积月累、厚积而薄发。青少年可以常来图书馆看看这些千年积淀下来的文化，从培养自己的兴趣开始，学习传承我们的国学文化。

外借部专为此次活动开设了国学知识专柜，为读者提供丰富的国学精神食粮。开设国学知识专柜，是为让读者更重视平时阅读国学经典的习惯，把有限的空暇时间投入到更具意义的阅读中去。国学知识专柜并不是只针对青少年而开设，而是面向大众，把这些宝贵的中华优秀著作普及至每一个公民。在国学知识专柜陈列的国学著作，每一本都是崭新的，装帧精美，每天都会有人来借阅。这个小小的百家争鸣的文化世界正在以独特的民族文化气质吸引读者的眼光。读者们迫切地、如饥似渴地希望每天有新书来给他们补充精神能量，而这些具有千年积淀的人文典籍，正满足了他们的需求。这些国学经典的知识含量，相对于现代的众多商业文化而言，足能以一抵十！所以每位读者都争先恐后地要做一位具有国学内涵的公民，从《易经》《诗经》《论语》一直看到唐诗、宋词、元曲、明清小说，纵横上下五千年，为现今的社会发展增添新活力。

随着未成年人读书节举办的时间越来越久，临安市图书馆举办大型活动的方式也有很大的改变。过去的少儿活动基本全部由少儿部门和办公室的工作人员主要负责，由于人员有限，最后能够形成的活动内容也十分有效，效果自然就不太明显。但随着读者需求的增长，相应的运作方式的转变十分必要，渐渐就形成了各部门在读书节期间分别举办分主题活动呼应读书节，共同组成读书节系列活动的局面。这样的活动策划方式不仅能够缓解少儿部门人员不足的压力，更重要的是举办的活动更具针对性，如对喜欢直接阅读纸质书的读者而言，外借部开设的书柜展览更有吸引力；对喜欢参加活动的读者而言，少儿部举办的各类活动更有意思。这样形成的读书节系列活动能够满足更多读者的需求。

8. 梦想激发阅读，阅读点燃梦想

随着举办未成年人读书节的经验越来越丰富，临安市图书馆未成年人读书节已经形成了一个良好的运作模式：在征求小读者的意见后，临安市图书馆少儿室举办了“追逐梦想 阅读求知”现场绘画展示。小画家们齐聚少儿阅览室，用画笔认真描绘着：有想当医生，发明打针不痛针筒的；有想当宇航员，开着飞船遨游太空的；有想当建筑师，建造智能城市的……一个个多彩的梦想跃然纸上。管理员借此活动机会教育小朋友们，“鸟欲高飞先振翅，人求上进先读书”。只有积极阅读求知，不断积累知识，才能为我们的梦想插上高飞的翅膀，才能冲破云霄，到达更高的天空。

第二项活动是“快乐读书人——报刊优秀文摘推荐展”。活动中，许多青少年读者踊跃参加。他们首先在报刊的大量信息知识当中搜索到自己认为最好的知识信息，接着将信息一一摘抄到彩色小贴纸上，最后依次贴在“快乐读书人”展板的各个部位，从而分享给更多的读者。“快乐读书人”这几个字是简单的几何形象拼凑，每一个部分都是一种知识的类别，比如脸和颈部关于生活，身体关于心理、健康和环保……每一个部分就像人的需求缺一不可，而整个社会也缺一种信息都不可。通过此次“快乐读书人——报刊优秀文摘推荐展”活动，读者们用阅读到的最好知识信息装饰着这位“快乐读书人”。如果每个人都行动起来这么做，

就会有更多的“快乐读书人”为读者传递知识，共享信息。

9. 绿色悦读，七彩童年

第九届未成年人读书节系列活动围绕“绿色悦读，七彩童年”的主题，倡导未成年人积极参与绿色阅读，培养孩子们阅读求知的热情，引导未成年人热爱生活、关心社会、关爱他人、保护环境，发挥小主人翁作用。通过活动，未成年人的道德修养和综合素质得到进一步提升，让他们爱上阅读，爱上图书馆，感受书香致远，打造智慧临安。

临安市第九届未成年人读书节启动仪式在临安市城南小学举办。仪式上，城南小学的学生们表演了诗歌朗诵、舞蹈、乐器演奏等节目，市图书馆还向城南小学赠送了图书。为激发孩子们的阅读兴趣，增强他们的语言表达能力，展现童话世界的文学魅力，由临安市关心下一代工作委员会和临安市文广新局联合举办、临安市图书馆承办的“绿色悦读，七彩童年”少儿童话故事大赛在图书馆报告厅拉开帷幕（见图 2-17）。比赛时，小选手们落落大方，表情丰富，讲得有声有色，把大家带进了美妙的童话世界。场下不时响起热烈的掌声，整个比赛过程高潮迭起。尤其是《老鼠整容》《小猪变形记》《七只小淘气》等故事，小选手惟妙惟肖的动作、生动活泼的表达让观众们如身临其境，产生强烈共鸣，博得阵阵热烈的掌声。经过评委老师们公平、公正评判，最后评出了一等奖 4 名、二等奖 8 名、三等奖 13 名。此次故事比赛为孩子们提供了一个展示自我的舞台，培养了孩子们表演的兴趣、自信和勇气，从而让更多的孩子爱上讲故事，成为名副其实的“巧嘴巴”故事大王！

图 2-17　童话故事大赛现场

通过对九届未成年人读书节的介绍，可以看到临安市图书馆在少年儿童服务这项工作上巨大的进步。从最初依靠省市图书馆的指导只能举办一两个活动，到形成自己的活动策划制度开展一系列主题活动，“充分发挥公共图书馆社会教育职能，少儿工作是重中之重”的理念始终贯穿其中。在这个过程中，临安市图书馆逐步意识到，在我国城镇化发展的趋势下，农村的成年读者都走向了大都市谋生，未成年读者已经成为基层公共图书馆的主要服务群体。从教育的长远发展来看，今日之未成年读者就是明日的成年读者，现在做好未成年读者阵地服务，将来公共图书馆在广大群众心目中的形象就能有质的飞跃，这是改变公共图书馆命运的绝佳机会。因此，投入较大的精力，细化未成年人阵地服务是十分必要的。我国公共图书馆针对未成年人服务多是建立单独的少儿图书馆或者在公共图书馆中建立少儿阅览室，但是很少有对未成年人进行细致年龄划分的、更具针对性的服务。然而，未成年人在不同的年龄阶段，可以并且渴望获取的信息差异巨大，这就要求公共图书馆必须对此做出调整。临安市图书馆因此划分出低幼活动室活动、少儿活动和青少年培训等不同的板块来提供未成人服务，力争满足更多未成年读者的需求。

第三节　落实文化信息资源共享工程建设

2002 年 4 月，我国文化部、财政部共同组织实施全国文化信息资源共享工程（以下简称文化共享工程）。它是应用现代信息技术，将中华优秀文化信息资源进行数字化加工整合，依托各级公共图书馆、文化馆（站）等公共文化设施，通过互联网、广播电视网、无线通信网等新型传播载体，在全国范围内实现中华优秀文化资源的共建共享。2007 年国家提出构建公共文化服务体系的时候，文化共享工程被定性为公共文化服务体系建设的基础工程。实施文化共享工程从根本上来讲，是为了巩固基层文化阵地、弘扬中华数千年沉淀的优秀文化；是为了活跃城乡人民群众文化生活，充分发挥文化信息资源发展经济、提高人民群众思想道德和科学文化素质水平的作用。这与基层公共图书馆在公共图书馆服务体系中的定位产生了呼应。“十五”期间，文化共享工程在全国各地“因地制宜”地开始实行，逐步探索出清晰的建设思路。进入“十一五”期间，文化共享工程与全国农村党员干部现代远程教育等相关项目开始合作共建，并进村入户，取得了长足的发展。临安市图书馆就是在这个快速发展的阶段进入了文化共享工程。

临安支中心充分利用文化共享工程软硬件设施设备，积极开展临安市公共数字文化服务：送优秀视频资源下乡，传播共享资源；建立门户网站和文化信息资源共享工程平台，提供数字资源宣传和交流渠道；免费开放公共电子阅览室，加强未成年人上网行为管理；宣传浙江网络图书馆，引导更多的读者使用网络图书馆的数字资源；举办各类读者讲座和培训，为不同类型读者提供服务；开展免费电影播放，丰富读者活动。与此同时，临安市图书馆积极创新，推进各种数字化服务。2014 年 4 月，临安市图书馆开通了微信公共平台服务，通过微信加强与读者间的联系，开辟新的网上宣传服务窗口。2014 年 6 月与超星公司合作，推出了“临安移动图书馆”服务项目，移动终端百万册海量电子书免费下载，数字资源得以实现随时随地浏览。

一、文化信息资源共享工程临安支中心建设

临安市图书馆自 2007 年起设有文化共享工程支中心建设工作领导小组。当时用省文化厅第一笔补助资金购买了投影仪、打印机等设备，更新了电子阅览室的计算机。2009 年随着工程的不断深入，根据省文化厅关于县级支中心规范化建设的总体要求，从同年 5 月份开始，加紧临安支中心规范化建设的步伐，组织相关人员到已经完成建设的兄弟馆学习取经，制定本馆的实施方案；直接联系常务副市长，在最短的时间内争取到项目建设资金，抓紧实施政府采购；对机房、电子阅览室进行装修改造。在三个月之内，投资 43 万余元，完成了支中心的规范化建设。

现临安支中心具有专业机房，拥有两条数据光缆接入，一条是 100M 网通数据光缆，用于读者网络服务；另一条是 10M VPN 图书馆业务自动化系统专线。现有设备配置如表 2-2 所示。

表 2-2　临安支中心设备配置情况

名　　称	品牌型号	数　量
服务器	IBM X3650	3
存储（磁盘阵列）	柏科 260S	1
路由器	CISCO 2851	1
	阿尔法 AFR-G3	1
交换机	H3C LS-5100-48P-SI	2
	TP-LINK TL-SF1008+	2
	TENDA 4	2
	TP-LINK TL-HP5MU 4	1
百兆防火墙	天融信 TG-4208	1
计算机	联想	32

中心建成之后，临安支中心着手创新临安市文化信息资源共享工程网站和临安市图书馆网站，提供网上查询和咨询服务。读者通过浙江网络图书馆和杭州地区公共图书馆数据库，就能使用央视教育视频资源库以及各类专业数据库资源，包括维普信息资源系统、万方数字资源系统、龙源期刊、读秀知识库、超星数字图书馆等。到目前为止，本中心数字资源存储量为 964G，传输能力和服务能力达到县级支中心标准建设要求，中心还定期接受国家中心资源和省级分中心资源，为广大读者和市民提供了更新更全的文化信息资源。

2012 年 9 月，临安市图书馆新馆基础建设基本完成后，统计结果显示 2009 年至 2012 年投入设备经费总计 260 万元，投入运行、维护经费总计 28 万元。平均每年共享工程技术人员外出培训 6 次，共计 13 人次，馆内组织培训班 4 次，培训人员总计 162 人次，下乡指导培训 500 人次，覆盖 18 个乡镇分馆和 298 个行政村。

为深入贯彻党的十八大及十七届六中全会精神，进一步推动“十二五”时期文化共享

工程建设，切实保障人民群众的基本文化权益，推动社会主义文化大发展大繁荣，促进我国经济社会协调发展，临安市图书馆在进入“十二五”期间编制了《临安市文化信息资源共享工程建设规划》(以下简称《规划》)。《规划》中指出，未来临安文化信息资源共享工程支中心将在临安市文广新局的统筹规划和战略部署下，以科学发展观为指导，在巩固完善文化共享工程基础设施建设基础上，丰富数字资源，扩展服务网络，优化技术平台，创新机制，完善管理，加强服务，提升效益，将文化共享工程建成资源丰富、传播高效、服务便捷、管理科学的公共数字文化品牌工程。

1. 完善覆盖城乡的服务网络

临安以山地为主，大部分群众都分散在不同的自然村落，在这样的现状下，文化共享工程建设的重要性显而易见。因此，继续扩大文化共享工程的覆盖面，提高标准，完善文化共享工程县(区)、乡镇(街道)、村(社区)服务网络十分有必要。

临安支中心的基层工作重心就是结合乡镇分馆建设和农家书屋工程建设扩大文化共享工程的影响力，计划做好省、市、县、乡镇和村五级网络信息工作，完成本馆电子阅览室维护和管理工作，同时，指导各乡镇、街道、村文化共享工程工作，加强基层电子阅览室规范化建设，完成13个分馆备案工作。

2008年，临安支中心通过与杭州实行“一证通”“文化示范村”，联合开展基层服务点调研指导工作，对16个乡镇进行各项文化设施摸底，并在摸底过程中询问各乡镇开展文化共享工程工作的近况和设备管理问题，及时提出整改意见。同时，积极联系未进行调研的乡镇文化站，向其提供网络远程操作演示。对已建立的13个乡镇分馆进行共享工程业务指导，并于4月开展基层管理人员培训工作，主要内容涉及对分馆电子阅览室进行技术指导和服务内容指导，发放浙江网络图书馆宣传册等。这种对乡镇分馆骨干人才的培训，对推进乡镇村基层点服务活动的开展有很好的效果。数据资源上，将接受的国家中心资源及时发往乡镇村基层点流通利用，并积极组织基层点开展各类活动。

2. 推进数字资源建设

文化共享工程是以基层群众为对象、以服务和需求为牵引的文化工程，“十二五”期间，临安市图书馆计划大力建设体现社会主义核心价值、弘扬中华民族传统文化、关系文化民生的公共数字文化资源，以文化艺术类、群众类、生活服务类、少儿教育类等资源为重点，建设若干主题鲜明、体系完整、质量上乘、具备公共文化服务基础性的专题资源库，提高资源建设的系统性、针对性、实用性，贯彻落实中宣部有关文件精神，加强“红色历史文化”多媒体资源库的建设。

临安是吴越文化的发祥地，历史文化积淀深厚，有着丰富的历史文化遗迹，尤其是随着非物质文化遗产普查工作的深入开展，临安市图书馆敏感地意识到，这将是我地宝贵的文化财富。临安支中心立即主动与非遗办联系，取得了第一手资料，通过文化共享工程这个大平台发布，建立了当地非物质文化遗产数据库。数据库内容包括昌化民歌、东坑茶制作、河桥古镇等。数据库中的资料有的来自临安支中心下属的基层服务点，依靠临安支中心设立的文化信息资源共享工程信息报送制度，支中心及各基层点工作人员十分重视文化共享工程信息报送工作，确定专人负责收集、整理、报送各基层点文化共享工程建设信息。未来，临安支中心还将深入挖掘吴越文化内涵，建立钱镠研究专题数据库等，不断充实和丰富本地文化信息资源共享工程数据库。

3. 健全人才队伍

《规划》中特别强调了人员的重要性，提出：加强文化共享工程各级中心的机构建设，培养一支既具备较高技术素质和专业知识，掌握数字文化服务的基本理念，又能熟练运用数字文化服务技能的人才队伍；组织本地区的培训工作，重点建设一支爱岗敬业、善于管理服务设施和组织基层文化服务项目的专业队伍；把社会工作者、志愿者作为人才队伍建设的有机组成部分，切实做好人才配置工作。

临安支中心严格要求工作人员进行专业化操作和管理，并派管理人员参加专业培训，不断提升业务技能和服务水平。现中心配有 1 名共享工程专职管理人员，负责共享工程资源开发和基层辅导；1 名计算机维护人员，负责电子阅览室的维护与管理；1 名业务副馆长，负责共享工程的全面工作。对于基层服务点的工作人员，临安支中心的培训工作主要分为两种方式进行，一是集中培训，二是有针对性的指导。所谓集中培训，是指支中心安排固定时间地点对所有基层点的业务骨干进行系统培训，并安排相关座谈讨论会，让各基层点的工作人员互相学习。有针对性的指导是指支中心工作人员下基层针对各服务点的情况进行具体指导。这两种培训方式相结合既能够在短时间内培养出一支队伍，也能长久地保持业务人员能力的增长。

二、公共电子阅览室工程

2010 年，文化部印发了《公共电子阅览室试点建设方案》，拟于“十二五”期间组织实施“公共电子阅览室建设计划”，依托图书馆、文化馆、文化共享工程基层服务点等公共文化服务网络及文化共享工程和国家数字图书馆的资源，建设内容健康、服务规范、环境良好的公共电子阅览室，重点解决未成年人上网问题，为广大人民群众提供健康、便捷的网络文化服务，使其成为网络环境下公共文化服务的新平台、新渠道。2011 年浙江省作为首批试点的 9 省市之一，选择了嘉兴市、杭州桐庐县作为试点。同年，浙江省文化厅下发了《浙江省文化厅关于加强公共电子阅览室建设的实施意见》，要求按照国家配置标准县级及以上均建成规范化公共电子阅览室，并推进乡镇（街道）、村（社区）公共电子阅览室建设，标志着临安支中心公共电子阅览室建设正式启动。到 2013 年，我市公共电子阅览室接待读者上机人数已经达到 27 403 人次。

其实，临安市图书馆的电子阅览室最早创办于 2001 年，当时在整个杭州地区起步也算是比较早的，但因为场地的限制，规模一直很小，直到 2007 年支中心建立，才对电子阅览室的计算机进行了全面更新。现临安支中心有 2 名专职电子阅览室管理人员，1 名专业技术人员，读者用计算机 32 台，管理计算机 1 台，视听光盘 1 600 种，两条光缆专线（10M 上网专线和 10M 杭图 VPN 专线），同时馆内还配备免费 WiFi 无线网络，读者只要凭身份证、市民卡或读者证就能享受免费上网。在建设自身的同时，支中心也不断加强对乡镇“东海文化明珠工程”中建设的电子阅览室进行监督管理。

1. 实施准入制，统一标识

从全国范围来看，公共电子阅览室的建设是依托于文化信息资源共享工程和公共图书馆建设的，而在浙江省，还依托“东海文化明珠工程”前期的建设。因此，临安公共电子阅览室建设是在原有文化共享工程各级中心、基层服务点基础上，对符合建设标准的公共电子阅览室建设进行准入审核备案。备案对象包括临安范围内所有公共电子阅览室，具体为：文化共享工程各级中心；符合公共电子阅览室建设标准的现有文化共享工程基层服务点；其他新建公共电子阅览室。备案程序按照浙江省要求，首先由建设单位填写并提交申请登记表（见表 2-3）给本级文化行政主管部门审核，通过后录入全省社会文化数据动态填报系统，最后由相应文化行政主管部门颁发准入证书。

表 2-3　浙江省公共电子阅览室备案登记表

备案编号：

<table>
<tr><td>申请单位（盖章）</td><td colspan="5"></td></tr>
<tr><td>电子阅览室名称</td><td colspan="5"></td></tr>
<tr><td>负责人姓名</td><td></td><td>职务</td><td></td><td>联系电话</td><td></td></tr>
<tr><td>管理员人员数量</td><td>专职人数</td><td colspan="2"></td><td>兼职人数</td><td></td></tr>
<tr><td>电子阅览室详细地址</td><td colspan="3"></td><td>面积（平方米）</td><td></td></tr>
<tr><td rowspan="2">电子阅览室配置情况</td><td>电脑台数</td><td colspan="2"></td><td>带宽（M）</td><td></td></tr>
<tr><td colspan="5">电脑配置：</td></tr>
<tr><td>文化主管部门意见</td><td colspan="5">负责人签字：
单位盖章
年　月　日</td></tr>
</table>

对于村或社区一级的公共电子阅览室建设，支中心采取分批提升、重点突破的方式。从 2013 年起，开始建设第一批农家书屋公共电子阅览室。临安市各镇、街道文体站根据实际情况上报符合建设标准的农家书屋点（每个镇、街道上报数不超过 3 个），经临安市图书馆审查考核后，对符合要求的农家书屋点进行标准化建设，建设标准如表 2-4 所示。

2014 年年底之前，临安市图书馆负责将 80 台计算机分别配送至 16 个村的农家书屋，进一步完善了村级公共电子阅览室。

表 2-4　农家书屋公共电子阅览室建设标准

具有互联网接入，带宽不低于 2M
配备路由器 1 个，交换机 1 个（8 口以上），能组建局域网
结合农家书屋现有标准环境建设（面积不少于 20 平方米），管理人员具备基本计算机操作能力
公共电子阅览室应具备以下基本功能：互联网信息浏览与查询服务；电子文献阅览、信息资源导航、检索、参考咨询等数字图书馆服务；影视欣赏、健康益智类游戏等休闲娱乐服务；与计算机、网络应用有关的各类学习、培训服务
免费开放，不得收取各类费用

备案后的公共电子阅览室需要在显著位置张贴统一标识、管理制度和文化主管部门颁发的准入证书（见图 2-18 和图 2-19）。所有公共电子阅览室必须张贴规章制度以保障并促进电子阅览室的正常使用与运行。

图 2-18　公共电子阅览室标牌

浙江省公共电子阅览室备案证明

备案编号：

单位名称：浙江图书馆公共电子阅览室

地址：杭州市曙光路73号

负责人姓名：胡梅珍

电脑台数：100台

你单位公共电子阅览室已在我局进行备案，请按规定开展公益性服务。

样张

浙江省文化厅

二〇一一年五月十六日

图 2-19　公共电子阅览室备案证明

2. 主要服务对象定位准确

从 2001 年临安市图书馆提供电子阅览室服务以来，图书馆发现在电子阅览室接待的读者中有很大一部分是未成年人，所以临安市图书馆对电子阅览室的管理一直十分重视，严格遵守相关规定，做到制度规范，张贴上墙；做到实名登记上网，未成年人需要家长签字方可上网。为了使更多的读者更方便地享受共享工程资源，临安支中心电子阅览室实行了免费开放，读者凭本人借书证上网，每次不超过 2 小时，上网期间禁止玩各种网络游戏，鼓励借阅光盘、登录共享工程网站、在线浏览阅读等一些健康的网上活动，打造一个既方便又健康的“绿色”空间。

在文化部、财政部 2012 年下发的《关于印发〈“公共电子阅览室建设计划”实施方案〉的通知》中指出：“公共电子阅览室建设计划以科学发展观为指导，以保障人民群众基本文化权益为宗旨，以未成年人、老年人、进城务工人员等群体为重点服务对象。”该通知特别强调，实施“公共电子阅览室建设计划”是满足未成年人基本文化需求的重要手段，要通过实施“公共电子阅览室建设计划”，建设适合未成年人的免费、“绿色”、安全的公益性上网场所。可以看出，“公共电子阅览室建设计划”主要是以文化共享工程为依托，为推进城乡一体化发展、缩小城乡之间的文化鸿沟而设立的。而临安支中心在文化共享工程服务中主要定位在未成年人也是十分准确的，针对未成年人这个特殊的服务群体制定了相关制度，如未成年人上网需上交由家长签字的登记表（见表 2-5），为公共电子阅览室的正常运行提供保障。

2013 年 10 月 17 日，临安市成立了第一个专门的少年儿童图书馆阅读服务点，落户于大峡谷中心学校。临安市图书馆为大峡谷中心学校送去 1 000 册新书和 10 台计算机，建立图书室和公共电子阅览室，成为了公共电子阅览室建设的新起点。

表 2-5　浙江省公共电子阅览室未成年人上机登记表

证　号		姓　名	
身份证号			
家长/监护人		联系电话	
家长/监护人身份证号			

声明内容：
本人作为未成年人家长/监护人，同意该未成年人按照本公共电子阅览室有关规定上网。

监护人（签字）：

年　月　日

3. 完善安全保障，定期检查

数字资源相比纸质资源具有方便、储存量大、形式多样、快捷传输等优势，但安全性问题却是不容忽视的隐患。为了保障信息和计算机网络的安全，促进网络应用和发展，根据《中华人民共和国计算机信息系统安全保护条例》，临安市图书馆制定了《临安市图书馆网络安全管理制度》《临安市图书馆网络安全和网站监管管理制度》。按照制度规定，我馆需定期检查网络信息安全情况和数字资源使用情况，并进行详细的记录（见表 2-6 和表 2-7）。

表 2-6　网络信息安全记录表

______月份

序号	安全问题	发生时间	事件描述	处理结果	是否解决
1					□是 □否
2					□是 □否
3					□是 □否
4					□是 □否
5					□是 □否

记录人签名：__________

表 2-7 数字资源检查表

检查时间		检查人员	
局域网			
检查内容	详细说明		
可否显示	□可以 □无法：________		
可否检索	□可以 □无法：________		
可否下载	□可以 □无法：________		
其他情况			
互联网			
检查内容	详细说明		
可否显示	□可以 □无法：________		
可否检索	□可以 □无法：________		
可否下载	□可以 □无法：________		
其他情况			

检查人员：________

审核人/部主任：________

4. 公共电子阅览室基层服务点实例

昌化镇是浙西与皖南接壤的一个文化古镇，自唐建县已经有 1 300 余年历史，1960 年并入临安县。昌化镇地域面积 232.6 平方公里，建城区 2.1 平方公里，下辖 14 个行政村，1 个居委会，总人口 3 万。近年来，该镇先后获得“全国环境优美乡镇”“浙江省教育强镇”“浙江省卫生镇”“浙江东海文化明珠”“浙江省体育强镇”“杭州市文化示范乡镇”等荣誉称号。

昌化镇公共电子阅览室是随着临安市文化信息资源共享工程的实施而建立的，现有计算机 14 台，电子文献内容丰富多样，既有图书、期刊，也有电影、电视、舞台艺术、知识讲座等。建成开放三年来，该电子阅览室共接待读者 13 516 人次。

昌化镇党委、政府高度重视文化工作，2011 年把共享工程工作纳入党政工作议事日程，并成立了“共享工程”工作领导小组，由人大副主席担任组长，文体站长亲自抓，图书分馆管理员担任专职操作管理员，各村基层管理员为其成员和常年读者，每人配发借书卡一张。

随后，昌化镇严格按照设备配置标准，请教相关专家结合本镇实际情况提出设备配置方案，通过政府招标，为文化共享工程中心配备了管理计算机 2 台、路由器 1 台、交换机 1 台、光接收终端 1 台、终端计算机 12 台、扫描仪 1 台、投影仪 1 台、打印机 1 台，互联网出口接入宽带 10M。所有服务计算机安装了公共电子阅览室统一管理平台，配有信息浏览监控软件、杀毒软件。电子阅览室为保证基础设备正常运行，还配备了空调及 4 个监控探头。

为了加强对文化共享工程的管理，昌化镇一是确立了设备管理、安全防范、运行维护、开放服务等制度，并在墙面上张贴到位，常年聘请专业维护人员 1 名，防盗、防火设施到位；二是加强培训力度，定期开展培训，提高骨干人员政治素养、业务能力和服务水平，每一季度对村级宣传文化员进行计算机培训；三是定期向各服务点提供图书、杂志、光盘等，满足各服务点群众精神文化需求，保证了文化共享工程工作在本镇的健康发展。按照上级要求，每年实行图书轮换制度和数字资源宣传服务；重点加强对未成年人的管理，严格按照有效证件上机，上机经监护人授权同意，未成年人每天上网时间不超过 2 小时。

为保障文化共享工程资源利用良好，昌化镇电子阅览室平均每日开放时间达到 6 个小时，全部免费。每逢双休日、节假日，分馆内的公共电子阅览室门前都会有中小学生们排队等待上网和浏览馆藏电子文献。电子阅览室已经深受附近中小学生和家长们的欢迎，平时下午和晚上也是如此。2011 年，在招考全镇宣传文化员工作中，昌化镇还利用电子阅览室对每位应聘者进行了计算机上网操作考核。如今，公共电子阅览室已经成为昌化镇群众生活中不可分割的重要组成部分。群众普遍反映文化共享工程缓解了看书难、看电影难、上网难的问题，为基层群众增加了新颖健康的生活方式，提供了新颖的学习方法，使大家享受到了优秀文化和实用科技带来的快乐和效益。

第四节　科 学 管 理

但凡人类有组织的社会活动，都需要进行“管理”。图书馆作为一个社会组织，自然也不例外。从图书馆学专业的角度来讲，图书馆是用来“管理文献”的，而从管理学的角度来讲，图书馆本身也需要管理，这种管理更多地是指对图书馆中“人”的内外部管理。这是因为，在图书馆所拥有的所有要素（如文献、馆舍、信息、设备等）中，只有人具有主观能动性，而积极调动这种主观能动性，就能激发其他要素的作用发挥到最大。过去很多年里，公共图书馆一直停留在经验管理的阶段，造成了人浮于事、工作积极性不高等问题。随着社会、经济不断发展，一些科学管理的手段逐渐被引入图书馆管理中。科学管理与经验管理最大的区别在于“效益”。科学管理将效益最大化作为最终目的，但这里的效益并不单指我们常理解的经济效益。在图书馆这样的由国家财政支撑的公益性组织中，社会效益比经济效益更加重要。所以，在进行科学管理的过程中，时刻关注社会效益最大化是关键。而图书馆的社会效益，就是使大众对服务满意，让越来越多的读者主动走进图书馆接受服务，这就是图书馆科学管理中衡量一切的终极标准。

临安市图书馆一直坚信“管理出成绩”，从 20 世纪 90 年代就明确了“求实、务实、团结、进取”的工作宗旨，围绕宗旨不断引进科学的管理手段，在以人为本的原则下，逐渐引入志愿者制度、岗位目标责任制、档案管理制度、人员培训制度、图书馆学会等管理手段，通过对图书馆整个系统的管理，保障其健康、有序地发展。

一、过硬的领导班子建设

好的管理团队能够带给整个组织向上的精神风貌和先进的图书馆服务理念。临安市图书馆的领导班子成员不仅学历高、能力强，最重要的是全员素质过硬，是一个学习型班子。领导班子成员都接受过系统的图书馆业务培训，并在工作中进行继续教育提升自己的素养，这样的管理团队为临安市图书馆带来的是超前的公共图书馆管理理念和快速的发展。

临安市图书馆领导班子发展理念超前，决策定位准，是一个善于开拓创新的班子。每一次进行征求意见的过程中，领导班子成员善于抓当前、谋长远、有思路、有举措。包括细化未成年人服务、加强档案管理等措施，都是领导班子着力推动机制创新、增强发展活力的结果。为了更好地拓展基层服务，班子成员经常深入各分馆和农家书屋调研，询问各管理员工作中存在的问题并给予指导，进一步增强了整个公共图书馆服务体系团队的控制力、影响力、凝聚力。

临安市图书馆坚持馆务公开，不断扩大公开的范围和拓展公开的渠道，进一步完善对事关图书馆改革发展全局和涉及馆内人员切身利益的重要事项广泛争取群众意见的制度，保障员工在图书馆改革发展中的知情权、参与权和监督权。将工作细化，落实到部门和个人，建立完整的防范工作体系；坚持民主决策、民主监督，深入贯彻民主集中制，坚持重大决策集体讨论、集体决定，坚持决策权、执行权、监督权彼此分离、互相制约的权力运行机制，确保决策的科学、民主，充分调动和发挥了班子成员的工作积极性和主观能动性，使每一名班子成员都能够独当一面、勇于负责；努力加强班子团结，班子成员率先垂范，认真开展批评与自我批评，做到有缺点当面批评，有意见当面提出；大力加强思想政治工作，坚持经常与干部职工进行思想交流，多组织集体活动，培养集体意识和集体荣誉感，努力营造生动活跃、和谐融洽的工作氛围。

二、实行岗位目标责任制

20 世纪 90 年代，临安市图书馆在文化局的指导下，打破长久以来以经验管理为主的局面，引入岗位目标责任制，将岗位责任制与目标管理相结合，以科学、规范的管理手段实现公共图书馆的科学管理。

岗位责任制是指以规章制度的形式明确规定每个工作人员的岗位以及应该达到的基本要求和应负的责任，并据此进行考核和奖励[①]。这其中的关键在于两点：一是明确岗位范围与责任，二是建立工作的质化和量化指标。简单来讲，岗位责任制更加强调“分工明确”。目标管理是指以重视成果的思想为指导，共同确定一定时期的总目标，通过层层分解、自

① 谭祥金，郑朝辉，陈天文．论图书馆岗位责任制和目标管理[J]．图书馆，1996（4）．

我控制、自我管理手段来达到目标的一种科学管理方法。目标管理相对于岗位责任制来讲，更注重整体的管理。公共图书馆是公益性服务机构，图书馆工作是脑力与体力密切结合的复杂劳动，单纯的岗位责任制或目标管理都不能准确地衡量这种工作，但是若将二者有效结合起来，则能得到比较好的效果。

为了更好地实行岗位目标责任制，临安市图书馆细化了各种业务工作细则，制定分类、编目、外借、阅览、参考等工作细则，将业务工作规范化，再通过不断完善馆内各项规章制度，逐渐建立起一个比较科学的基础管理体系。我馆根据《浙江省公共图书馆管理办法》制定了“优质服务守则”“考勤制度”“图书采购分编制度”等十七项制度规则并汇编了《馆员手册》，职工人手一份。从馆长、副馆长到一线员工，按照部门分别设置年度岗位目标，每年都对岗位目标进行修订和补充，使之更加完善、合理、操作性强，使每一位员工都明确自己的工作职责。在制定岗位目标的过程中，逐项制定量化考核管理评分标准，实行平时抽查和定期检查与年终考核相结合的办法。

为了让岗位目标责任制更加灵活地适应本馆实际工作，临安市图书馆实行业务骨干一人多职、一人多岗的管理模式，将馆长、部门主任岗位工作目标管理责任制同馆长、副馆长分线管理协调工作制以及部门工作例会制结合起来，在工作中强调分工，注重协作，强调岗位职责，注重整体协调，崇尚“合心、合力、合拍”的工作机制。通过这些制度的建立规范了图书馆的工作，完善了监督保障措施，特别是“岗位目标责任制”和“考勤制度”得到全方位的量化考核，把各岗位的工作任务以及工作人员的劳动纪律全部量化，做到纪律严奖罚明。

为了配合岗位目标责任制，临安市图书馆还要求全馆工作人员实行挂牌服务，接受读者监督。同时建立馆长值周制度，设立巾帼建功示范岗，在建功和示范上下功夫，做到文明服务，优质服务，若完不成任务自动摘牌；实施内部改革，增加竞争机制，实行轮岗制，调动职工的积极性和工作热情；完善考勤制度，实行上下班指纹签到及外出登记制度，杜绝迟到、早退、私自离岗等现象。这些管理措施的实施，既保证了岗位目标责任制量化考核的中心地位，又削弱了量化指标可能降低工作积极性的影响，更好地支撑了岗位目标责任制。

三、重视档案管理

从早期图书馆和档案馆的发展来看，档案工作是脱胎于图书馆工作的。早期的图书馆承担了档案馆的使命，随着档案事业的不断发展，二者才发生了分离。但直到今天，二者的工作特别是图书馆地方文献建设工作，与档案工作仍旧有大部分的重合。在这里我们介绍的档案管理，并不是图书馆在行使档案馆职能时的管理工作，而是临安市图书馆作为一个机构，与其机构本身相关的档案管理工作。

临安市图书馆的档案工作开始于 1984 年，最初的档案工作仅限于编印《临安图书馆工作简报》，随后档案管理思路逐渐清晰，图书馆（室）业务档案工作开始走向正轨。1989 年，临安县图书馆只有一名兼职管理员。随着工作的推进，我馆将档案管理列入了改革日程，1994 年建立图书馆档案室，购买了箱柜和必要器具，由分管领导总负责，配备馆内工作人员为兼职管理员，案卷质量在按照省文化厅要求的基础上，提高自我标准，尽全力将档案材料收集完整，并建立了收集、保管、借阅等制度，编有大事记、机构沿革、全宗介绍。1995 年图书馆综合档案的整理工作完成，整理编纂出自 1974 年至 1994 年两万余字的图书馆回溯性大事志。

为了确保图书馆档案工作的一致性和完整性，我馆制定了档案工作相关规章制度，包括《档案查阅规则》《临安县图书馆档案归档范围》《临安县图书馆档案员职责》等。《临安县图书馆档案员职责》规定档案员必须定期检查档案保管状况，对破损、虫蛀、霉变档案应及时修补复制和采取有效保护措施；严格办理销毁、利用、签批等手续，档案人员不得自行销毁一切文件材料。这些写进文件的职责要求，在每年岗位目标责任制制定期间，会成为目标制定及考核的重要标准。

临安市图书馆全宗介绍中指出，档案室档案分为八大类，分别为刑侦管理类、人事保卫类、财务管理类、基建设备类、藏书建设类、读者工作类、研究辅导类、经验材料类。归档材料范围具体内容如下：

（1）本馆收发文件、工作计划、总结、统计报表、规章制度以及各种文件、记录等材料；

（2）干部考核任免，专业技术职务的评定聘任，职工奖惩，劳动工资等材料；

（3）各业务部门的工作计划、总结、规章制度、岗位责任制、统计报表以及与外单位往来文件、信件等材料；

（4）财务经费预决算开支报表，基本建设图纸以及房屋维修的报告、批复等材料；

（5）各项业务工作活动材料，如出版物、展览、专业会议、培训班、讲座、信息咨询、馆史等材料；

（6）个人保存的有关涉及本馆或室的材料以及个人业务工作中的成果材料；

（7）图书馆学会活动的文件材料等。

除了以上范围的档案，临安市图书馆一直十分重视建立读者档案。建立读者档案，一是为了进行读者队伍分析，摸清读者分布的范围、职业、年龄等要素；二是根据读者的情况提供不同的服务。例如早期图书馆为大学毕业生撰写毕业论文服务，为每位读者建立了档案，了解其论文题目、所需资料及使用本馆情况，并进行跟踪调查，以提供后续服务。可以说，这是图书馆服务的一种未来大势。随着互联网的不断发展，越来越多的人更习惯足不出户享受“推送”至眼前的服务，而这种“推送”多是根据用户早期的使用情况分析得出的结果，如果图书馆也能根据读者的使用情况，进行服务的“推送”，那么图书馆服务能够以准确、全面和精准的信息服务而取胜。

四、加强基层管理团队培训

人是推进事物发展的关键要素，一支优秀的队伍能够起到事半功倍的效果。图书馆事业是公益性的事业，用纳税人的钱为大众提供服务，这就要求服务人员既具备专业知识，服务水平也必须达到一定的高度，才能够让纳税人满意。在杭州图书馆的领导下，临安市图书馆通过总结多年的服务经验，逐渐形成了完备的人员培训体系。培训对象不仅包括本馆公共图书馆服务体系内的工作人员，还包括公共图书馆的服务群体——大众。

1. 本馆工作人员继续教育

为了促进员工良性竞争，提升本馆的服务水平，几年来临安市图书馆把工作人员的继续教育和培训作为一项重要工作来抓，分批分岗位组织人员参加省图、杭图学会举办的地方文献、参考咨询、数字化网络化、古籍鉴定、图书馆未成年人服务、共享工程等业务知识与技能培训。继续教育和业务培训带来的不仅是馆内服务水平和业务能力的提升，更重要的是对馆内工作人员的能力培养，对馆员起到了一种正激励的效果。

2. 管理员业务培训

作为一个县级市，临安市图书馆本馆的工作人员人数是十分有限的，但是临安现有地域公共图书馆服务体系中的工作人员却遍布全市，而且相对分散。虽然按照要求，整个体系中的工作人员都是面向社会招聘的，但正如任何一个企业招聘后需要对员工进行业务培训一样，图书馆也需要对这些工作人员进行一定的培训才能保证业务的质量。为此，根据新农村文化建设要求和农村文化干部业务工作需求以及浙江省文化厅关于全省农村文化队伍建设要求，临安市图书馆每年都会制定本年度的培训计划，积极组织实施农村文化队伍素质提升工程。通过几年的培训，基层文化干部的公共文化服务理念和业务水平得到了有效提高。

各分馆、农家书屋基层管理员的培训工作主要分为三个层次。一是结合乡镇综合文化站建设，举办全市乡镇文化站站长业务培训班，旨在加强文化站站长对图书馆发展理念及文化信息资源共享工程基层中心建设的认识。二是举办村级图书管理员业务知识培训。随着全覆盖工程的实施，村图书室建设将达到一定规模。最初的培训内容涉及农家书屋的工作流程，包括接收、分类、编号、上架、保管等。待管理员熟悉了业务流程之后，则通过培训加强村管理员的责任意识，统一规范，提高管理水平，使图书室真正发挥作用。三是针对“一证通”服务点管理员进行相关的业务培训，统一操作规范，并且定期举办交流工作经验会，促进管理员之间的交流。

由于一般“一证通”服务点都配有公共电子阅览室，因此，临安市图书馆在培训中，会将各项工程、图书馆业务融合在一起。首先是培训如何做一名合格的图书管理员，这重在培养管理员对工作的热情；其次是图书分类、排架、图书借还书工作、图书馆业务数据的统计和书目查询操作方法等业务知识培训，这主要为了培养管理员的业务能力；最后是公共电子阅览室工作技能、共享工程和浙江网络图书馆浏览应用与搜索培训，这主要针对数字文化服务板块提高管理员的服务水平。在培训班上，临安市图书馆还会邀请杭州图书馆协作协调部的工作人员，结合文化信息资源共享的具体工作和社会主义新农村文化建设的实际，让村级文体管理员全面学习和了解全国文化信息资源共享工程的概况，浙江省共享工程的进展情况以及杭州市共享工程的发展现状、特点及展望。为了加强巩固培训的知识，分馆工作人员还参加了业务考试。由临安市图书馆相关负责人出题，集中各分馆的工作人员进行考试，考试成绩与本年度分馆考核相结合，以此来加强管理员对业务知识和服务水平重要性的认识。

除了公共系统的管理员参与到培训中，为提高全市中小学校图书馆管理水平，促进学校图书馆自动化管理工作有序运行，临安市图书馆协助临安市教育局组织举办了临安市中小学图书管理教师培训，培训主要内容有图书馆自动化管理软件操作、图书日常管理、图书馆分类编目等（见表 2-8）。这种培训使临安市中小学图书管理员对图书馆专业知识及现代中小学图书馆的工作任务、性质有了更加深入的了解，从而更好地为学校教育教学和读者服务，促进图书馆事业的健康和谐发展。

表 2-8　2012 年基层业务培训统计表

日　期	地　点	培训对象	培训内容
2012.1.6	湍口镇分馆	分馆管理员及各村农家书屋管理员	1. 图书如何分类 2. 图书如何登记及操作 3. 图书如何管理及借还
2012.2.27	清凉峰镇分馆	各村农家书屋管理员	1. 农家书屋图书如何登记 2. 图书上架、排架、借还 3. 如何管理图书
2012.3	锦城街道分馆	分馆管理员、农家书屋管理员	1. 怎样对图书进行分类 2. 怎样对图书进行编号登记 3. 图书怎样上架、借还 4. 怎样上网查找资料
2012.3.15	龙岗分馆	分馆管理员、文化站长、各村农家书屋管理员	1. 农家书屋图书分类 2. 怎样登记 3. 怎样上架 4. 怎样借阅 5. 如何管理好农家书屋
2012.4.18	天目山镇分馆	分馆管理员及各村农家书屋管理员	1. 图书如何分类、排架 2. 图书借还及日常管理 3. 修补图书

续表

日　　期	地　　点	培 训 对 象	培 训 内 容
2012.4.20	临安市图书馆	市各镇街道分馆管理员	1. 图书馆基本术语 2. 办证工作流程 3. “一证通”图书借还系统使用说明 4. 借阅规则 5. 公共电子阅览室规则 6. 文化共享工程和数字图书馆 7. 总分馆联合工作内容 8. 上机辅导
2012.4.23	於潜镇分馆	分馆管理员、各村农家书屋管理员	1. 图书怎样进行分类 2. 图书如何进行登记 3. 如何做好图书日常管理及借还
2012.5.9	昌化镇分馆	分馆管理员、各村农家书屋管理员	1. 图书如何进行分类 2. 图书如何进行登记 3. 如何管理图书 4. 如何进行借还图书
2012.6.7	潜川分馆	乐平新潮印染厂职工	1. 怎样进入网络图书馆查阅资料 2. 图书馆自动化软件 3. 数字图书馆概况
2012.7.15	太湖源镇分馆	村宣传文化员、分馆管理员	1. 怎样对图书进行分类 2. 怎样对图书进行编号并登记 3. 怎样将图书上架、借还图书 4. 怎样更好地宣传农家书屋 5. 怎样为农民查找需要的图书和资料
2012.9.20	河桥分馆	分馆管理员、村级宣传文化员	1. 怎样对图书进行分类 2. 怎样对图书进行编号并登记 3. 怎样将图书上架 4. 怎样借还图书 5. 怎样指导农民找书 6. 怎样更好地宣传农家书屋
2012.9.24	锦南街道分馆	分馆管理员、农家书屋管理员	1. 怎样进行图书分类 2. 怎样进行编号登记 3. 图书怎样上架、借还 4. 怎样管理好图书
2012.10.22	玲珑街道文体站	分馆管理员、村文化宣传员	1. 怎样当好农家书屋管理员 2. 怎样对图书进行分类 3. 怎样对图书编号登记 4. 怎样上架、提高借阅率
2012.11.11	锦北街道文体站	街道文化站站长、村农家书屋管理员	1. 怎样登记图书 2. 怎样上架 3. 怎样借阅 4. 怎样管理图书室
2013.1.18	临安八千里大酒店	各镇、街道分馆管理员	1. 针对各分馆存在的问题进行解答 2. 图书怎样修补 3. 2013 年考核细则 4. 怎样举办读者活动 5. 业务统计

为了便于管理基层业务、辅导工作，并督促与考核基层管理员参加培训工作，每一次

基层辅导的参加者都必须填写辅导登记表，并及时给予培训相应的反馈，以形成上下级互相监督、共同进步的良好循环（见表 2-9 和表 2-10）。

表 2-9　临安市图书馆基层业务辅导登记表

日期		地点	
指导人员			
辅导内容			
基层点 意见和建议		负责人签字	

表 2-10　临安市图书馆基层业务培训登记表

日期		地点	
指导人员			
参加培训人员			
培训内容			
基层点 反馈意见		负责人 盖章	

3. 读者培训

服务始终是衡量公共图书馆的基石。而对于公共图书馆来讲，随着科学技术的发展，除了最基本的与“书”相关的服务外，数字文化服务已经开始成为公共图书馆服务的重要部分。临安市作为一个经济较发达的山区，群众对数字服务的期望较高，同时图书馆又十分有必要考虑到用户使用数字产品的能力，因此，针对用户的水平开展适当的培训活动成为一个必需的服务方向。

2012 年，共享工程临安支中心和电子阅览室联合举办了第一期读者培训班，支中心希望通过本次培训，向广大读者和市民展示了图书馆可提供利用网络图书馆和共享工程平台获取信息的渠道。在培训中，市馆的技术人员现场示范共享工程资源的搜索和使用方法，对读者网上图书馆操作进行指导，同时宣传临安市图书馆网站和浙江网络图书馆。这是临安市图书馆在共享工程支中心建设完善后首次举办的读者培训班，参加培训的读者都是过去经常来馆内阅读的用户。很多读者表示，一直以来都在为怎样上网看有意义的书发愁，经过了这次培训，自己对图书馆的认识不再停留在传统层面上，回去后要把浙江网络图书馆网站告诉更多的人，让他们也能方便快捷地获取想要的信息。由此可见，读者培训是一种十分好的宣传手段。在首次读者培训获得较好效果之后，临安市图书馆决定定期举办读者培训班，为更多的市民读者服务。临安市图书馆将读者培训活动定位为“网络图书馆培训体验活动”，一般在世界读书日到来之际举办。读者在馆内工作人员的帮助下，在浙江网络图书馆平台上进行免费的文献信息查询和获取，搜索自己想要阅读的图书和具有教育意义的视频，体验网上阅读的乐趣。

表 2-11　2012 年度培训登记表

序　号	时　间	讲座、培训主题	对　象	人　数
1	2012.2.17	乡镇图书馆文物普查培训	乡镇文化站站长、图书馆馆长	40
2	2012.3.10	2012 年第一期读者培训班	未成年读者	30
3	2012.4.20	图书分馆业务培训班	分馆工作人员	12
4	2012.4.23	“共享知识、数字阅读”——网络图书馆培训体验活动	未成年读者	20
5	2012.5.11	图书馆为青山湖街道妇女双学双比举办计算机培训	青山湖街道妇女	54
6	2012.6.7	安全生产培训	馆工作人员、租房户法人代表	50
7	2012.10	临安市图书馆 2012 年职工继续教育培训	全馆在职人员	18
8	2012.10.25	临安市图书馆新员工赴兄弟馆培训学习会议	全体新进员工、馆服务之星	25
9	2012.11.6	全市中小学校图书管理员培训	全市中小学校图书馆工作人员	94
10	2012.11.15	消防安全知识培训	馆工作人员	30
11	2012.11.28	2012 年消防安全培训讲座	馆工作人员	35
12	2012.12.3	创全国巾帼文明岗工作培训	馆工作人员	38
13	2013.1.18	分馆及农家书屋工作培训总结	文化站站长、分馆管理员	35

五、打造志愿者队伍

公共图书馆工作是脑力与体力相结合的复杂劳动，面对众多读者，几十个人的服务团队所能提供的服务是十分有限的。不断优化队伍建设，丰富人才种类，是公共图书馆未来发展的重点所在。而读者最满意的服务，只有读者知道。因此，将读者纳入公共图书馆的服务团队在现如今已经成为必然，志愿者群体已经成为公共图书馆服务工作不可或缺的重要力量。这不仅是弥补公共图书馆人员不足的需要，也是提高公共图书馆服务质量，将读者真正转变为“图书馆主人”的关键。

临安市图书馆自 1985 年起就制定了义务管理员制度，义务管理员也就是现在志愿者的前身。在当时，图书馆会组织骨干读者来帮助管理图书馆，协助搞好各种活动。发展至今日，已经形成了一支庞大的志愿者团队。这既是为各界爱心人士搭建了一个奉献爱心的平台，也增强了读者对书籍的管理能力，倡导服务意识，培养奉献精神，锻炼实践能力。为此，临安市图书馆特别制订了《临安市图书馆志愿者招募计划》，每位志愿者只需要每周抽出少量的空余时间，就可以增添一份与好书不期而遇的机会，当然还能结识更多志同道合的朋友。

临安市图书馆规定，每位志愿者每周至少工作一次，每次工作时间为两个小时。志愿者一旦确定工作时间，需要每周按时到岗。如有事不能到岗需要提前向部门负责人请假，并协调安排其他时间。志愿者做图书管理志愿服务时要服从图书馆工作人员安排，负责整理图书、将图书上架、图书归位等。有突出表现的志愿者将享受增加图书借阅上限的权利，表现优异的志愿者年终有机会被评选为“志愿者之星”“优秀志愿者”并由临安市图书馆向其颁发证书及奖励。

自从正式招募志愿者以来，临安市图书馆志愿者已经参与到图书馆各个部门的日常工作中，包括借阅流通部、地方文献部、少儿活动部等。其中，少儿活动部的志愿者，已经从单纯的辅助工作人员转变成活动主要策划人、组织者的角色。志愿者主要由成人读者组成。成人读者作为社会人，在社会中会承担一定的职能，不同的职能分属不同的专业，这就为图书馆举办活动提供了丰富的资源。临安市图书馆为成人读者提供这样一个平台，可以由读者自由创作、举办活动，只要主题健康、积极向上，图书馆会全力支持。这种图书馆工作人员与读者的角色互换，加强了读者对图书馆的“主人翁“意识，让更多读者在图书馆找到一片新的发展天地，搭建一个属于自己的舞台，让图书馆真正属于每一位读者。

六、学会工作

1986 年 12 月，为了加强各系统图书馆（室）之间的横向联系，联络全县图书馆（室）工作者进行工作讨论，促进图书馆学理论研究，来自临安县学校、工厂、农村、县馆、机关等图书馆（室）的近 50 名会员成立了临安县图书馆学会，并且召开了全县教育、工会、机关、公共等系统的各级各类型图书馆工作者代表参加的“临安县图书馆学会成立大会暨第一次会员代表大会”，大会讨论并通过了筹备小组起草的《临安县图书馆学会章程》，选举产生了学会第一届理事会。学会的成立，为临安市图书馆事业的发展点亮了引路灯。

1. 加强自身的组织建设与管理

一个组织是由一群秉承相同理念、怀有相同梦想的人员从点滴起发展壮大的。临安县图书馆学会是为了团结全县图书馆情报资料工作者，发挥学会为振兴临安县图书馆事业和为文明建设服务的功能而建立的。将怀有此初衷并为之努力奋斗的专业人员集结成一支壮大的会员队伍，是学会能够发挥功能的关键。

从临安市图书馆的组织形式看，主要分属于三大系统，一是教育系统的学校图书馆（室），主要为在校师生提供书刊文献资料，为教学服务；二是工会系统的工矿图书馆（室），担负着为职工群众提供图书资料、活跃群众文化、为科研和生产服务的任务；三是文化系统的公共图书馆（室），主要为不同层次、不同职业、不同文化程度的读者提供综合性书刊服务，突出的重点是为农民服务，为农村经济建设服务。

基于三大系统功能、性质的不同，其藏书搜集范畴、设施规模、发展速度均形成不同的特点，因此，作为学会的任务就是通过学术交流、业务建设、馆际协作、管理的科学规范化，实现各系统、各类型图书馆（室）之间的联系和发展。首先，学会建立了由工会、教育、公共三线负责基层图书馆（室）工作的同志组成的首届理事会，并吸收和发展了三大系统中工作突出、成绩显著的从事图书馆（室）情报资料的工作者和热心于图书馆事业的同志参加了学会组织。其次，学会建立了正常的理事会例会制。每年都召开二至三次理事会传达科协及上级学会的文件，沟通信息、加强联系，制订学会工作计划，总结各系统图书馆（室）的工作。理事会责职明确，工作分工到人，各负其责，都能在具体分工的基础上开展工作，保障学会各项任务的顺利完成。

为了保证学会的各项工作能够得到正确的发展指导，学会尽力加强与县科协和省市学会的关系。学会成立之初就依靠临安县委宣传部、县教委、县总工会、县文化局、县科协等有关领导部门的关心和支持，加强与上级学会的关系。县科协、教委、总工会对学会工作的开展从各方面予以帮助，拨出专款援助学会开展工作，省市学会积极吸收学会推荐会员加入省市学会组织。

强化学会的科学管理与基础建设是学会能够可持续发展的关键。学会依据科协的《学会工作目标管理实施办法》的内容，对照和检查学会工作，总结取得的成绩与存在的问题，重点对学会的薄弱环节安排了补课。学会不断修正和完善学会章程，依照会章及时召开会员代表大会，按时改选理事会，确定以学会工作为主的兼职秘书长，定期整理学会工作的资料，建立并规范学会工作档案，还树立了学会标志牌，坚持会员登记工作。

2. 加强基层图书馆的科学管理，巩固与提高同步发展

加强管理工作科学化、规范化、标准化是实现图书馆纵深开展工作的保障，学会在注重通过培训提高学会管理水平和业务技能的同时，注重图书馆（室）管理工作的科学化，在乡镇图书馆（室）推广应用《中图法》分类图书资料，建立和健全各项规章制度，使书刊文献的采、分、编、流通等一系列环节基本上合乎管理要求。学会对总工会图书馆工作进行了辅导，在较短的时期内，收到了良好的效果，在 1988 年 10 月省总工会对文化宫各项工作全面考核中，总工会图书馆获得 47 分的好成绩，名列杭州市第一名。

学会的建立帮助公共图书馆妥善处理了巩固与提高网络建设的关系，既注重一般图书馆（室）的提高与发展，又注重在各系统中树立典型样板。教育系统着重抓住临安中学、昌化中学、於潜中学图书馆建设，工会图书馆系统抓住文化宫图书馆、临安锁厂图书馆、临安矿山机械厂图书馆的管理和发展，公共系统在太阳镇、夏禹桥镇、板桥乡、青山镇建设了藏书逾万的乡镇图书馆。这些具有一定规模和特色的馆（室）的建设为全县图书馆整体事业建设积累了经验。

同时，学会加强对基层的辅导，开展图书馆现状调查。教育系统对全县中小学图书馆

（室）的藏书、管理人员、阅览状况、书刊保障等情况进行了两次较全面的调查，在调查研究的基础上，拨款近两万元用于全县各中小学添置书籍。工会系统对於潜、昌化等基层工会图书馆（室）进行了五次业务辅导。夏禹桥镇图书馆通过业务辅导，建立了镇村二级图书馆（室）网络。

3. 鼓励并重视会员的创造性劳动

学会鼓励编辑刊发资料，服务社会。学会会员李振声编辑读者丛书，如《天目特产和烹、食、贮》《读者偶拾》《天目药苑》刊印 600 份，为重点读者提供服务；同时还为《天目山诗选注》提供参考资料，保障其顺利成书，获得作者的赞誉。会员陈为民、徐晓军编辑刊发《农村工作信息》三十九期，提供给县委、县政府、政协、人大等 20 个单位的领导决策参考，发挥了图书馆的情报职能，受到有关部门的好评。为了激发会员的工作热情，学会及时对为学会工作及图书馆事业的发展和图书馆学理论研究做出贡献的会员进行表彰和奖励。

为了鼓励纵向公共系统有更多的工作人员加入到学会，临安图书馆在乡镇图书馆（室）工作季度座谈会进行业务交流，还召开论文笔会，鼓励并帮助基层工作人员加强学术沟通，提升学术水平。通过这种学习方式，经常有学会中的论文被送到杭州市图书馆学研讨会并收入论文集。

第三章

中心馆指导下的基层公共图书馆服务体系建设

进入 21 世纪，我国部分发达地区开始探索公共图书馆总分馆制度如何在中国发展起来。2006 年，国家首次在正式文件中提出县级以下要实行分馆制，于是各地如火如荼地开展总分馆建设，推出了各种各样的总分馆模式。事实上，临安市图书馆几乎从 1986 年起就形成了建设总分馆的想法，并在实践中逐步摸索，在本地区打下了良好的基础。随后，在中心馆杭州图书馆的带领下，临安市基层公共图书馆服务体系建设逐步走上正轨，并开始利用其他文化设施提供的资源来壮大自己的力量。本章将梳理临安市图书馆总分馆体系的建设历史与过程，并对临安市图书馆分馆建设情况进行详细的介绍。

第一节　基层公共图书馆服务体系建设历程

临安市图书馆自 1978 年由县文化局批准建立，就十分重视乡镇、农村图书馆事业的发展，只是彼时受多方面因素的影响，建设思路还不明朗，仅停留在设立流通点、定期下乡书库流动等举措上。1986 年，时任临安县图书馆馆长的蒋勤同志在《我对临安县公共图书馆事业发展的设想》一文中提出：要在临安各乡镇普及图书服务，建立各区分馆，形成县、区、乡三级网络，同时希望能够得到县政府、县财政的支持。临安市公共图书馆服务体系建设由此正式开启。随着我国政治、经济、社会的不断发展，临安市基层公共图书馆服务体系建设方式也不断更替，在杭州市图书馆的指导下经过二十多年的自我摸索，临安市图书馆建成了今日的公共图书馆服务体系。

一、基层公共图书馆服务体系与总分馆制

我国公共图书馆的建设现状是“一级政府建设并管理一个公共图书馆”，这是由我国的法律规章和财政制度决定的。随着社会经济的不断发展和人民物质生活水平的提高，公共图书馆作为信息文化机构满足群众增长的阅读需求开始得到政府的关注，独立的一个图书馆能够提供给读者的服务毕竟有限，加上我国是一个幅员辽阔的农业大国，要实现满足各

地群众的阅读需求，构建公共图书馆联合服务体系最先走进人们的视野。

进入 21 世纪，我国东部发达地区开始探索公共图书馆联合服务，一个图书馆在某些图书馆业务方面作为中心馆，其他相关图书馆作为参与馆，彼此之间实现资源共建共享。例如 2004 年杭州地区的“图书信息服务一证通”工程，就是将杭州图书馆作为中心馆，整合杭州少年儿童图书馆、萧山区图书馆、余杭区图书馆、富阳县图书馆、临安市图书馆、建德县图书馆、淳安县图书馆、桐庐县图书馆的文献信息资源，规范网络内各馆的业务工作，并计划将街道、社区、乡镇（村）图书馆也一并纳入“图书信息服务一证通”运行体系，实现了通借通还、馆际互借、预约服务、远程咨询等服务。

虽然当时各地的探索还不是严格意义上的总分馆制度，但是至少具备了形成层级体系的雏形。层级体系之所以这么重要，是因为在我国分级财政制度下，公共图书馆是按照行政层级建立的。不同财政层级的两个公共图书馆之间没有办法直接形成建设、管理、考核的关系。所以我国公共图书馆界一直在寻找在现有体制下能够得到长远发展的总分馆制。2006 年，《国家“十一五”时期文化发展规划纲要》要求县级实行分馆制，这是首次在国家大方针中明确要在全国推行总分馆制。到底什么是总分馆制，公共图书馆界有诸多探讨，根据我国各地建设发展情况分成了若干种类型，但总的来讲，总分馆制就是要在实现资源共建共享的基础上赋予总馆一定的权力，这种权力涉及人、财、物中的一种或者几种，权力的赋予目的是为了更好地开展公共图书馆服务，提高服务质量，满足当地群众的阅读需求。

杭州市实行的“中心馆—总分馆”制度，即地市级图书馆杭州市图书馆作为中心馆，对下层各区、县、市图书馆只起指导、考核作用，不作为其管理单位而存在，这样的设置正是我国分级财政制度引导的结果。杭州市认为，县级及其以下的统一财政，才是建设我国总分馆制度最佳的行政层级。县级图书馆作为总馆，可以通过获取县级政府支持在财政上取得进步空间，并因此影响更下一层级的政府的态度，这样就能使分馆建设进展更加顺利，更具有向基层延伸的力量。可以说，在临安，总分馆制是基层公共图书馆服务体系的主体，是基层公共图书馆服务体系网络建设的根本。

二、超前的总分馆建设理念

1990 年之前，临安县乡镇图书馆事业总的趋势是：起步较早，发展较快，成绩较大。特别是 1986 年明晰了建立分馆，形成县、区、乡三级网络的建设思路之后，从 1986 年至 1991 年，先后建立了青山、夏禹桥、太阳、板桥、频口和河桥等 6 个乡镇万册图书馆，有的图书馆还有下设的数十个流通点。后来由于撤区、扩镇、并乡工作的开展，区划、人事、财政渠道的变动，建馆的规模、资金和程序势必要有一个与之相适应的调整过程，建立新馆计划暂停。临安县的原则是，既然无法横向扩展，那就势必要在纵向上得到成长，即主抓已建成的乡镇图书馆的服务质量的改进。这主要是指一些比较能够有效发挥图书馆职能和作用的活动的开展，如读书活动的开展、科技资料的利用等方面。例如青山镇图书馆与学校配合开辟第二课堂，在学生中建立各类兴趣小组，通过读书活动激发学生的求职欲望，提高学校教学质量；夏禹桥镇图书馆在重视建立和加强镇、村、企、校园图书网络建设的同时，利用馆藏科技资料，坚持跟踪服务，促进科学发展。

自 1981 年以来，临安县图书馆就定期举办乡镇图书馆（室）业务培训班，针对各乡镇馆（室）不同的情况，对新建的乡镇图书馆（室）重点抓科学管理，对已有一定规模的馆（室）则重点抓对外服务。1989 年，全县范围开展优质服务竞赛，促使全县乡镇图书馆（室）提高服务工作水平。除了文化系统中的分馆，对于在工矿、企业、学校、机关图书室工作的图书管理员也定期举办培训班，以提高其业务水平。为了促进不同系统、不同乡镇的图书馆共同进步，实现全县服务的均等化，临安县图书馆实行季度工作交流制和工作月表报送制，开展每馆每季集中交流，总结经验，制订计划，改进不足；每月汇总各馆各类情况，报送局领导，反馈各馆，以期改进工作。

1990 年 5 月 1 日《钱江晚报》头条讯《临安农村图书馆成网络》报道：“临安县 49 个乡镇目前均已建成图书馆，并办起了村级图书室 100 多个，全县藏书量达 15 万册。据统计，临安县的万册以上乡镇馆数量和藏书量名列全省前茅。这个县从 1985 年开始起积极采取措施加强农村图书馆网络的建设，为满足山区农民的需要，在县文化局和各乡镇的重视下，他们采取‘乡里出点，县里补点，自己筹点’的方法解决经费不足的困难。”这说明自 1986 年至 2000 年，临安县图书馆在加强基层图书馆的建设与科学管理方面，采取巩固与提高同步发展的方法是正确的，不仅在各系统图书馆（室）中树立了典型，也为将来继续提升网络建设积累了经验。

1. 科学管理是保障

加强管理工作科学化、规范化、标准化是实现图书馆纵深开展工作的保障。在这方面，主要是 1986 年成立的临安县图书馆学会在推进。学会十分注重通过培训来提高学会管理水平和业务技能，注重图书馆（室）管理工作的科学化，在乡镇图书馆（室）推广应用《中图法》分类图书资料，建立和健全各项规章制度，书刊文献的采、分、编、典数、流通等一系列环节基本上合乎管理要求。

2. 平衡巩固与提高之间的关系

建立基层图书馆网络的目的是为了形成普遍均等的公共图书馆服务体系。从字面上来看，“普遍均等”是以全覆盖为基础的同等水准的建设，但我国多年的经济发展经验告诉我们，“一部分人先富起来再带动大部分人富起来”是适合我国国情的发展方式。因此，妥善处理巩固与提高的关系，既注重一般图书馆（室）的提高与发展，又注重在各系统中树立典型样板，也是适合基层图书馆网络建设的方法。临安县图书馆在教育系统着重抓了临安中学、昌化中学、於潜中学图书馆建设，工会图书馆系统抓了文化宫图书馆、临安锁厂图书馆、临安矿山机械厂图书馆的管理和发展，公共文化系统在太阳镇、夏禹桥镇、板桥乡、青山镇建设了藏书逾万的乡镇图书馆。这些具有一定规模和特色的馆（室）建设为全县图书馆整体事业建设积累了经验。

3. 业务指导是促进可持续发展的关键

公共图书馆作为满足大众文化需求的公益性单位，具有服务的性质是毋庸置疑的。从专业角度来讲，能够提供给读者专业的服务是工作人员所必须具备的能力。在建立基层图书馆网络的同时，对基层工作人员的筛选很多时候无法做到像县图书馆一样专业，这就需要在业务进行中不断加强辅导。帮助基层图书馆成功建立之后，关键是要做到让图书馆真正地发挥作用和可持续发展，而定期开展业务指导、培训是最好的途径。因此，临安县图书馆定期开展图书馆现状调查，例如对教育系统全县中小学图书馆（室）的藏书、管理人员、阅览状况、书刊保障等情况进行较全面的调查，在调查研究的基础上，拨款近两万元用于全县各中小学添置书籍，并举办了全市中小学图书馆（室）工作人员培训班。此外在工会系统对於潜、昌化等基层工会图书馆（室）进行了五次业务辅导。夏禹桥镇图书馆通过业务辅导，还建立了镇村二级图书馆（室）网络。

4. 寻求社会力量的帮助

到 2002 年底，临安市各乡镇街道已经建成图书馆 26 个，其中建成一定规模图书馆 15 个，总藏书累计达 25 万册，馆舍面积为 2 万余平方米。其中有 10 个乡镇图书馆先后创建为浙江省和杭州市两级“东海明珠”工程。每一个乡镇馆都是在临安市图书馆的指导下，由乡镇政府主导建立的，这就对乡镇领导的眼光与财政能力有很大的要求。湍口镇地处偏僻山区，经济文化发展相对滞后，但党委政府对创建乡镇图书馆非常重视。正当因资金缺乏，图书馆难以建成时，临安市图书馆得知美国加州“圣峪中华文化协会健华社”发起并资助我国中西部地区创办乡镇图书馆这一消息，立即与其在中国的总代表取得了联系，请求资助。在夏勇教授的热情帮助下，美籍华人林斯澄先生和陈美瑞女士一家对政府重视文化事业深表赞同，特赠捐 4 000 美元，连续签约 4 年，资助建立图书馆。由美籍华人资助建成的澄瑞健华图书馆，得到了市委、市政府领导的高度赞扬。之后又有几个乡镇馆也是通过借助社会力量才建设而成的。这不仅大大缓解了乡镇在财政上的困难，也为建立乡镇馆扫清了很多障碍。

5. 横向扩展

为了拓宽图书馆服务领域，更好地发挥图书馆传播科学知识的功能，开展社会教育，提高企业员工素质、生活质量和文明程度，增强企业凝聚力，临安市图书馆将网络建设向纵向扩展，延伸至企业和学校。我馆首先与临安华兴集团达成合作协议，成立首家图书分馆，为企业服务迈出了坚实的一步。后来又建立了消防中队、武警中队、万马集团、苕溪社区、保锦幼儿园图书流通点，并积极促进学校图书室的发展，同时联系杭州馆为藻溪小学送书 600 册，为老师送杂志 100 册。可以看出，临安市图书馆始终将发挥公共图书馆的社会教育功能作为重要的一项原则，在构建纵向的公共图书馆服务体系的过程中，还注重横向网络的建立，特别是对教育系统的辐射延伸，与纵向系统形成交叉互补，将整个临安编织成一张紧密的网，确保普遍均等的公共图书馆服务能够惠及广大群众。

三、中心馆指导下的总分馆建设

1999 年，浙江省提出了要建设“文化大省”的战略，在 2000 年年底颁布的《浙江省建设文化大省纲要（2001—2020）》是全国第一个省级文化纲要，这充分体现了浙江省政府对于贯彻落实党中央加强文化建设决定的决心。进入 21 世纪的最初十年中，浙江省先后出台了《中共浙江省委关于加快建设文化大省的决定》《浙江省推动文化大发展大繁荣纲要（2008—2012）》《浙江省文化厅关于推进全省城乡一体化公共图书馆服务体系建设的指导意见》等相关政策，这些政策不断推动整个浙江省的公共文化服务体系向前发展。作为省会城市的杭州市也依据全省的政策下发了相应的文件。在构建公共图书馆服务体系方面，从 2003 年联盟式“图书信息服务一证通”到 2006 年的《杭州地区公共图书馆服务公约》，这些举措都为大杭州范围内的区、县（市）公共图书馆事业的发展奠定了良好的基础。

随着“联盟式总分馆制”服务体系的建成与持续发挥作用，各区县分馆自行承担通借通还文献流通任务的模式已经无法满足公众迅速增长的需求，由此形成的矛盾甚至成为了制约体系发展的因素，使得杭州市馆作为总馆无法辐射至基层图书馆。为此，杭州市自 2008 年年底开始筹划在整个大杭州范围内推行“中心馆—总分馆”制度。2011 年杭州市市委办公厅、市政府办公厅下发《关于进一步加强杭州市公共图书馆服务体系建设的实施意见》，提出以中心馆与总分馆制的运营模式，整合市、区县（市）、乡镇（街道）、村（社区）图书馆（室）资源，建立服务网络覆盖城乡、组织结构科学合理、文献资源统一调配、服务质量基本一致、运行高效节约、普遍均等的公共图书馆服务体系，力争到“十二五”期末，实现市、区县（市）、乡镇（街道）、村（社区）四级公共图书馆服务网络全覆盖，全市人均拥有公共图书馆的建筑面积、藏书量以及公共图书馆服务水平居全国前列。

1. 模式运作

作为总馆的临安市公共图书馆，主要负责本辖区范围内各级图书馆的具体业务操作，根据总分馆体系的具体任务要求，组织落实统一采购、集中编目、通借通还、数字资源库建设、资源共享等工作任务，统筹管理街道（乡镇）分馆的购书经费、人员经费、资源建设和相关业务活动。街道（乡镇）图书馆作为临安市图书馆的分馆，接受总馆的业务管理，其主要职责在于拓展分馆的服务领域和服务功能，创新服务手段，提高服务质量和服务水平，采取多种服务方式提高文献信息资源的利用率，充分发挥宣传教育、陶冶情操、娱乐休闲等多种功能，为当地经济社会发展和科学文化普及服务。

因此，2011 年临安市图书馆制定了《乡镇分馆建设方案》，目的是为进一步加快临安市图书馆城乡一体化建设，繁荣农村文化事业，满足农民群众日益增长的精神文化需求，实现图书馆服务“普遍均等，惠及全民”的目标，建设以临安市图书馆为中心，以乡镇（街道）图书馆分馆为纽带，以村图书室为基础，以企业、学校等行业系统图书馆为补充的覆盖全市、城乡一体、功能完善、资源共享、管理规范的新型公共图书馆服务体系。随后，临安市图书馆建立了联合编目中心，实现文献编目工作规范化和标准化，并继续在临安境内提供书刊借阅“一证通”服务，以便在杭州地区通借通还。临安市图书馆是共建共享各类数字资源，大力推进文化信息资源共享工程。

临安市图书馆作为总馆负责统一采购、统一分编、统一配送各分馆图书，保证每个分馆藏书不少于 8 000 册（逐步达到这一指标，开馆时不少于 3 000 册），并定期或不定期为各分馆调配图书。同时，制定统一的规章管理制度和业务工作规范标准，提供统一的“一证通”借书证，统一对分馆管理人员进行业务培训、辅导、管理、考核等。

作为总馆的分馆，其所在乡镇应提供面积在 100～200 平方米的场地，使其具备图书外借、报刊阅览、电子阅览、共享工程服务等功能。同时，各乡镇分馆同时也作为全国文化信息资源共享工程基层服务点，按照共享工程基层服务点要求配置标准设备。分馆应配有书架、报刊架、阅览座椅、计算机（能上网）、扫描仪、办公座椅等硬件设施。招聘高中以上文化程度的专职图书管理员一名，要求其热爱图书管理工作，具备基本的计算机操作能力。分馆每周开放时间不可少于 40 小时，双休日必须开放，具体开放时间可根据当地读者需求做适当调整，特别鼓励晚上开放。总馆和分馆合力，每年订阅报刊不少于 30 种。总馆帮助分馆建立电子阅览室，计算机不少于 10 台。分馆必须根据总馆要求制定统一的管理制度并上墙，能够按照总馆的要求上报相关的数据、活动情况，做好全年台账工作。

2. 建设与管理

1）签订协议

总馆主要是通过与所属区、县、市政府签订协议的方式，来推进本地区的总分馆建设。协议中应明确如下主要内容。

（1）明确责任：区、县、市文广新局负责全部辖区内街道（乡镇）分馆建设的整体规划，协调各街道（乡镇）和相关部门出台街道（乡镇）分馆的相关政策和运行保障措施，督查并指导政策和街道（乡镇）分馆建设任务的落实。街道（乡镇）政府是当地街道（乡镇）分馆建设的责任主体，负责出台本街道（乡镇）分馆建设的规划、政策、措施，落实分馆开馆的筹备工作以及在每个社区（村组）建立图书流通点和图书室。街道（乡镇）分馆的业务建设和指导由区、县、市总馆负责。

（2）文献配置：总馆在分馆开馆时，一次性给予一定数量的图书与光碟，以备流通之需。

（3）派驻人员：总馆负责向每个街道（乡镇）分馆派出图书管理工作人员一名。

（4）经费保障：街道（乡镇）政府负责落实本街道（乡镇）分馆的日常运行（如水电、通信、办公等）、馆舍维护以及由当地配备的管理人员的工资等费用；街道（乡镇）政府确保每年人均不少于1元的购书经费，交由区、县、市公共图书馆统一管理；区、县、市政府每年给予分馆相应的配套购书经费，用于统一购置书刊。

（5）业务指导：对街道（乡镇）分馆的业务指导由总馆全权负责，主要包括负责指导街道（乡镇）分馆开馆的准备工作，安排业务干部，给予技术支持；为街道（乡镇）分馆人员提供免费的业务培训；建立统一的网络信息平台，开展网上参考咨询服务，为街道（乡镇）分馆提供诸如计算机集成系统和网络系统的技术支持与维护，并随时解答街道（乡镇）分馆读者及工作人员的问题。

2）分步推进

按照循序渐进和因地制宜的原则，成熟一个，发展一个，注重实效。

（1）根据各街道（乡镇）的人居环境、经济条件的差异及当地居民的学习氛围等因素，优先在条件较为成熟的街道（乡镇）率先创建分馆，以发挥较好的示范作用。

（2）因地制宜，从实际出发发掘适合本地区的建设形式。不拘泥于固定的载体，可以根据地理、经济和历史文化等方面的因素，适当调整基层网络覆盖的方式，注重实效。

（3）在建设标准上不搞“一刀切”，以尽量建在人口相对密集的区域为主要标准，注重实效。在分馆建设时，从实际情况出发，对馆舍面积不做硬性要求，只要读者容易集聚即可，充分保障本地居民利用的方便、快捷，使公共图书馆服务更加贴近百姓、方便公众。

3. 健全保障措施

1）政府主导，分级投入

由政府出台专门的总分馆建设政策文件，确定建设的总体目标、工作任务和要求，明确街道（乡镇）分馆由区、县、市和街道（乡镇）两级政府共同投入，所有资金一并交由总馆统一管理，确定总馆为管理主体的指导思想。

通过制定相应的《分馆管理暂行办法》，明确各分馆的管理职责、资金管理、人员管理、设备管理、服务与读者权益、绩效考评等。同时，区、县、市政府需根据分馆数量和规模分配人员指标，以保障分馆工作的正常开展。

2）实行人力资源集中管理模式，稳定馆员队伍保障体系

街道（乡镇）分馆建成后，由总馆派出工作人员负责分馆的日常业务管理，街道（乡镇）负责配备一定数量具有相应资质的管理人员。配备的管理人员，原则上根据总馆的要求向社会公开招聘。试用一定期限后，由总馆考评，能够胜任分馆工作的，由街道（乡镇）与其签订岗位合同。为保证基层图书馆业务开展的专业性和规范性，街道（乡镇）配备的图书馆管理人员由总馆统一培训、统一考核、统一管理，对表现优秀的给予表扬和奖励，对连续两年考核不合格的，街道（乡镇）政府不再续聘。

3）建立统一采购、统一编目、统一配送的文献保障模式

区、县、市和街道（乡镇）两级政府投入的购书经费需全部交予总馆，由总馆集中管理，统一规划、统一采购、统一编目、统一资源配置。总馆设立图书流通部，主要负责街道（乡镇）分馆文献资源的管理工作。集中管理购书经费，能够优化区域范围内的文献资源和布局结构，实现文献编目工作的标准化和规范化，避免机构重复设置和人员重复劳动，提高工作效率。这种集中采购、集中编目、按时配送的文献运作模式，极大地保障了总分馆制内各级分馆文献的有序增长和书目数据的统一连贯，节约了资源、优化了馆藏，为通借通还和服务一体化打下了坚实的基础。

4）通过通借通还、资源共享，建立读者服务保障体系

总分馆依附于中心馆的“图书馆集群管理系统”，通过互联网技术，实现全杭州地区公共图书馆书目检索和数字资源的共享共用。街道（乡镇）分馆与区、县、市总馆进行网络系统整合和计算机网络化管理，实行“一证通”。图书在总分馆体系内通借通还，分馆与总馆资源整合，包括纸质图书资源和数字信息资源。分馆的图书、报刊资料由总馆统一配置，书刊至少每两个月送上门流通一次，数字资源与杭州市中心馆共享。读者无论在总馆还是分馆，均可以通过统一的检索平台检索服务网络内全部的文献资源。与此同时，通过全国文化信息资源共享工程平台，读者可以在不同分馆内享用区、县、市总馆与中心馆的电子图书、数据库等数字资源以及全国文化信息共享工程的数据，初步实现了面向街道（乡镇）读者的信息服务保障。

4. 建立考核评价制度

由临安市文广新局牵头组成考核小组，从办馆条件、人才队伍、基础业务、读者服务、内部管理、提高指标等六个方面对街道（乡镇）分馆开展一年一次的绩效考核与评价。实行定级制度，根据“必备条件”（见表 3-1）和本年度的绩效考核评价结果作为确定街道（乡镇）分馆年度补助经费额度的依据。

表 3-1　2013 年临安市各镇、街道图书分馆考核细则

项　目	考 核 内 容	分　值	得　分
专项经费	年专项投入经费 5 000 元以上	10	
管理人员	专职图书管理员操作图书借还系统熟练程度	5	
办证量	读者持证（借书证）人数超过常住人口的 1%	10	
业务量	年外借册次在持证（借书证）人数的 10 倍以上	10	
开放时间	每周开放时间多于 42 小时，晚上不少于 4 小时。双休日必须开放	10	
征订报刊	年订阅报刊不少于 30 种	10	
辅导、培训	对本镇、街道所属的村农家书屋开展辅导和培训（有档案证明）	5	
电子阅览室	计算机不少于 10 台（计算机必须是可正常使用的）	4	
	完成公共电子阅览室备案工作	2	
	免费对外开放，未成年人每人每日上网时间不得超过 2 小时	2	
	实行实名登记制度，登记内容和记录备份保存时间不得少于 60 日	2	
管理工作	台账齐全，分类排架，环境整洁、美观、安静	6	
	各项制度健全，执行规范，上墙公示	2	
读者活动	举办带科学普及、知识传播性质的讲座、展览、培训活动每年不少于 6 次（有档案证明）	10	
合作联系	积极配合总馆并开展合作共建，及时反馈信息，与总馆保持联系	2	
	每年必须向总馆（临安市图书馆）调拨图书两次以上，数量为 500 册以上	10	
总　计（总分 100 分）			

2010 年，临安市图书馆根据杭州市“中心馆—总分馆”体系建设标准，开始探索本地区公共图书馆的总分馆体系建设，争取上级业务主管部门及本地财政的支持，在辖区内乡镇（街道）普遍建立分馆。

2011 年 6 月 28 日，临安市首个公共图书馆分馆——高虹镇分馆开馆。高虹镇分馆是按照杭州市“中心馆—总分馆”体系建设的统一标准开办的，馆内面积 200 多平方米，藏书 15 000 册，具备图书外借、报刊阅览、电子阅览、共享工程服务等配套功能，推行书刊借阅“图书信息服务一证通”服务。随后，昌化镇、太湖源镇、河桥镇、龙岗镇、青山湖街道、锦南街道、湍口镇、太阳镇等 12 个分馆也按照统一标准陆续开馆，临安市公共图书馆总分馆体系建设进入了正常发展阶段。

进入 2012 年，在 2011 年已建成 13 个分馆的基础上，临安市又完成了清凉峰镇、岛石镇、玲珑街道三个分馆的建设，并对前一年建设的分馆进行了评估和考察。2013 年，临安市图书馆又陆续完成了相应的分馆建设，至 2014 年 8 月，临安市各乡镇（街道）分馆已形成全覆盖。临安市图书馆负责每年不少于两次，每次不少于 500 册，为分馆更新藏书。

临安市各乡镇（街道）分馆建设现状详见表 3-2。

表 3-2　临安市各乡镇（街道）分馆建设现状

名称	建立时间	占地面积（平方米）	馆藏文献（册）	计算机配置（台）
高虹镇	2011.6	420	15000	11
昌化镇	2011.6	350	15000	12
太湖源镇	2011.7	400	15000	21
河桥镇	2011.7	150	15000	10
龙岗镇	2011.10	200	15000	20
青山湖街道	2011.11	200	15000	11
湍口镇	2011.12	300	15000	10
锦南街道	2011.12	120	15000	10
潜川镇	2011.12	100	15000	10
於潜镇	2011.11	220	15000	15
太阳镇	2011.12	100	15000	28
天目山镇	2011.12	200	15000	10
锦城街道	2011.12	150	15000	10
清凉峰镇	2012	200	15000	
岛石镇	2012	110	15000	
玲珑街道	2012	200	15000	
板桥镇	2013		15000	
锦北街道	2014			

第二节　分馆风采

一、板桥镇分馆

板桥镇位于临安市青山湖畔，东接余杭区中泰街道，南连富阳市永昌镇，西邻本市锦城、锦南街道，北靠浙江省科创城，14 省道牧松线贯穿全境，区位优越，环境优美。板桥镇现辖 15 个行政村，区域面积 139.3 平方公里，总人口 2.6 万余人。板桥镇工业经济走在全市前列，2013 年实现工业总产值 39.34 亿元，财政总收入 1.2 亿元。全镇现拥有工业企业 335 家，其中固定资产 2 000 万以上规模企业 34 家。农业产业化特色明显，以正兴牧业、康鑫食品两大农业龙头企业为引领，主推“一村一品”现代效益农业。文化事业传承取得新成效，吴越文化保存完好，乡村旅游资源丰富。

“十二五”期间，板桥镇将以科学发展为主线，以保障和改善民生为立足点，以重点镇建设为契机，加快城乡统筹发展步伐，不断推进各项事业建设，大力提升广大群众生活品质，合力打造“产业强镇、文化名镇、生态美镇、市域重镇”的新板桥。“文化名镇”的打造主要依托板桥镇拥有的深厚的吴越文化底蕴，继续保护“临安水龙”和“十八般武艺”这些具有地域特色的民间艺术项目，将灵溪古韵石雕工艺、花戏居仁笛子制作等新兴文化创意产业培养成为板桥文化事业的后备力量。板桥镇通过开展各类大型综合性文体活动、创建浙江省体育强镇，搭建全民文体活动平台。

1. 分馆、农家书屋、文化礼堂综合建设

2013 年 3 月底，临安市板桥镇分馆借着三口村文化礼堂建设的东风，与三口村农家书屋合并开馆。（见图 3-1）山口村位于板桥镇南部，因三溪汇聚而得名，又因其地处锦城之南而被称为南屏，地理位置优越，青山环抱，绿水绕流，交通十分便捷。板桥镇分馆位于山口村文化礼堂二层。分馆在建设中，投入了资金近 70 万元，打造了一个全新的文化礼堂，并与山口村天目学堂、文化长廊、文化站、职业技能培训站同处一楼。其中，一楼设有工艺竹编收藏室，并保留了原来的电影院；二楼为图书外借室、电子阅览室、综合服务室；三楼为天目学堂，用以开展各类培训及知识讲座。

板桥镇分馆总面积 100 余平方米，内有藏书 20 000 余册，光碟 108 套，期刊 53 种，报纸 7 种；计算机 12 台，接入 10M 光纤，用于读书和相关资料查阅。分馆成立伊始就成为杭州图书馆“一证通”基本服务点，开通电子阅览室，与临安市书图馆联网。分馆配备专职管理员一名，为原三口村成人教育学校的教师。2014 年，分馆的开放时间做出了最新的调整，为每周二至周日的 8：30—17：30，周末、节假日、寒暑假期间还增设了晚上的开放时间，为 18：30—21：00，以便为更多的中小学生提供更多的读好书时间。2014 年 2 月起，板桥镇分馆将成人单次借阅图书册数由原来的 10 册调整到 20 册，在借阅期限不变的基础上更大地满足读者的阅读需求（见图 3-2）。

图 3-1　板桥镇分馆全貌

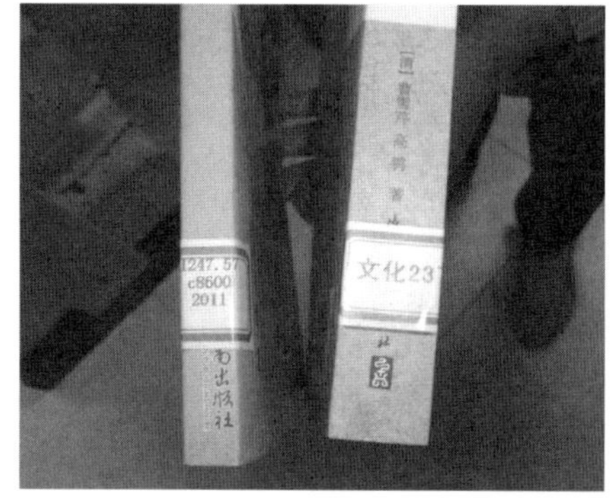

图 3-2　书号（左：分馆藏书；右：农家书屋藏书）

2. 面向需求的多样化服务

考虑到基层图书馆服务对象的特点，板桥镇分馆开馆后便开拓了送书到企业、到学校的服务项目，为企业办理集体借书证，设置书柜，建立企业读书园地。例如，在天恒机械有限公司建立了图书室、电子阅览室等，得到了广大读者的好评和赞誉。板桥镇分馆从开馆伊始就注重学校这一阵地，定期送新书送好书到学校，同时在学校中培养了小小图书管理员作为图书馆与学校学生间相互沟通的纽带，以便更好地传递分馆或临安市馆活动信息。分馆工作十分重视践行文化资源平等获取的理念，特别是针对农村少年儿童对书籍、对公共文化设施的利用有极大的需求这一现象，更需要提供条件让他们平等地享有城里孩子拥有的精神文化资源。农村的孩子更需要通过各类的读书活动来引导、激发读书兴趣，这就需要为他们营造一个良好的读书氛围，让孩子养成爱读书、读好书的习惯。2013 年 8 月，正值暑期学生放假之时，板桥镇分馆举办了首届“诗香满园 老少同乐”读书活动。来自全镇 15 个行政村的 70 余名小朋友齐聚三口文化礼堂，开展了一场知识问答读书活动。小朋友们非常活跃地参与抢答，经过“歇后语猜猜猜”“成语擂台赛”“古诗词抢答”“双句成语抢答”四个环节，来自环湖、花戏、界联、葱坑、三口村的小朋友获得了本次知识抢答“智慧星”的称号，每个到场的小朋友都得到了小礼品。（见图 3-3）知识问答活动结束后，小朋友们还参观了镇里的图书分馆。为了方便小朋友们借书，分馆的工作人员帮助小朋友统一到临安市图书馆开通市民卡，这样孩子们就可以在各个镇街图书分馆和市图书馆借书了。

图 3-3　板桥镇分馆 2013 年少年儿童读书活动

除了重视农村少年儿童服务的开展，从 2013 年开馆后，板桥镇分馆还与板桥成人高校建立密切的合作关系，在天目学堂中定期开课，举办农技、企业管理、专业教育等各方面的培训讲座。仅 2013 年开馆后举办读书活动、计算机培训、香榧种植培训、婚育健康讲座、老年人突发病防治讲座等共计 7 次。特别是计算机培训，已经成为板桥镇分馆的固定活动，每年图书馆和成人高校合作，邀请高校老师借助分馆的硬件设施，从 Word 和 Excel 等基本的计算机知识开始教授，得到了学员们的一致好评，纷纷表示以后还要进一步学习计算机知识。

3. 农家书屋的建设和管理

板桥镇借农村社区建设的机会，积极创建农家书屋，15 个行政村实现农家书屋全覆盖。2013 年在临安市图书馆的支持下，每个村都得到了 2 000 元的购书补助资金，为村农家书屋总共添置新书 2 250 册，当年农家书屋借阅人次 1 150 余人，借阅册次 6 800 余册。

为了使农家书屋整体运行能够有效地融入村级文化站建设，板桥镇分馆加强了对村级图书管理员的培训。仅 2013 年图书管理员就参加了市镇培训、各类座谈会共 6 次，进一步明确了图书管理员职责，增进了管理员之间的交流，形成了向心力，增强了凝聚力。在

2012 年桃源村争创杭州市示范农家书屋的基础上，2013 年上田村农家书屋又被评为浙江省四星级农家书屋。

二、高虹镇分馆

高虹镇地处临安市北郊仇溪与猷溪汇合处，距杭州 30 公里，东临横畈，南接锦城，西靠杨岭，北依石门，离临安市中心约 9 公里，是临安市东北部一个工业以节能灯、农业以竹笋闻名的小康乡镇。全镇总面积 113.3 平方公里，下辖 9 个行政村。总人口为 4 万人，其中农业人口 14 315 人，外来人口 2.5 余万人。山林面积 15 万亩，耕地面积 9 318 亩，其中水田 8 192 亩。高虹镇先后荣获“全国环境优美乡镇”“中国节能电光源制造基地”“浙江省中心镇”“浙江省高新技术特色产业基地”“浙江省流动人口计划生育工作先进集体”“杭州市文明镇”“杭州市卫生镇”“杭州市食品安全示范乡镇”称号。

高虹镇原为高陆，是临安县县治的千年古镇。公元 1262 年，随着县治南迁于临安西墅，高虹也消沉于世。20 世纪末，科学技术的进步，雷竹覆盖技术的试验与推广，节能灯行业的试验与发展，使节能灯产业成为高虹工业的支柱产业，吸引了大批外来民工，来自安徽、江西、湖北、湖南、重庆、四川、贵州、云南、河南、东北三省等十几个省市的外来民工云集高虹。每逢傍晚与节日，高虹的大街上人流比肩接踵，车水马龙，故临安人称高虹为“小香港”。

1. 临安市首个分馆落户高虹

2009 年，根据临安市政府“关于切实推进乡镇综合文化站建设的实施意见”精神，高虹镇启动了文化中心建设项目，项目要求配齐图书馆的硬件设施和专职管理人员，提升政府公共服务的形象，努力使高虹镇图书分馆成为中小学生课余生活的第二课堂，成为中老年人求知、求乐的文化乐园，成为广大人民群众的终身学校。2011 年 6 月，临安市首个集图书外借、报刊阅览、电子阅览、文化信息共享工程服务等功能于一体的公共图书馆分馆——临安市图书馆高虹镇分馆开馆（见图 3-4）。

高虹镇分馆设在镇文化中心的二楼，便于群众借阅图书和开展休闲活动。分馆建筑面积 420 平方米，内设电子阅览室、图书借阅室、书报刊阅览室、青少年活动室、老年人活动室、成教室和体育健身室，可满足书报刊阅览、互联网冲浪、体育健身和开展小型活动的需要。分馆现有图书 1.5 万册，报刊 100 余种；电子阅览室有可上网计算机 10 台，办公计算机 1 台，此外还有电脑桌椅、阅览桌椅、空调、电视、电话等办公设施；体育健身室有室内健身器材 8 套、乒乓桌 4 张。

高虹镇分馆业务工作由临安市图书馆和镇文体站负责管理，分馆配备工作人员 2 名，其中一名为专职图书管理人员。分馆图书由总馆统一采购、统一编目、统一配送。图书等文献资源实行统一流通、统一检索、通借通还。分馆每周开放时间 48 小时，周一馆休。

2013 年全年，读者借还图书 4 200 册次，借还 1 500 人次。

2. 关注外来人口，打造高虹新家园

工业发展迅猛的高虹镇有超过一半以上的外来人口。为促进高虹和谐发展，提高人们的文化素养，为企业职工提供一个良好的学习环境，丰富业余生活，高虹镇分馆提出了“服务高虹、服务企业、服务职工”的口号。馆员走进高虹企业，开展送文化活动，并现场为企业职工办理借书证，为他们提供了一个相互学习、相互交流的学习平台，使他们享受读书的乐趣（见图 3-5）。

图 3-4　高虹镇文体中心

图 3-5　高虹镇分馆进企业

为了促进外来务工人员早日融入高虹镇的生活，打造无忧生活家园，高虹镇分馆将服务重点转向外来务工人员子女。分馆先后同浙江农林大学、高虹镇未成年人思想道德建设领导小组等组织合作，在分馆内开辟了手拉手爱心书屋（见图 3-6）、儿童之家、少儿之家等区域，定期补充和更新书籍资源，带领孩子们参观父母工作的企业，使他们学会感恩，举办学业辅导和自护教育等活动培养社会能力。同时，为了更好地向群众宣传高虹分馆的服务内容，分馆管理员自制了精美的宣传册并发放至外来务工人员手中，向他们介绍图书馆的具体情况及举办的各种活动，吸引了大部分外来务工人员的子女参与其中。许多外来务工人员表示，孩子们突然有了归属感，家长也跟着更有动力工作和生活，为高虹的建设付出自己的一份努力，在高虹建立新的家园。

暑期是孩子们开心的日子，但白天上班无暇看管孩子一事对高虹镇外来务工的家长们来说最为头疼。为此，高虹镇分馆作为“第二课堂”的重要阵地，向外来民工子女开放了图书室、电子阅览室及青少年活动室等资源，让孩子们充分享用学习与休闲资源，过一个快乐、活泼、健康、有意义的暑假，为学校“第二课堂”教育添砖加瓦。分馆还定期举办学生读书月活动，组织高虹镇小学学生来图书分馆看书、做作业，受到了老师、学生和家长的一致好评。

近几年，高虹镇分馆连续开展了“2+1 成长伙伴”关爱外来务工人员子女等一系列活动。通过图书分馆内设的“爱心中转站”，由浙江农林大学志愿者通过义卖、爱心捐助等形式，向外来务工人员子女赠送书包、衣物、图书等学习用品，并在每年开展暑期夏令营活动，组织志愿者与学生儿童开展一对一的辅导，讲解食品安全知识、文化礼仪、手工制作等（见图 3-7）。

图 3-6　高虹镇分馆中的爱心书屋区域

图 3-7　浙江农林大学志愿者参与夏令营活动

为了开拓孩子们的视野，激发他们爱书、读书之心，2014 年，高虹镇分馆组织了外来务工者子女 30 余人，在镇文化站站长楼刚的带领下参观临安市图书馆，领略文化生活，畅游知识海洋。小朋友们参观了儿童借阅室、电子阅览室、外借室、参考报刊阅览室、报告厅、24 小时的微型图书馆等。图书馆内设施齐全，宽敞明亮，整洁幽静，全新的面貌环境让孩子们耳目一新，这一趟“大城市图书馆”之旅让他们开阔了眼界，孩子们纷纷表示以后要来“书更多”的地方读“更多书”。

三、太湖源镇分馆

太湖源镇位于临安市东北部，地处天目山麓、太湖水系源头，是临安市区天然的生态屏障，也是临安市地域面积最大的乡镇。镇域总面积 240.4 平方公里，人口 3.3 万，下辖 20 个行政村。境内植被丰富，山峦叠起，环境优美，景色宜人，拥有太湖源头、神龙川、东天目山三大景区，自然生物资源丰富，气候温暖湿润，森林植被垂直分布明显，森林覆盖率达 79.6%。近年来，太湖源镇立足自身资源禀赋和发展基础，积极探索生态经济化、经济生态化的发展模式，逐步走出了一条生态与经济共赢、人与自然和谐相处的路子。

太湖源镇文化积淀深厚、特色鲜明、资源丰富，是临安市首批特色文化乡镇、农民画之乡，拥有一大批省级非物质文化遗产和各具特色的农民种文化活动。作为临安市农民种文化的发源地，太湖源镇有南庄董昌鼓霸，东天目吴越双狮、白沙鳌鱼灯、众社畲族龙舞灯等各具特色的农民种文化队伍。近年来，太湖源镇通过完善镇村两级文化网络阵地，建立了太湖源镇文化中心、体育中心和东天目文体活动中心三大阵地，拥有的特色队伍在全市镇街中遥遥领先。

1. 馆配升级，服务升级

继 2011 年 6 月高虹镇分馆成功开馆之后，同年 7 月，在临安市文广新局、临安市图书馆和临安市共享工程支中心的指导下，原太湖源镇图书馆也升级成为临安市图书馆分馆。分馆建设投入近 4 万元。一是将文化中心三楼改造成多媒体阅览室、标准共享工程电教室，新增书架 5 个、阅览桌 8 张、靠椅 20 个。同时，为保证设备正常运转，还在 40 平方米的电子阅览室和 80 平方米的多媒体播放室分别配备了空调。二是配备了管理计算机服务器 3 台、终端计算机 20 台、明基投影仪 1 台、有源音箱 1 套、摄像机 1 台、数码照相机与打印机等设备，并接入了 2M 的光纤。三是新购 700 余册新书，并在临安市图书馆的帮助下，对全部藏书进行计算机录入、条形码管理。馆中遵循图书分类排架规则，对借阅室所有图书进行全面倒架、整架，实现严密规范排架。为了让读者利用图书资源更加得心应手，对全馆书架进行了重新分类标识，设置各类图书引导，使图书标引更加规范，将不能录入的旧书、盗版书全部下架。临安市图书馆调入近 3 000 册质量好、受欢迎的新书给该馆，新增少儿学习类杂志 10 份、报刊 5 份、光盘 100 余张。除此之外新馆建设还得到了社会各届的支持与关心，临安市计生局、市科协专门组织了一批科普书籍和其他各类好书送到分馆。

自从太湖源镇分馆升级以来，群众文化需求急速增加，读书人数骤然增多。为满足读者需要，在原来工作人员的基础上，又聘请了一名大学生村官担任专职管理人员，并增加开放时间（每周二至周日 8：30—17：00）。此外，还为中小学的学生增加节假日、寒暑假的开放服务，白天安排一名专职管理员、晚上与周末安排一名兼职管理员，将时间调整为早上 8：00 至晚上 9：30 分，保证每天 12 个小时、每周 84 小时的开放。

随着经费、设备、人员逐渐得到保证，太湖源镇分馆积极探索各种形式的活动以满足居民的文化需求，并且形成了自己的特色活动。

1）成为“第二校园”

太湖源镇分馆从建馆初就十分重视与学校合作，直接将图书馆变为“第二校园”。例如在“世界读书日”，分馆会和学校合作举办“共享知识，数字阅读”——网络图书馆体验活动。新颖的活动形式和丰富的内容，让参加活动的学生开阔了眼界，丰富了知识，体验了数字阅读的乐趣。为了让学校的学生及时掌握图书馆的信息，分馆与学校校讯通系统相连，实时传递分馆或临安市馆活动讯息，欢迎同学们随时来到分馆阅读、参加活动。

2）有效利用电子阅览室资源

太湖源镇分馆电子阅览室有 20 台计算机，配有空调和共享工程相关资源包，图书馆向镇政府和其他相关组织开放了这个平台。从 2011 年起，太湖源镇党委政府就在图书馆分馆多媒体阅览室举办全镇宣传系统网络交流平台信息员培训会，对来自全镇各村、各部门单位的 30 余名信息员进行培训；定期举办为期 14 天的“电脑知识、网络信息”培训班，对来自太湖源镇各村的报账员、村级宣传文化员、妇女主任和计生联络员进行培训，就计算机基本操作技能、信息交流等内容进行面对面授课，有效提升了各村干部的计算机技能；积极开展共享工程服务工作，举办农技、企业管理、教育等方面的培训讲座（见图 3-8）。

图 3-8　面对面培训辅导

3）积极开拓少年儿童服务

为了让留守儿童在暑期能享受到不同的乐趣，分馆举办了一系列有趣的活动："品味书香"——读后感写作活动，"我读书，我快乐"——寻找图书活动，观看主题教育影片活动等，活动延续整个暑假。除了暑期活动，每周末举办"少儿影院"活动，在播放电影前还加播少儿教育类影片，开展未成年人的教育；为继续做好"春泥计划"的培训工作，邀请专业的书法绘画老师到图书馆，进行少儿书法绘画培训。随着少儿活动的增多，来馆阅读的少年儿童也逐渐增加，分馆在镇上已经形成了一定的影响，并将不断扩大（见图 3-9、图 3-10）。

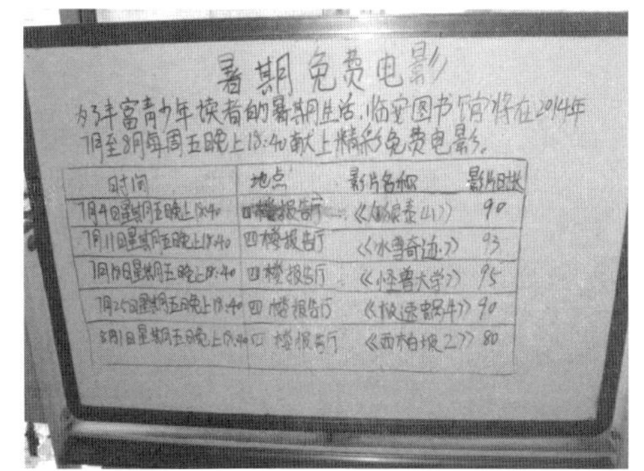

图 3-9　太湖源镇分馆信息通告板

图 3-10　多媒体放映室

2. 农家书屋有声有色，因地制宜逐个突破

2011 年，根据临安市农家书屋建设工作安排，太湖源镇 70%的行政村已实现农家书屋的目标（实用图书不少于 1 200 册，报刊不少于 30 种，电子音像制品不少于 100 种）。对原有的 8 个村"一证通"图书室，太湖源镇分馆做到主动送图书下村，做好村级图书室交流的工作；对各村农家书屋管理员进行业务培训，帮助他们熟悉业务，学习文献的分类与检索及"一证通"操作等知识。

2012 年做到农家书屋行政村全覆盖后，2013 年开始开展重点农家书屋活动。根据各村的实际条件与管理人员情况，选择了光辉村、南庄村、上阳村、横徐村、畈龙村，重点开展农家书屋的基础设施建设。在临安市馆的支持下，光辉村更新了 4 只钢构书架并增加了 3 台计算机，南庄村新增了 2 台计算机，上阳、横徐、畈龙三个村均积极争取村两委的重视，新建了崭新的固定式书架。五个村均开通了网络，为下一步增加电子阅览服务做准备。

针对太湖源镇林地覆盖较多、自然村较分散的特点，加上各村村级宣传文化员的情况各异，分馆对各村村级宣传文化员的指导工作因地制宜，以保证农家书屋每周开放时间。

1）农家乐图书角

对于村域广的村庄，比如白沙村、临目村，共物色了 5 个农家乐，开设了 5 个图书角，全天候开放。由分馆统一印制借阅登记册，以考查图书流通情况，既方便了群众，也提高了图书利用率。再比如由三个自然村组成的众社村，从南至北达 4 公里有余，宣传文化员就在每个自然村物色一个服务点：举足村安排在小食品小店、下爿安排在老年活动室、众社村安排在农家书屋，分时间进行服务。全年借阅量均可达到 1 000 册。

2）热爱岗位乐于奉献

浪口村管理员袁柏荣每天晚上 6 点准时开放农家书屋，暑假期间全天候开放。全年借阅册数达到 2 000 余册，服务读者 300 余人。除基础借阅服务外，还开展了集体品书等活动。其他如村委没有场地的砻淙村管理员张美金、服务群众不方便的东坑村管理员郎华芳，将图书角安排在自己家里，定期更新书籍，随时接待读者借阅，年借阅量也达到 600 余册。

3）综合各线补助，保证开放时间

南庄村刘建军、光辉村黄萍、金岫村陈华芬管理员，村委会在宣传文化员补助的基础上再给予其另外的工资补助；上阳村董仙芳综合宣传文化员、村邮员的两份工资；杨桥村王月华综合宣传文化员、民政值班补助两份工资。经济上的补充保证了农家书屋每周包括双休日的全天候开放。此类的管理效果非常明显，宣传文化员待遇提高，工作积极性更高，农家书屋的管理稳定，逐渐形成较好的氛围。南庄、光辉村全年借阅册数均达到 2 000 册。

4）聘请专职值班人员

高云村、白沙村、横徐村、畈龙村均由村两委会专职聘请工作人员，负责便民服务中心接待与农家书屋的全天开放。全年图书借阅册数达到 500 余册。

四、太阳镇分馆

太阳镇位于临安市中部，四周青山环绕，翠竹层层，东邻於潜镇，西连昌化镇，北与安徽省接壤，南与乐平、分水相接。境内杭徽高速公路、02 省道穿镇东西而过，横麻线与杭徽高速 02 省道交叉贯穿南北，规划中的临金高速也将贯穿南北，交通便利，地理位置优越。太阳镇总面积 205.3 平方公里，辖 18 个行政村（其中少数民族村 2 个），总人口 2.7 万。全镇耕地面积 12 214.1 亩，其中水田 10 553.3 亩，旱地 1 660.8 亩。

2009 年全镇实现农业总产值 1.3 亿元，增长 8%；实现工业销售产值 22.6 亿元，增长 10.78%；第三产业增加值达到 7 620 万元，社会消费品零售总额达到 6 087 万元；农民人均收入达到 11 731 元。全镇共有企业 539 家，规模以上企业 26 家，从业人员 4 260 人。五金产业是太阳镇的核心产业，占据了全国 55%的市场销售份额。产业结构以五金工具、玻璃制品、机械制造、纺织及农产品加工等特色工业为主，南北两翼特色农业享誉省内外，其中北翼山核桃产业规模较大，南翼龙潭甲鱼、生猪养殖等特色种养殖发展势头良好。太阳镇先后被评为“全国优美乡镇”“浙江省东海文化明珠乡镇”“省级生态镇”“杭州市文明镇”“杭州市社会主义新农村建设示范乡镇”“浙江省体育强镇”等。

太阳镇 18 个行政村都设立了文体活动室，并且配备了文体管理员。镇综合文体站总面积为 1 950 平方米，下设图书馆、电子阅览室、老年活动室、陈列室、棋牌室等，配备专职管理人员 2 名，兼职管理人员 1 名（见图 3-11）。

图 3-11　太阳镇分馆

1. 规范管理

太阳镇党委政府十分重视对图书馆的建设，自 2011 年创建太阳镇文体中心以来，设立了图书室、电子阅览室。其中，图书室面积 120 平方米，配有图书架 6 组、阅览桌 1 组，藏书量达 20 000 册，报刊 80 余种；电子阅览室 72 平方米，计算机 16 台，完成公共电子阅览室备案工作。图书借阅制度、电子阅览室制度上墙，免费对外开放，未成年人每人每日上网时间不得超过 2 小时，实行实名登记制度，登记内容和记录备份保存时间不少于 60 日。

2013 年临安市图书分馆升级整顿后，镇政府年专项投入资金 11 000 元，还从临安市图书馆调入近 3 000 册质量好、受欢迎的新书。分馆配备音箱 1 套、摄像机、投影仪、数码照相机、打印机各一台，并接入了 2M 的光纤。为了让读者利用图书资源更加得心应手，对全馆书架进行了重新分类标识，设置各类图书引导，使图书标引更加规范。每年外借册次 3 000 余册，为持证人数的 10 倍以上。每周开放时间 49 个小时，其中晚上 9 个小时。招聘专职图书管理员，并组织管理员参加培训，熟练操作图书借还系统，对借阅室所有图书进行全面倒架、整架，实现严密规范排架。

2. 服务到位

自从太阳镇分馆升级以来，群众文化需求急速发展，读书人数骤然增多。太阳镇分馆利用幼儿园、小学、成人培训学校、村级农家书屋等平台，在“六一”儿童节、暑期、法定节假日等开展诸如读书、征文、演讲、向学生发放图书、数字阅读、技能培训等内容丰富多彩的活动，保证每年的活动不少于 6 次。新颖的活动形式和丰富的内容吸引了许多学生和村民积极参与。针对现阶段家庭计算机、电视普及，但阅读行为却相对减少的情况，镇文体站及时出台相应的办法和对策：向老年大学的学员、成校学员、幼儿家长、外来打工者进行图书宣传。例如，在太阳秀秀琴行利用暑期培训班进行图书馆宣传，利用太阳幼儿园亲子活动进行图书活动宣传，利用庙会活动平台进行图书宣传等。除此之外，太阳镇分馆电子阅览室有 16 台计算机，配有共享工程相关资源包，图书馆向镇政府和其他相关组织开放了这个平台，举办一些创业培训和干部活动，同时向全镇村干部推荐对他们平时工作有帮助的书籍，借此机会让广大干部互相交流平日里的读书心得和感悟。

太阳镇分馆为全镇居民服务，是全镇人民和外乡朋友文化交流的平台。分馆还积极参与社会献爱心帮困活动，向单亲、贫困户家庭的学生赠送学习用品，免费为学生提供借书服务。图书分馆使读者不断地通过学习提高自己的文化知识水平和道德素养，为确保全镇平安、稳定以及社会和谐起到了一定的作用。

3. 农家书屋管理情况

太阳镇 18 个行政村都建有农家书屋，书籍都在 1 200 册以上，村村都有音像制品和报刊。每个村都配备农家书屋管理员，并定时定期对管理员进行业务培训，书屋每周开放时间不少于 30 小时，各村每年需举办 2 次以上具有规模的农家书屋活动。太阳镇分馆设立了基层服务点，每月与村农家书屋进行图书流通 1 000 册以上（具体见表 3-3）。

表 3-3　太阳镇农家书屋建设基本情况一览表

名称	每年更新数量（种）			图书总册数（册）	年借阅册数（册）	年到馆人数（人）	开放时间（小时/周）
	图书	音像制品	报刊				
太阳村	500	25	15	1 350	48	200	24
上太阳村	500	200	32	4 000	120	320	48
桃源溪村	500	20	10	1 603	20	18	24
太源村	500	17	12	1 620	139	223	24
枫树岭村	500	10	15	1 500	70	180	24
上庄村	500	15	11	1 450	108	150	24
双庙村	500	10	17	1 309	260	300	40
大地村	500	23	31	1 285	35	55	24
景村村	500	20	15	3 000	35	80	24
浪山村	500	20	12	1 400	45	100	40
锦坑桥村	500	14	13	1 612	48	20	24
横路村	500	20	10	1 411	100	75	24
鹤里村	500	20	12	1 700	200	100	40
谢家桥村	500	12	15	2 500	340	200	24
武村村	500	17	13	1 871	354	300	24
大溪坞村	500	20	5	1 258	49	200	24
登村村	500	20	22	1 487	109	300	24
寨村村	500	20	10	1 700	180	350	28

五、於潜镇分馆

於潜镇位于天目山南麓，钱塘江水系的源头——天目溪纵流抱城而过，是临安市的两个副中心镇之一。镇地域面积 261 平方公里，总人口 5.7 万，下辖 30 个行政村。早在公元前一百多年就建县设治，1956 年於潜县改称於潜镇，纳入临安县管辖。现在的於潜镇，是经过四次撤、扩、并，由 6 个乡镇合并而成的。於潜镇交通便捷，杭徽高速公路和 02 省道横贯东西，16 省道桐千线和即将动工兴建的临金高速纵贯南北，是杭州西郊未来的交通枢纽。於潜人杰地灵、物产丰富，著名诗人苏东坡在此留下“宁可食无肉，不可居无竹”的千古佳句，於潜还是《耕织图》的创作地。同时，於术酒、山核桃、天目笋干等特产闻名遐迩。於潜镇先后荣获“全国综合实力千强镇”“全国环境优美乡镇”“浙江省生态镇”“浙江省文明镇”和“杭州市工业重点镇”等称号。

於潜镇还是浙江省东海文化明珠乡镇和浙江省体育强镇。於潜镇有南山村的舞狮队、扶西的蚕桑文化、铜山的畲族文化等各具特色的农民种文化队伍。近年来，於潜镇通过完善镇村两级文化网络阵地，拥有的特色队伍在全市镇街中遥遥领先。於潜镇分馆就坐落在於潜镇的人民街，闹中取静，书香致远。

1. 旧址建新馆，文化永相传

於潜镇图书馆建于 1997 年 12 月。成立之初，条件较为简陋，资金不足，藏书虽 1 万多册，但新书较少。为此，於潜镇图书馆根据自身情况，走出了一条“以租养书”的路子，成效显著，多次获得上级部门的嘉奖。2011 年，在临安市文广新局、临安市图书馆和临安市共享工程支中心的指导下，原於潜镇图书馆升级成为临安市图书馆分馆。为保存於潜镇图书馆的历史足迹，分馆建设在原址的基础上进行扩充与改造，并保留旧馆牌匾以传承於潜镇特色文明。（见图 3-12）在分馆建设中，除了以上指导部门、政府外，还得到了社会各届的支持与关心，投入近 4 万元将图书馆内装修一新，新增书架 10 个、阅览桌 8 张、杂志书架 3 个。还开辟 40 平方米的电子阅览室，配有计算机 10 台，主机 1 台，并接入了 8M 的宽带，WiFi 覆盖全馆（见图 3-13）。

图 3-12　於潜镇图书馆旧匾

图 3-13　於潜镇分馆新牌

升级后的於潜镇分馆有藏书 20 000 余册，报纸 20 种，各种杂志 70 种，光盘 200 余张。在临安市图书馆的帮助下，将全部藏书进行计算机录入、条形码管理。拥有持证读者 400 余人，接待各类读者约 20 000 人次，年读者借还人次 9 000 次以上。

为满足读者需要，图书馆开放时间为每周二至周日的 8：00—20：00。根据当地读者的特点，在平常的工作日保证 15：00—20：00 的开放时间，在节假日、寒暑假保证每天 12 小时的开放时间，每周达到 60 小时。分馆心系读者，站在读者立场上提供全年免费开放、书刊开架借阅、电子阅览室免费上网、免费办理借书证等便民服务。利用网络开展图书的推荐和宣传，定期推荐好书及专题书目导读，向读者推荐新书并做好预借、续借导读工作，方便读者阅读图书和查阅资料。

1）成为“第二校园”

於潜镇分馆在保证满足当地居民正常的阅读需求基础上，不断完善公共图书馆的社会职能，即作为地区的文化中心，开展与阅读相关的其他服务。例如随着经费、设备、人员逐渐得到保证，於潜镇分馆积极探索各种形式的活动以服务居民的文化需求，并且形成了自己的特色活动。分馆开展了各类读者活动，形式多样，有暑期少儿书刊展、趣味猜谜语、小小图书员等。同时对学生读者进行课外阅读调查，了解学生阅读需求，每季通过《新书苑》及新书专架向学生和其他读者及时推荐新书，开展图书评论及阅读交流。

於潜镇分馆从建馆初就十分重视与学校合作，直接将图书馆变为“第二校园”。针对有需要的留守儿童，在双休日组织家庭作业辅导，在寒暑假开办寒暑假作业班，并利用电子阅览室教孩子们如何上网和完成网络作业。在於潜镇第一小学、第二小学的支持下，分馆开辟了“征文园地”“书画园地”，展出了一些优秀的学生作品，活跃了图书馆的文化气氛（见图 3-14）。

图 3-14　於潜镇分馆征文园地

2）积极开拓少年儿童服务

为了让留守儿童在暑期能享受到不同的乐趣，於潜镇分馆定期举办特色活动——“关爱留守儿童”。这一品牌活动包括了一系列有趣的活动，如趣味猜谜语、小小图书员等。於潜镇分馆在节假日经常组织一些棋类切磋比赛，并对有棋类爱好的中小学生进行指导。所以，图书馆也经常是围棋天地、象棋世界、五子棋的挑战场，深受棋友的喜爱。为继续做好“春泥计划”的培训工作，分馆还邀请专业的书法绘画老师到图书馆进行少儿书法绘画培训。随着少儿活动的增多，来馆阅读的少年儿童也逐渐增加，分馆在镇上已经形成了一定的影响，并将不断扩大。

2. 农家书屋管理找到新思路

2011 年，根据临安市农家书屋建设工作安排，於潜镇的行政村全部达到建设农家书屋（实用图书不少于 1 200 册，报刊不少于 30 种，电子音像制品不少于 100 张）的目标。2013 年开始进行农家书屋重点开展活动，根据各村的实际条件与管理人员情况，选择铜山村、绍路村、杨洪村重点开展农家书屋的基础设施建设。在临安市馆的支持下，铜山村的农家书屋配备了 5 台计算机，挂牌成立了於潜镇首家农村电子阅览室。其他村均积极争取村两委的重视，新建了崭新的固定式书架。随后，大多数村均开通了网络，为下一步进行电子阅览服务做准备。

为了推进农家书屋的管理工作，於潜镇分馆对原有的各村农家书屋管理员开展业务培训，帮助他们熟悉业务，学习文献的分类与检索等知识。随着管理工作的不断深入，於潜镇农家书屋的管理员逐渐摸索出经验，如铜山村农家书屋每天晚上 6 点准时开放，暑假期间全天候开放，全年借阅册数可达到 1 000 余册，服务读者 200 余人。除基础借阅服务外，还开展了集体品书等活动。最初没有场地建立农家书屋时，铜山村管理员张桂芳将图书角安排在自己家里，定期更新书籍，随时接待读者借阅。而绍路村管理员邱爱仙是村里的值班员，利用工作之便，对图书工作认真负责，使农家书屋全天开放。这也是较好的管理方式，年借阅量达到 800 余册，使农家书屋成为农民群众的精神食粮窗口。

六、岛石镇分馆

岛石镇位于临安市西北部，2011 年由原岛石镇、新桥乡合并而成，距离临安市区约 100 公里。该镇地处浙皖边界，东南与临安市龙岗镇接壤，西连安徽省绩溪县，北接安徽省宁国市，位于浙西大峡谷的上游和钱塘江一级支流昌化江的源头，为浙皖边界交通、商贸重镇。全镇总面积 139 平方公里，下辖 16 个行政村、1 个居民组，264 个村民小组，总人口约 2.5 万人。岛石山多树多，资源丰富，空气清晰，风光秀美，四季分明。岛石镇境内平均海拔 500 多米，是全国著名的山核桃之乡，全镇共有山核桃林 15 余亩，产值数亿元，山核桃成为本地农民收入的主要经济来源。境内有萤石矿、锑、重晶石矿、鸡血石等矿产，其中鸡血石矿、萤石矿（又称佛石）资源丰富。

岛石镇是昌北地区政治、经济、文化教育的中心，有着与众不同的乡风民俗文化。岛石镇政府发挥山核桃产业的优势，重视山核桃文化的传承和发扬，加快基础设施、公共服务设施建设，加大民生保障投入，不断改善群众生活质量，使全镇经济和社会事业走上了持续、快速、健康发展的道路，先后获得“全国环境优美乡镇”“中国山核桃第一镇”“浙江省教育强镇”“杭州市卫生强乡镇”等荣誉称号。近年来，岛石镇党委、政府在着重经济建设的同时，也非常关注本镇文化教育事业的发展。

1. 争取多方支持，着力解决硬件缺失问题

2013 年 5 月，岛石镇在临安市图书馆的指导下开始着手建设岛石镇分馆，一个集图书、阅览、电子阅览于一体的全民开放场所。在选址问题上，本着集约功能、不重复建设的原则，将文化活动中心二楼重新进行了布局、施工，建成面积 200 平方米。购置高质量书架 16 只、杂志架 2 只、阅览桌 2 张、电脑桌 10 张、软质座椅 20 个，资源建设则由临安市图书馆为岛石镇分馆配送新书 9 000 余册。但是，由于当时岛石镇财政极为困难，电子阅览室所需的计算机未能配备，导致图书分馆一直未能正常开放。岛石镇领导对此事非常重视，多方联系争取资助，同年 9 月底，在余杭仁和镇的资助下，购置了计算机 11 台及配套设备，完成了 10M 宽带接入和安全监控设备安装。

临安市图书馆作为总馆，在此过程中给予了大力支持，特派分管领导和技术人员来到岛石镇图书分馆，对图书进行统一分类，上架布置，安装了图书馆电子阅览管理系统，对图书管理员进行了业务培训。同年 10 月底，岛石镇分馆终于对外免费开放了（见图 3-15）。

2. 完善管理，壮大读者队伍

继 2013 年 10 月开放以来，岛石镇图书分馆为克服馆址交通不便利的困难，进行了多方宣传，分别在镇闹市区、中小学、幼儿园张贴了岛石镇图书分馆的开馆通知，想办法吸引读者，扩大读者队伍。短短一年来，吸引了一大批读者，三个月的时间里有 30 人办理了借书证（其中 6 人开通了市民卡），借阅人次达 2 023 人次，读者在电子阅览室上网查资料达 605 人次，已逐步拥有了稳定的读者群。根据读者的需求，图书馆增加了开放时间，由原来周二至周日 8：00—17：00 开放，增加星期五、双休日晚上也对外开放（18：00—21：30）。

岛石镇图书分馆在平时开放的同时，还与各农家书屋和本地中小学紧密联系，开展了一系列活动，例如为防范少年儿童安全意外的发生，在岛石文化活动中心开展了以“时刻谨记人身安全意识，构建新时代美好幸福家园”为主题的公共安全知识竞赛活动，增强小朋友的安全意识，为暑期的安全工作提前做好宣传与教育；在父亲节到来之际，举办“父爱无疆”现场绘画活动。孩子们在老师和家长的指导及配合下，发挥自己的想象力，用双手画出了自己理想中的画面（见图 3-16）。这种活动不仅丰富了孩子们的课余文化生活，构建了家庭亲子之间的感情，促进了社会、家庭的和谐，也体现了新临安“崇文、尚德、励新、厚生”的新

时代精神。除此之外，分馆管理员还针对偏远村和部分残疾人提供服务，先是上门了解残疾人需要什么类型的书籍，然后根据读者需求送书上门。这样的服务得到了读者们的一致好评。

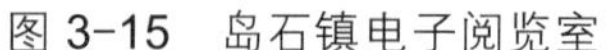
图 3-15　岛石镇电子阅览室

图 3-16　“父爱无疆”获奖小朋友展示自己的作品

3. 巩固发展农家书屋

岛石镇农家书屋建设是在实现行政乡村全覆盖的基础上，进一步巩固和发展的。2013年，在临安市图书馆划拨购书经费基础上，每村农家书屋又新增图书 200 余册，目前各村农家书屋藏书均达到 2 000 余册。部分村将原来选址不合理的农家书屋搬到了群众看书更方便、环境更好的地方，方便了群众读书看报。全镇 16 个行政村，除个别偏远乡村外，其他均能保证开放时间。

农家书屋的建设是为了促进城乡公共文化服务体系的均衡性，使乡村居民和县城居民一样，可以满足从图书分馆和农家书屋获取信息、增长知识、丰富内涵、陶冶情操、放松心情等精神文化需求，促进统筹城乡协调发展。要使农家书屋成为山区百姓劳作之余不可或缺的场所，用好、用对管理员是关键。按临安市图书馆的要求，岛石镇分馆定期对农家书屋管理员进行业务指导和培训，制定考核办法，年终结合上级的业务考核要求进行全面考核。制定图书阅览室制度、电子阅览室管理制度、农家书屋管理制度等，保证开放时间，积极组织宣传文化员（图书管理员）参加培训，并将农家书屋工作列为村级宣传文化员考核的重要内容。培训内容主要涉及与农家书屋管理相关的计算机操作技能和农家书屋管理过程中的一些专业问题。各村的图书管理员也努力认真做好农家书屋的日常管理工作，热心服务，吸引了各个年龄层面的读者，发挥了农家书屋在新农村建设中的作用。

七、龙岗镇分馆

龙岗镇位于临安市西面，由原来的龙岗镇和大峡谷镇合并而成，是临安市的西部重镇，也是临安市地域面积最大的乡镇。镇域总面积 249.65 平方公里，人口 2.3 万，下辖 24 个行政村。杭徽高速、02 省道、18 省道贯穿全镇，交通便捷，设施良好；两大水系（昌北溪、昌西溪）合流；植被丰富，山峦叠起，环境优美，景色宜人，拥有浙西大峡谷、浙西大龙湾、浙西天池三大景区，自然生物资源丰富，生态优势明显，森林覆盖率达 80%。

龙岗镇文化积淀深厚、特色鲜明、资源丰富，相继获得国家级“非遗”“鸡血石雕之乡”“浙江省非物质文化遗产传承基地”“省民间艺术之乡”“省东海明珠乡镇”“体育强镇”等称号。近年来，龙岗镇通过完善镇村两级文化网络阵地，建立了龙岗镇文体中心和村文化礼堂两大文化阵地，开展多样性的文体活动，领先于兄弟乡镇，成为两昌地区的佼佼者。

1. 开馆之初谋发展

2011 年在市文广新局的领导下、龙岗镇党委政府的支持下和临安市图书馆的业务指导下，龙岗镇文体站通过一年扎扎实实的努力，圆满地完成了图书馆开馆前的各项准备工作，于同年 10 月 21 日隆重开馆。临安市图书馆龙岗镇分馆馆址设在龙岗镇集镇中心地带，龙岗大街 127 号，是原镇政府的办公大楼，2010 年镇政府决定将老政府办公大楼作为镇文体中心（见图 3-17），并投入 80 多万元对老政府办公大楼进行了整体改造。图书分馆面积 200 多平方米，有藏书室、阅览室、电子阅览室、借书室；配有合金书架 12 只，现有藏书 10 000 余册，计算机 20 台，同时配备了空调等设备（见图 3-18）。招聘专职管理员一名，分馆开放时间为每周二到周日，全年借阅人次 6 780 人。每年固定投入资金购置一定数量的新书，订阅多种报刊杂志，除此之外还得到了社会各届的支持与关心，组织了一批科普书籍和其他各类好书送到分馆。

图 3-17 龙岗镇文体中心

图 3-18 龙港镇分馆

初开馆的时候，管理员想方设法让老百姓了解、知道龙岗镇图书分馆免费对外开放的消息，采取了“走出去、请进来”的宣传方式，走进学校、走进企业。开馆不到两个半月，业务慢慢地从无到有，已办借书卡 54 张，借阅 1 200 余册，正式开启了龙岗镇图书分馆的工作。考虑到可能还有大部分群众还不知道、不了解分馆，随后，管理员充分发挥宣传文化员的作用，利用各村的宣传阵地、广播、宣传柜窗、黑板报，发动各村的文艺骨干为分馆做宣传，吸引更多的读者前来借书和阅览。随着宣传力度的加大和服务的不断提升，群众文化需求急速发展，读书人数骤然增多。为了满足读者需要，分馆还举办各类读书竞赛，利用“春泥计划”，还为中小学的学生增加节假日、寒暑假的开放服务等活动。随着经费、设备、人员逐渐得到保证，龙岗镇分馆积极探索各种形式的活动以服务居民的文化需求，并且形成了自己的特色活动。

1）“第二校园”服务工作。

少儿工作一直都是临安地区各馆的重中之重，龙岗镇分馆从建馆初就十分重视与学校合作，直接将图书馆变为“第二校园”，建立了龙岗镇少年儿童图书馆服务网点。例如在“世界读书日”，分馆会和学校合作举办“共享知识、数字阅读”——网络图书馆体验活动。

2）有效利用电子阅览室资源。

龙岗分馆电子阅览室有 20 台计算机，配有空调和共享工程相关资源包，图书馆为镇政府和其他相关组织开放了这个平台。从 2011 年起，龙岗镇党委政府就在图书馆分馆多媒体阅览室举办了全镇宣传系统网络交流平台信息员培训会，为来自全镇各村宣传文化员、计生联络员以及村级报账员定期培训班，积极开展共享工程服务工作，开展农技、企业管理、教育等方面的培训讲座。

3）积极开拓，方便群众，开展图书流通服务。

针对龙岗镇村落分散的实际，为方便读者，镇图书分管积极与村农家书屋开展图书流通服务，每月轮换，使有限资源最大化，弥补了村级藏书量的不足，达到资源共享。工作人员走出馆门办理借阅证，配合农村文化礼堂活动送书送科技下村。龙岗分馆还在市图书馆组织的“书香飘农家，共建好家风”演讲比赛中荣获二等奖一名，三等奖一名。

2. 农家书屋建设工作

2012 年，根据临安市“农家书屋”建设工作安排，龙岗镇现有行政村实现农家书屋全覆盖。2013 年对全镇 24 个村做了调查和分析，确定了 18 个村作为今年达标村，接下来的工作是到各村进行实地落实。首先对各村农家书屋管理员开展业务培训，帮助他们熟悉业务，学习文献的分类与检索、系统操作等知识。全年组织辖区内 24 个村的农家书屋管理员进行系统的业务培训和参观学习六次，极大地提高了各村农家书屋的管理水平和管理人员的业务能力。同年，根据各村的实际条件与管理人员情况，选择了汤家湾村、新溪新村、郡沃村、兴龙村、龙井桥村、华光潭村、鱼跳村、国石村等，重点开展农家书屋的基础设施建设。在临安市图书馆的支持下，新溪新村和汤家湾村各增加 5 台计算机，并连上了网络，完成了公共电子阅览室备案工作。其他重点村都增添了新书架等设备。农家书屋由村宣传文化员专职管理，开放时间和借阅量都能达到要求。2013 年全年各村农家书屋新增图书 218 册。大多数的农家书屋做到了正常开放。在临安市图书馆的帮助下新溪新村农家书屋成功升级为“五星级”农家书屋。

八、清凉峰镇分馆

清凉峰镇地处临安市西部，西接安徽省歙县，南接淳安县，距黄山仅 70 公里，02 省道贯穿全镇，交通十分便捷。全镇总面积 203 平方公里，人口 2 万，下辖 17 个行政村。清凉峰镇有着十分丰富的森林旅游资源，有国家级自然保护区——清凉峰自然保护区，省级著名风景区——大明山风景区。清凉峰镇是个山区大镇，收入主要来自山核桃产业。

近年来，清凉峰镇党委、政府高度重视挖掘和保护传统文化，陆续筹资修缮了湖门村“陈家祠堂”、杨溪村“孝子祠堂”等遗迹。切实加强生态文化建设，弘扬挖掘浙西文化，昌化根艺代表童建昌、顺溪大方茶被列入杭州市非物质文化遗产名录，昌化竹编、马啸滚灯被列入浙江省非物质文化遗产名录，马啸陈家祠堂被列为浙江省文物保护重点单位。

1. 以服务老幼为主，发扬地方精神

2013 年初，在临安市文广新局、临安市图书馆和临安市共享工程支中心的指导下，原清凉峰镇图书馆也升级成为临安市图书馆分馆。分馆面积 100 平方米，配备有钢立书架 20 个，计算机 10 台，打印机 1 台，开放时间为每周 49 小时。由于分馆地处临安市较偏僻的忠孝文化村杨溪，受地理环境影响，借阅量、读书人数不是很多。也许是知名度不够，很多看书的人不知道这里有个图书馆，因此分馆管理员设法开展各种活动，让小朋友、大朋友、老朋友们都知道清凉峰镇还有一处如此安静、淡雅且又是全免费的读书好去处。自分馆管理员陈雪飞上班以来，就开展了一系列传承中华文化、中华美德的活动，如“传承中华美德争做忠孝之星”“践行忠孝雅诚教育传承中国文化”“做好中国人写好中国字”“母亲节手抄报”“盲班”“老年太极拳培训班”“和宝宝妈妈一起做卡通饭”“家风采风”“家风征文”“家风故事征集”等。通过图书馆组织的各种活动，各年龄段的读书爱好者既增长了知识，同时也交流了思想、融洽了感情，对图书馆有了更完整的认识。因为有了知名度，来看书的小朋友和来上网的老年人也渐渐多了起来（见图 3-19、图 3-20）。

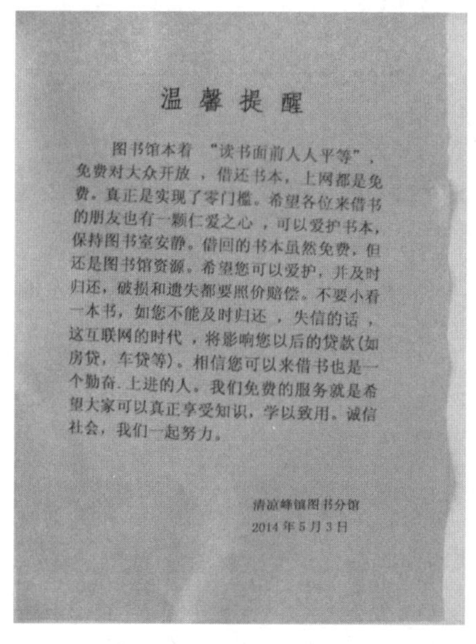

温馨提醒

图书馆本着“读书面前人人平等”，免费对大众开放，借还书本，上网都是免费。真正是实现了零门槛。希望各位来借书的朋友也有一颗仁爱之心，可以爱护书本，保持图书室安静。借回的书本虽然免费，但还是图书馆资源。希望您可以爱护，并及时归还，破损和遗失都要照价赔偿。不要小看一本书，如您不能及时归还，失信的话，这互联网的时代，将影响您以后的贷款(如房贷，车贷等)。相信您可以来借书也是一个勤奋.上进的人。我们免费的服务就是希望大家可以真正享受知识，学以致用。诚信社会，我们一起努力。

清凉峰镇图书分馆
2014 年 5 月 3 日

图 3-19　关于按时归还图书的公告

图 3-20　老年读者活动图片展

1）知忠孝，扬家风。

清凉峰镇分馆坐落在忠孝文化第一村——杨溪村。走进杨溪村，各家各户门前大红色的对联上时刻能见到“忠”“孝”等字。千余年的忠孝文化传承，使得杨溪村男女老少将忠义、孝悌深深植入骨髓，并影响着村民们的日常生活。为了对学生进行中华民族优秀传统文化教育，让学生真正理解“忠孝”的含义，清凉峰镇图书分馆联合洲头小学少先队大队部组织全体少先队员开展了主题为“传承中华美德，争做忠孝之星”的教育实践活动。同学们在老村长的带领下，先后参观了韩世忠墓、农具展览馆和孝子祠，聆听了忠孝文化建设的介绍，在孝子祠内集体诵读了三字经中“忠孝文化”相关内容，并举行了“传承中华美德，争做忠孝之星”的签名活动。通过教育实践活动，同学们真正理解了“忠孝”的含义，在内心受到了一次忠孝文化的教育和洗礼。

随后，为了响应国家“家风”活动，清凉峰镇图书分馆承办了“家风”主题征文、好家风故事征集活动。活动在全镇各学校、幼儿园、各村展开，让每个人挖掘自家的好家风，对照钱氏家训、对照周围其他人的家风，寻找差距。此次活动因为无年龄限制，各学校老师、学生，村里的老人都踊跃投稿，社会反响强烈。

2）老年人是分馆服务的主要对象。

因为政治、社会、经济、伦理、习俗等因素，造成农村现在有很多老年人仍是文盲。针对此种情况，清凉峰镇图书分馆联合清凉峰成人培训学校在新都村天目学堂开展了为期一周老年扫盲班。参加扫盲班年纪最大是 94 岁高龄的童凤香老人。她说：“小时候，家里条件差，没有钱读书，而今就要到期颐之年，图书分馆能给我们免费上课，教我们读书写字，真的是非常有意义。”此外，为了丰富扫盲班的活动，清凉峰镇分馆还邀请了清凉峰戏迷票友，为老人带来越剧；邀请了清凉峰太极俱乐部成员，为老人表演太极拳，教他们一些基本的动作。扫盲班不仅教老人读书写字，还让老人欣赏越剧、太极拳，可谓是颇费心思，真正做到了让这些老人们老有所学、老有所乐。

2. 农家书屋建设与管理

清凉峰镇 17 个行政村由宣传文化员兼职农家书屋管理员，全部做到书屋按时开放。2013 年每村新增图书 300 余册，并订阅杂志、报纸等，能充分利用农家书屋阵地，让老百姓获取更多的知识。按照中央国家机关和浙江省新闻出版局、省教育厅关心下一代工作委和省妇联《关于利用农家书屋开展假期少年儿童读书教育活动》和临安市图书馆要求，全镇 17 个村农家书屋积极组织开展假期少年儿童读书活动，并进行推广交流，营造快乐阅读、快乐成长的良好氛围，让农家书屋成为暑期少年儿童的乐园。暑假来临的时候，清凉峰镇分馆鼓励下辖农家书屋开展“春泥计划”，希望农家书屋能利用这个阵地服务于当地的孩子。

农家书屋为未成年人提供了良好的家庭读书环境，培养家庭成员共同阅读，丰富未成年人家庭文化生活，推动学习型家庭建设，形成重视阅读、崇尚学习的良好家庭风尚。丰富多彩的读书活动充实了中小学生的暑期生活，吸引了众多少儿读者走进清凉峰镇分馆，走进农家书屋，多读书，读好书，丰富自己的校外文化生活。

根据临安市“农家书屋”建设工作安排，清凉峰镇已有 17 个农家书屋，其中白果村农家书屋管理员被评为“杭州市级优秀管理员”，浪广村农家书屋被评为“杭州市优秀农家书屋”。分馆开馆和农家书屋开馆已有两年，从之前的无人问津到现在的纷至沓来，说明农村确实需要这样的惠民政策，确实有许许多多爱读书的朋友需要这样一片净土，来陶冶情操、提高自身的修养，增长自己的知识。只是因种种原因宣传及服务还不到位，图书馆建设还任重而道远，需要我们共同努力。

目前，清凉峰分馆准备升级新峰村农家书屋为亚分馆，一是农家书屋管理员任职该村的宣传文化员及劳动保障员，天天坐班在便民服务中心相比其他农家书屋的管理员有更多的精力和时间来管理农家书屋；二是该村农家书屋坐落于村热闹处，相对来说，经过充分宣传看书的朋友肯定会日益增加。

九、湍口镇分馆

湍口镇位于临安市西南山区，东距杭州 100 公里，南与桐庐、淳安毗邻，西距黄山 180 公里，地域面积 206.5 平方公里，是由原湍口镇与洪岭乡合并而成，辖湍口、迎丰、湍源、洪岭、雪山等 13 个行政村，总人口约 1.3 万人。昌文公路（临安昌化—淳安文昌）贯穿全境，交通便利。湍口镇生态资源丰富，环境优美，境内山峦叠嶂，山水相间。镇政府所在地为凉溪、湍溪、沈溪、塘溪四溪水流的汇集处，素有“四水落明堂”的美称。湍口镇四周八山环抱，景色迷人，森林覆盖率达到 80%以上，珍稀植物红豆杉、金钱松、野生银杏遍布全镇，钨矿、氟石矿等资源富集。2008 年湍口镇被命名为“全国环境优美乡镇”，相继获得“浙江省民间艺术之乡”“浙江省东海文化明珠乡镇”“浙江省体育强镇”“浙江省小康型老年体育乡镇”“浙江省特级综合文化站”“杭州市老年体育特色项目之乡”等省、市级殊荣。

湍口镇历史底蕴深厚，文化资源丰富，全镇散布着一些古桥、古庙、古寺、古民居等古建筑，如乌狮桥、陆家祠堂等。在湍口镇民间，一些非物质文化遗产以家族和自然村等形式有序传承，保持了原生态，如昌化民歌、塘溪源村的神兽花灯（列入浙江省第二批非物质文化遗产名录）、迎丰村的“红毛变狮”（2007 年列入杭州市第二批非物质文化遗产保护名录）等。湍口镇洪岭片几个村年年在农历六月举办富有地方特色的“洪岭高山馒头节”，2007 年中央电视台 7 套“乡土”栏目曾对此做过报道。此外，湍口民间还流传着杂技、“三吹三打”和“谢情锣鼓”、睦剧等民间曲艺。

1. 联合多方力量参与建设与管理

湍口镇图书馆始建于 2002 年 7 月，由美国加州圣峪中华文化协会健华社和湍口镇人民政府共建，2011 年在临安市图书馆的大力支持下，成功升级为临安市图书馆湍口镇分馆。湍口镇图书分馆坐落于湍口老街综合文体中心内，建筑面积 1 500 平方米，图书借阅室 300 平方米，电子阅览室 60 平方米，馆内藏书 12 000 余册，报纸、杂志 50 余种，光碟 130 种，阅览座位 30 个，电子阅览室配置计算机 11 台，华数宽带接入。湍口镇图书分馆每周开放 6 天，开放时间超过 49 小时，其中晚上开放 9 小时。聘请一名专职人员担任图书的借阅和电子阅览室的开放工作。分馆每年图书借阅量 6 000 余册，2013 年被临安市图书馆评为优秀图书分馆。

为进一步弘扬中华民族传统文化，丰富广大群众的业余文化生活，不断创新传播形式，同时能够吸引大众走进图书馆，利用图书馆多读书、读好书，湍口镇图书分馆积极开展各类读书活动。结合当地实际，每年年初邀请杭州市书法爱好者来镇里为村民书写对联、字画，送去春节前的祝福，在春节活动期间每天走进图书馆的前十名读者，赠送图书一册。由于书法爱好者比较多，湍口镇分馆共举办了 50 期书法培训班，通过两年的办班学习，学员们在全镇举办的书法比赛中踊跃参赛投稿，参赛作品中有一半获奖。在读书日到来之际，湍口镇分馆举行读书送书、读书抽奖和上门慰问等活动，提高分馆的知名度。在暑期来临之际，管理员利用自己的专业背景（教师）成立了暑期作业辅导班，让学生到分馆完成作业，不懂之处由管理员来辅导，使分馆成为了学生的第二课堂。由于网络的普及，很多工作需要网络操作，电子阅览室为镇人大提供了网络操作培训，通过培训，市、镇两级人大代表反映民情、知情知政、学习交流和履行代表职责作用得到加强，为完成政府各项工作提供更大贡献。此外，还为镇妇联提供电脑知识培训两期，使学员初步掌握了计算机操作规程（见图 3-21、图 3-22）。

图 3-21　湍口镇澄瑞健华图书馆标牌

图 3-22　在湍口镇分馆阅读的读者

为了进一步提高农家乐的经营管理水平，湍口镇图书分馆联合市旅游局为农家乐经营户举办了一次培训班，培训内容涵盖农家乐经营管理、食品安全、乡村旅游发展、旅游服务礼仪等。同时，对农家乐室内环境设计、服务质量管理与提升、宣传与营销、产品开发和特色菜肴开发等方面进行讲解，推动农家乐经营户转变经营理念，提升了农家乐的规模、档次、竞争力。通过培训，学员们不仅学习到了新理念、新知识、新方法，而且在模拟教学环节，每个人都提出了具体可行的提升自身素质及改善经营管理状况的举措。通过系统而又有针对性的培训，湍口镇乡村旅游服务水平得到了进一步提升。

2. 农家书屋管理

湍口镇13个行政村农家书屋实现了全覆盖，藏书25 000余册，每周开放2天以上，分别由各村宣传文化员担任书屋管理员，做好图书的管理和借阅工作。建立亚分馆1个（石室村），农家书屋电子阅览室2个，让群众可以就近借阅和享受网络服务。

湍口镇积极发挥农家书屋在缩小城乡文化资源差距上的作用，利用文化礼堂、农家书屋阅览室等空间，丰富农村学生的课外阅读生活，让家庭贫困的学生能读到自己喜欢的图书。这里俨然成了孩子们的第二课堂、精神乐园、留守儿童的家园。

暑假对于城里孩子来说，无疑是丰富多彩的，他们可以参加夏令营、去书店看书、和父母一起去旅游……然而，对于农村孩子来说，大多数时间都是无聊和单调的：帮父母下地干农活、结伴闲逛、看电视、睡懒觉等。如何让农村孩子度过一个愉快而有意义的暑假，就显得特别重要。为进一步做好未成年人的暑假生活和学习，加强未成年人的思想道德建设，湍口镇积极准备，保证藏书册数，除镇文化站图书分馆的藏书在1万余册外，各村农家书屋的藏书量都在1 500册以上。暑期来临，为更好发挥农家书屋的作用，各农家书屋在暑假期间面向农村少年儿童开放，每天开放时间一般不少于6小时，使农家书屋成为少年儿童的第二课堂。除此以外，农家书屋还面向少年儿童组织开展活动。湍口镇以农家书屋为平台，暑假前每个村还购买了60册以上的少儿类书籍，有针对性地组织开展读书看报、成语接龙、科普讲座、暑期安全讲座、文艺体育等活动，关心、关爱农村少年儿童的学习成长，营造快乐阅读、快乐成长的良好氛围，让农家书屋真正成为少年儿童的暑期乐园。2013年，湍口镇13位农家书屋管理员还和杭州师范大学音乐学院的师生举办了一次免费义演活动。13位农家书屋管理员以爱心人士和结对学子的真人真事为题材，自编、自导、自演了情景剧《感恩》，教育意义非常深刻，杭州师范大学音乐学院的师生还表演了睦剧、歌舞、乐器合奏等节目，赢得在场观众的阵阵掌声。

十、河桥镇分馆

河桥镇位于临安西南部，距离锦城48公里，东临太阳镇，南接湍口镇，西连清凉峰镇，北毗昌化镇，地域狭长，总面积190.8平方公里，辖11个行政村，总人口约1.8万人。境内有柳溪江、瑞晶洞两大4A级风景区，是杭州市首批风情小镇、长三角最佳慢生活旅游古镇。河桥镇遗存有不少文物古迹，如鸿山书院、石宝寺、中美合作医院旧址、抗战誓师碑、钱向军烈士墓等。河桥镇被誉为“小小昌化县、大大河桥镇”，不仅曾商贸繁荣，且地理环境优美，旅游资源丰富，名木古树参天，物产丰富，是临安西陲一方富丽奇特的宝地。河桥老街古色古香，于 2000 年成为省级历史文化保护区。河桥镇民风淳朴、人才辈出，文化底蕴深厚。迈入新世纪的河桥古镇焕发出从未有过的朝气，先后成为“国家环境优美乡镇”“省级教育强镇”“杭州市学前教育先进乡镇”。

河桥南北延伸的传统商贸街区近 2 000 米，皆用本地麻栗石条铺筑，宽 5 米。街路一侧有宽 1 米的水沟，用青石板构筑，水沟与柳溪江水源相通，流经各家门前。街道两旁有 100 多家店铺，均为木结构，排门打开就是店堂，中堂仓库，后堂厨房或客厅，楼上宿舍，颇具清末民初传统建筑风貌，有汪益茂、卢洪泰、徐丰馆、积善堂、永和财等百年商铺，均保存完好。河桥镇图书分馆就坐落其中。

河桥镇图书分馆服务人口 1.2 万余人，于 2011 年 7 月建馆， 2011 年 8 月 8 日正式挂牌成为临安市图书馆分馆。其前身分别为河桥人民公社图书室（1979 年 10 月 1 日）、河桥乡万册图书馆（1991 年 10 月 10 日）、河桥镇邹盛椿健华图书馆（2007 年 10 月 16 日）。2007 年，当时的临安市还没有开始系统地建设基层公共图书馆服务体系，为了促进乡镇图书馆的发展，在临安市图书馆的安排下，河桥镇图书馆与邹盛椿先生之子设立的基金会取得联系，并在其大力支持下进一步提升了河桥镇图书馆的硬件设备及资源数量（见图 3-23、图 3-24）。

图 3-23　河桥镇邹盛椿健华图书馆标牌

图 3-24　在河桥镇分馆借阅的儿童

现河桥镇分馆总面积 150 平方米，借阅室 100 平方米，书库 50 平方米，固定资产总值 36 000 元，配有空调 1 台，计算机 10 台，书架 16 只、杂志架 2 只，阅读桌 1 张，椅子 4 条，电子阅览室带流量 4M。图书馆总藏书 2 万册，上架 8 000 册，杂志 60 种。人员配备 2 名，一名是专职图书管理员，还有一名主要负责人。分馆日常开馆时间为每周一、二、四、五、日白天，每周三、六、日晚上。每周开放 49 小时，其中白天 40 小时，晚上 9 小时。图书借阅规则上墙。

河桥分馆早期曾获得“浙江省少儿图书馆里先进集体”称号，常年举办固定的图书宣传活动，每月出新书介绍宣传橱窗 1–2 期；每年举办 1–2 期读者园地有奖征文比赛；举办元宵、国庆等节假日有奖猜谜、智力竞赛活动；开展送书下村活动，每月与村农家书屋图书流通；开展每月送书到镇敬老院和外来人口多的企业；与村农家书屋、村文化礼堂联合举办书法、民乐、童蒙礼仪等活动。常年活动参与人数有 2 000 人。

河桥镇分馆一直重视馆藏图书质量，注重挑选历史类、文学类、实用类的图书，努力满足当地读者需求，并通过开展图书宣传活动，努力扩大图书馆影响、社会知名度，增强图书馆生命力，抓住机遇，依靠多方支持办馆。

十一、昌化镇分馆

昌化镇是浙江省级中心镇、杭州城乡统筹区市协作重点镇和临安市域副中心城市，既是临安西部生态旅游的服务接待中心，又是西湖、黄山、千岛湖旅游圈里的休闲度假胜地。先后获得“全国环境优美乡镇”“浙江省东海明珠乡镇”“省教育强镇”“省卫生城镇”“省群众体育先进乡镇”等荣誉。昌化镇原为昌化县治所在，自唐建制以来已有 1 300 年历史，自宋以后，临安、於潜、昌化县建置和名称基本稳定。1949 年以后临安、於潜、昌化相继属临安专区。1958 年，撤销於潜县，并入昌化县。1960 年撤销昌化县，并入临安县，划归杭州市。1992 年，白牛乡撤并入昌化镇。昌化镇东临杭州，西临黄山，南临千岛湖，北界安徽省宁国市，杭徽高速横贯东西，距临安市驻地 47 公里，区域总面积为 232.63 平方公里，耕地总面积 852.2 公顷，山地 19 724.1 公顷。建城区面积 1.9 平方公里，辖 14 个建制村，1 个居民委员会。总人口 3 万，其中，农业户 5 615 户，农业人口 1.71 万人，外来人口 2 670 人。

昌化镇图书分馆建设于 2010 年，利用原政府办公楼改扩建，2011 年 6 月 30 日装修完成，正式对外挂牌开放，开放时间每周在 69 小时以上，每周二至周日下午及晚上为实际开放服务时间。分馆总面积 280 平方米，设 36 平方米电子阅览室一间（见图 3-25、图 3-26），配有 12 台终端计算机、2 台管理计算机服务器、数码相机与打印机等设备。共设书架 16 只，阅览桌 6 张，杂志架 3 只。2013 年，原先 10M 光纤升级为 20 兆，12 台计算机全部进行了更新升级。2013 年全年新订报纸、杂志 96 种。2011 年借书 2 254 人次，2012 年 5 153 人次，2013 年 6 109 人次，2014 年 20 066 人次，共办理图书借阅卡 140 多张。

分馆成立近三年，群众的文化需求迅速增加，读书人数逐年上升，分馆在原定的每周二至周日下午及晚上开放时间的基础上，2014 年又增加了每天 1 小时的工作量，还增设了新书介绍推荐，开展了中小学生人人参与“五水共治”读书活动。电子阅览室每年为农村报账员、村级宣传文化员、妇女主任、计生联络员等免费培训辅导。每年的暑期，图书阅览室成为中小学生学习知识、纳凉避暑的好处所，深受家长和学生的好评。

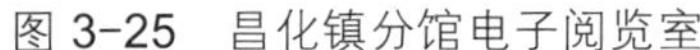

图 3-25　昌化镇分馆电子阅览室

图 3-26　昌化镇分馆阅览室

昌化镇所辖 14 个行政村农家书屋的情况参差不齐。由于行政村分布散，集居的自然村范围小、人口分散、路线长，农家书屋工作的开展受到了较大的限制。孙家村、后葛村、朱白村、虞溪村等，年图书借阅量很小。而人口较集中的村，如白牛村、双塔村、东街村、西街村等，年图书借阅量较大，其中白牛村已被评为五星农家书屋，2014 年后营村被昌化镇推荐为星级书屋。

十二、青山湖街道分馆

青山湖街道地理位置优越，位于临安市东大门，东与余杭区接壤（临安市界），北接安吉，西、南分别与高虹镇、锦北街道、锦城街道和板桥镇为邻，是青山湖科技城的核心区块和产业区块所在地。属于浙江省“一小时交通、经济、生活圈”的核心地带，位于杭州城区半小时交通圈，萧山国际机场 1 小时交通圈，上海、宁波国际港口两小时半交通圈。街道地处丘陵缓坡与平原的结合带，总面积 135.6 平方公里，有林地 5.1 万亩，辖 19 个村、285 个村民小组、1 个居委会。常住人口 5.7 万余人，其中外来人口 2.5 万。

青山湖街道地处临安东大门，历来走在时代发展的前头，宣传文化方面一直是临安的一块品牌。1987 年 6 月，青山电影队就获得国务院文化部等六部委先进集体奖；浙江省首批（1989 年）特级文化站；2004 年 2 月，由青山湖街道清一色农民表演的“猪八戒背媳妇”节目应邀参加了法国尼斯狂欢节；2005 年获得全国服务农民服务基层文化工作先进集体奖牌；《洞霄宫传说》《横畈豆腐干》已被列入杭州市非物质文化遗产名录；2007 年的浙江省农民“种文化”活动也是在青山湖街道发起的，朱村被评为全省农民“种文化”双十佳村；2007 年 8 月，青山民间艺术团又远赴捷克，参加国际民间艺术节；2010 年街道获“浙江省文明街道”称号；2011 年 12 月，青山湖街道首届农民文化节在研里村举行。街道中老年娱乐中心被评为全国服务农民服务基层文化工作先进集体，受到中宣部、文化部的表彰。中央电视台“新闻联播”栏目、新华社、《农民日报》《浙江日报》等中央和省、市媒体多次来青山采访报道。

1. 馆建工作

青山湖图书馆建于 1983 年，1986 年 9 月万册图书馆正式对外开放，直至 2011 年 7 月，招聘了专职图书管理员，挂牌“临安市图书馆青山湖街道分馆”。图书馆总面积约 100 平方米，共分两层，一层为图书外借室（见图 3-27）、学生阅览室和电子阅览室，二层为老版本书籍储藏室。一层图书室总藏书约 1.2 万余册，书架 33 只，设立了立式、壁式空调各 1 台，4 只壁式电扇；二层图书室都是些老版本的旧书，为读者们提供了一个“淘宝市场”。青山湖图书分馆电子阅览室里共有 10 台计算机，10M 的光纤让读者们能更快更便捷的上网学习、查询资料。图书馆为各街道和其他相关组织开放了共享工程相关资源包这个平台。从 2011 年起，青山湖图书分馆就为各行政村的宣传文化员、妇女主任和计生联络员们进行不定期的培训，课程就计算机基本技能操作、信息交流等采取面对面授课；联合成教办举办为期 15 天的“电脑知识、网络信息”培训班；积极开展共享工程服务工作，开展农技、企业管理、教育等各方面的培训讲座（见图 3-27、图 3-28）。

为了能把图书馆介绍给更多的读者，管理员制作了宣传板在各中、小学校张贴，并借街道举办春季人力资源招聘会的有利机会，每年都会向众多的外来务工人员发放青山图书馆简介，让他们可以快捷地了解青山湖图书馆。青山湖分馆在开展读书活动的同时，还举办了丰富多彩的专题活动，为宣传和活跃图书馆起到了很好的作用，如“迎新春 庆元旦”“情系敬老院 元旦送温暖”“迎新月春 送春联”“闹元宵”，“‘老’方法走出‘新’路子”“青山湖图书馆五水共治”“世界读书日”，等等。

图 3-27 青山湖街道分馆

图 3-28 “小候鸟爱心巢”图片展

在青山湖街道工业园区有这样一群小候鸟，他们每年寒暑假从乡下飞到这里，与留在城市默默打拼、辛苦工作的父母短暂团聚，开学后再孤独地飞回老家。由于父母工作忙碌，小候鸟们常常陷入再次留守状态，父母无暇和他们在一起。青山湖图书分馆为了能让小候鸟们真切感受到社会的温暖和关爱，开展了一系列关爱小候鸟们的活动，如邀请杭州师范大学的志愿者在每周六为小候鸟开设课堂（语言、科学、英语、纸工、美术）；在开设知识课堂的同时，还与 19 个行政村联合开展了丰富多彩的专题活动，如未成年人暑期安全教育实践，节能环保、废物利用，反邪教知识宣传，垃圾分类、从我做起，青少年象棋比赛，学打乒乓球，巧手做美食，各类智力游戏，等等（见图3-28）。

2. 农家书屋

2011年，根据临安市“农家书屋”建设的工作安排，青山湖街道的19个行政村已达到了全覆盖的目标（实用图书不少于1 200册，报刊不少于30种，电子音像制品不少于100张）。2013年，根据各村的实际条件与管理人员情况，在对街道各行政村成立“农家书屋”的过程中，分馆积极配合临安图书馆的工作人员送书下乡；制定具体、规范的管理措施；积极与农家书屋管理员互动交流，及时对他们进行了有针对性的指导和帮助，为农家书屋的健康发展献计献策。在各方的共同努力下，2012年青山湖街道研里村农家书屋被评为“国家级示范农家书屋”；坎头村农家书屋被评为“杭州市示范农家书屋”；2013年青山村农家书屋被评为了浙江省五星级农家书屋。与此同时，农家书屋的外借率也被纳入街道年度考勤奋目标。

2013年8月，洪村村农家书屋搬迁至新的文化礼堂，书屋面积有50平方米。2014年初，蒋杨村农家书屋搬迁至新的办公楼，面积约100平方米，并新添置了9只书架；2014年，在临安市图书馆的支持下，为洞霄宫村、潘联村各送去了1台计算机并开通了网络，为下一步进行电子阅览服务做准备。针对青山湖街道的面积宽广，行政村较分散的特点，加上各村村级宣传文化员的情况不一，分馆指导各村人员因地制宜开展工作，以保证农家书屋的每周开放时间。街道对优秀的农家书屋管理员积极向上推荐。如青山村农家书屋管理员赵亦莲今年已经60岁了，她怀着一颗对村民的赤诚之心，克服种种困难，脚踏实地地努力工作着。她不计名利，无私奉献，把农家书屋当作自己的家，365天几乎是天天开馆，方便读者随时借阅，使青山村农家书屋年借阅量达到了1 000余册。她主动送书上门，方便那些需要帮助的人，各种主题活动更是搞得有声有色，她还是小读者们心中的好奶奶。经过临安市图书馆的考核，赵亦莲被评为了“杭州市2012年度优秀农家书屋管理员”。

十三、锦城街道分馆

锦城街道地处临安市主城区，东邻青山湖街道、板桥镇，南连锦南街道、玲珑街道，北靠锦北街道，是中共临安市委、临安市人民政府驻地，是全市政治、经济、文化中心。街道区域总面积61.57平方公里，辖9个社区、8个居民区、5个行政村。2013年底，户籍人口81 169人，常住人口131 169人。为浙江省卫生先进街道、浙江省生态街道、杭州市文明街道、杭州市社区建设示范街道。

锦城街道文化积淀深厚、特色鲜明、资源丰富。临安锦城是吴越国国王钱镠的出生地和归息地，是吴越文化的发祥地，依托着厚重的吴越文化；街道辖区除了知名景点钱王陵园外，还有人民广场、钱王文化广场、苕溪走廊景观带等人文景点。随着卫生教育、体育文化、人口计生等各项社会事业的不断发展，锦城正加快迈入和谐文明、宜居宜业的生活品质之城。

1. 开拓读者新渠道

锦城街道图书分馆坐落在锦城街道临水路233号，2012年3月27日，在上级领导和临安市图书馆的帮助和指导下，锦城街道图书分馆正式挂牌及对外开放。在分馆建设中，街道总共投入3万多元资金，将街道原人武部办公室即临水路233号4楼进行装修，并购置书架20个，阅览桌8张，椅凳30余把。还有一间30平方米左右的电子阅览室，室内有配有空调。为了以更便捷的服务、更高效的质量发挥好图书馆功能，给广大读者提供全面、实用、高效的综合服务，按照图书分类规则，分馆对借阅室所有图书进行整理、整架，规范排架；为了让读者找书更加得心应手，所有书架进行了重新分类标识，设置各类图书引导，使图书标引更加规范，一目了然。

锦城街道分馆地理位置的特殊性主要在于临安市图书馆就在锦城街道，特别是搬迁后的新馆和锦城街道分馆距离很近，总馆的藏书数量多，环境优美、舒适，管理更加规范，所以，锦城街道分馆的读者相对较少。但是它也有其他乡镇分馆所没有的优势，那就是锦城街道下有9个社区，而分馆的楼下就是武肃里社区。为了更好地发挥这些书籍的作用，在街道文化站的帮助下，自2013年下半年开始，锦城街道分馆就着手开拓读者新渠道，与8个社区的负责人进行沟通，最后达成一致意见，那就是为每个社区办理集体借书卡。在每个社区成立“小小图书馆”“图书馆一角”“我爱看图书”等各种形式的亚分馆，这些亚分馆会不定期到锦城分馆进行换书，这样，既增加了这些书籍的利用率，也为各个社区的居民提供了服务，在就近的社区就能看到自己想看的书。同时，分馆还借助武肃里社区这个平台，到各个小区开展各类文化宣传活动，比如新书推荐、“健康饮食”图板展、老年人健康知识讲座等，在居民中形成了一定的反响。

2. 重视少年儿童服务

锦城街道分馆还有一个优势就是衣锦小学就在锦城街道分馆的对面，针对这一优势，分馆和衣锦小学一起举办了一系列的活动：清明节的“缅怀革命先烈 弘扬民族精神”的扫墓活动，宣传“临安精神”的书法交流会，“送书香，献爱心”的捐书活动，“安全教育，从娃娃抓起”的安全知识讲座等。这些活动形式多样、内容丰富，受到了广大学生的喜爱，同时加强了少年儿童的革命传统教育、思想道德品质教育、文化素质教育、法制安全教育，有着深远的意义。

十四、潜川镇分馆

潜川镇位于临安市的南面，东与富阳市交界，南与桐庐县毗连，西与河桥镇、湍口镇接壤，北与於潜镇、太阳镇相邻，区域面积 175.5 平方公里，辖 16 个行政村，142 个自然村。有户籍人口 9 144 户，25 180 人（常住人口 16 965 人），人口密度每平方公里 143.5 人，除汉族外，尚有苗、土家、侗、藏等少数民族。

境内山峦起伏，环境优美，气候适宜，雨量充沛。有林地 14 353.33 公顷，森林覆盖率达 81%；有耕地 860.67 公顷，以产蚕茧、茶叶、草莓、竹笋、柑橘、板栗、杨梅为主。潜川镇文化积淀深厚，特色鲜明，资源丰富。拥有临安市非物质文化遗产保护项目 6 个、杭州市级非物质文化遗产保护项目 2 个。“潜川手狮”2011 年在央视 3 套“中秋特别节”栏目表演，2012 年又在央视 7 套“乡村大世界”栏目表演，同年还参加“中国杭州第七届国际动漫节”和“浙江省非物文化遗产节”展演；2013 年“潜川手狮”又参加“中国杭州第八届国际动漫节”和“北京通州运河文化艺术节”表演。“里伍麒麟灯”“七坑蚕龙”“七坑十番锣鼓”在 2004 年至 2008 年间，多次获“杭州西博会”“中国天目山森林博览会”“淳安秀水节”金奖。外伍村的“越剧首次试演地”2009 年在央视 11 套《乡村大舞台》栏目中被详细介绍。

1. 以服务读者为重任，积极开展各项读书活动

潜川镇图书馆位于镇政府南面，坐落在原乐平乡综合文化站（乐平村）大楼中，东南面与桐庐分水镇毗连，距镇政府 12 公里。该大楼原系乐平乡中心小学第一教学楼，在结合中小学布局调整中，经临安市发展和改革局批准，于 2009 年改建原乐平乡综合文化站大楼。2011 年建为临安市图书馆潜川镇分馆，于同年 3 月成功挂牌开馆。图书馆总面积 280 平方米，其中图书馆阅览室 80 平方米、电子阅览室 80 平方米、培训辅导活动室 80 平方米、办公室 40 平方米，服务人口约 1.6 万人（常住人口）。

图 3-29　潜川镇分馆学习园地展板

馆内置双面钢架书架 3 只、单面钢架书架 7 只、木质杂志架 2 只、计算机 10 台、空调 1 台。图书阅览室藏书 1 万余册、杂志 54 种。配专职管理员一人。图书馆开放时

间、借阅规则均上墙公布。星期三至星期日为开放日，时间为早上 7：00—11：00，下午 1：00—5：00，并于周五、周六晚上各开放两小时以上。图书借阅全部进入电脑条形码管理。图书分类排架规范、整齐。分馆每年申请总馆调拨图书二次以上，总数每年在 500 册以上。2014 年申请总馆调拨三次共计 1 081 册；在开展“农家书屋”辅导活动中，分馆已调拨给七坑、伍村、外伍、上沃、乐平、西乐农家书屋图书共计 600 册。

潜川镇分馆积极开展培养读者、发展读者工作，自 2012 年开始以来，已发放借书证 209 本，超过了常住人口的 1%以上；图书借阅量逐年上升，2015 年 1 月至 10 月 12 日已借阅图书 4 100 册，业务量超过了持证人数的 10 倍以上。本地 70 岁以上老年读者 16 人，大多腿脚不便，管理人员经常挑选老人们所需的图书送上门。2015 年 1 至 9 月，前后三次送“幼儿经典读物”到乐平幼儿园，共 119 本。分馆还在青山颠村农家乐、乐平村小吃部开设图书角，很受读者欢迎。

潜川镇电子阅览室与图书借阅同步开放，实行上网实名登记。在推进资源共享中，2013 年为乐平新潮印染厂职工举办为期 30 天的计算机培训班。通过培训，19 名职工获临安市人力资源社会保障局颁发的合格证书；2013 年 10 月 8 日至 9 日，为本镇伍村、七坑村、乐平村部分健康老人举办电子阅览操作培训班，15 人参加培训，内容为开机、鼠标点击、打开桌面、上网、怎样收看新闻和文艺节目等。

音乐是人生必不可少的生活组成部分。2014 年 2 月 10 日至 11 日，图书馆为越剧爱好者举办一期“怎样拉越胡”培训班，19 人参加培训；书法艺术源远流长，深受群众的喜爱，2014 年 6 月至 9 月，分馆在活动室为书法爱好者举办了 4 期书法培训班，共有 30 人参加培训。每期时间为每月的 10 日至 11 日，共两天。

阅读要从儿童抓起。为增加儿童阅读兴趣，本馆于 2013 年和 2014 年暑假组织辅导学生写读后感，并于“学习园地”上刊出。同时，结合“好家风”宣传，2014 年 8 月 20 日，分馆与伍村村文化员配合在馆活动室为儿童举办故事会，由图书管理员演讲“好家风”孝顺长辈的故事，共 30 名小学生参加了这次活动。

2. 农家书屋工作

潜川镇共有 16 家农家书屋。分馆管理人员和镇文化站负责人经常对所辖的农家书屋在分类排架、管理制度的制订及上墙、开放时间、借阅登记、培养读者等方面给予辅导。通过努力，已有许多读者走进了农家书屋借阅。2014 年七坑村借出图书 300 册、上沃村借出图书 200 册、城后村借出图书 360 册。到目前为止，全镇农家书屋共计借出 5 000 余册，各农家书屋开放运作步入正轨。

十五、天目山镇分馆

天目山镇由原来的藻溪镇和西天目乡合并而成，以国家级自然保护区天目山命名。天目山镇地处临安市中部，全镇地域面积 246 平方公里，下辖 23 个行政村，408 个村民小组，1 个居民组，总人口 33 217 人。新成立的天目山镇是临安市旅游重镇、农业特色镇，全镇自然环境优美，旅游资源丰富，拥有国家级自然保护区天目山、天目大峡谷、南天目等风景名胜区，其中天目山是联合国教科文组织生物圈保护区网络成员。

天目山镇文化积淀深厚、特色鲜明、资源丰富，拥有各具特色的农民种文化活动：有天目山农民艺术团、藻溪农民画创作基地、一都九龙舞翠、武山云狮、桂芳桥红毛狮子等各具特色的农民种文化队伍。近年来，天目山镇通过完善镇村两级文化网络阵地，建立了天目山镇藻溪文体中心、西天目文体中心及 23 个行政村的农家书屋，特色队伍在全市镇街中遥遥领先。天目山镇在 2010 年被评为“杭州市特色文化乡镇”，2011 年被评为“浙江省省级文化体育强镇”，2013 年分馆被评为“年度文体工作先进集体”等多项荣誉。

1. 儿童服务与发扬种文化同步进行

天目山镇 2010 年成立了图书分馆，2011 年正式挂牌为天目山镇图书分馆。天目山镇图书分馆下有两个馆，其中藻溪图书馆位于天目山镇保健路 25 号，占地面积 200 平方米，服务人数约 1 万余人；西天目图书馆位于原西天目乡的便民服务中心，占地约 4 000 平方米，服务人数约 1 万余人。

2011 年 7 月，在临安市文广新局、临安市图书馆和临安市共享工程支中心的指导下，天目山镇图书分馆（藻溪）投入近 2 万元，将文化中心一楼改造成图书阅览室、电子阅览室，新增书架 6 个，计算机 11 台，打印机 1 台，管理计算机服务器 1 台，安全靠椅 20 个；新购 500 余册新书，并在临安市图书馆的帮助下，将全部藏书进行计算机录入、条形码管理，遵循图书分类排架规则，对借阅室所有图书进行全面倒架、整架，实现严密规范排架。为了让读者利用图书资源更加得心应手，分馆对馆内书架进行了重新分类标识，设置各类图书引导，使图书标引更加规范。不能录入的旧书、盗版书全部下架。

自从天目山镇图书分馆成立以来，群众文化需求急速发展，读书人数骤然增多。为更好地服务读者，分馆在原来工作人员的基础上，又聘请了一名村官大学生担任专职管理人员，分馆实行无休日开放，开放时间为周一至周日的上午 8：00—11：00，下午 1：00—5：00，周一至周五的傍晚 6：00—8：00。此外，还为中小学生增加节假日、寒暑假的开放服务，每天保证 9 小时的开放。

随着经费、设备、人员逐渐得到保证，天目山分馆积极探索各种形式的活动，以服务于居民的文化需求，并且形成了自己的特色活动。

天目山镇图书分馆从建馆之初就十分重视与学校合作，在每年的暑假期间都会举办“春泥计划”活动，组织学生参与书画活动，邀请专业的书法老师对少儿进行书法绘画培训。该活动既丰富了农村未成年人的校外文化生活，又提升了未成年人思想道德素质和文化知识技能。为了让学校的学生及时掌握图书馆的信息，分馆管理员每年都会与学校联系，及时掌握爱好书画的学生名单，确保爱好书画的学生都能享受到免费的书画培训服务。

天目山农民艺术团、藻溪农民画创作基地、一都九龙舞翠、武山云狮、桂芳桥红毛狮子等文化活动是天目山镇的特色民间艺术活动，它们从不同方面展现了天目山镇的文化气息。近几年，天目山镇图书分馆联合天目山镇文体中心，举办浙江电视台流动大舞台进村活动；邀请绍兴、无锡等地的越剧团开展越剧大戏进农村活动；开展了万场文化活动下基层等活动，活动的开展推动了农村公共产品、公共服务发展，促进社会和谐的积极性。

2. 农家书屋有声有色，因地制宜逐个突破

2011 年，根据临安市“农家书屋”建设工作安排，天目山镇在 23 个行政村的便民服务中心全部成立了农家书屋，总计服务人数 4 万余人。天目山镇图书分管工作人员做到主动送图书下村，使每个农家书屋拥有图书 2 000 余册；做好村级图书交流工作，将各行政村的宣传文化员作为农家书屋的图书管理员，并对他们开展业务培训，帮助他们熟悉业务，学习文献的分类与检索、“一证通”操作等知识。

2013 年，开始进行农家书屋重点开展活动。根据各村的实际条件与管理人员情况，选择了肇村、徐村、杲村，重点开展农家书屋的基础设施建设。2013 年，肇村村的文化礼堂成为天目山镇图书亚分馆。

针对天目山镇林地覆盖较多，一个行政村的自然村较分散的特点，加上各村村级宣传文化员的情况不同，分馆指导各村人员工作因地制宜，以保证农家书屋每周开放时间。对于村域广、分布散的村庄，比如周云村、对石村，两村分别在原自然村设立了图书室，方便群众借阅，同时也提高了图书利用率。天目山镇图书分馆为各行政村的农家书屋提供了统一印制的借阅登记册，以考察图书流通情况。

有些行政村，如肇村村、徐村村等的图书管理员非常负责，每天都会准时开放农家书屋，暑假期间更是全天候开放，除基础借阅服务外，还开展了“春泥计划”“少儿书画”等活动。有些行政村因村域分布较分散，相对借阅量稍差。

十六、玲珑街道分馆

玲珑街道位于杭州西郊，临安市城郊结合部，区位优势明显，山青水秀，人杰地灵。街道居玲珑山南麓，因山得名。清宣统《临安县志》载：“两峰屹峙，盘空而上，故称玲珑”。区域面积 113.6 平方公里，辖 16 个行政村、220 个村民小组，常住人口约 2.5 万人，外来人口 1.5 万余人。辖区内有康陵（国家级）、玲珑山摩崖石刻、钟楼、观音殿（市保），永东桥、古民居等 10 多处文保单位（文保点）。锦秀青龙、前张马灯、玲珑山传说等列入浙江省、杭州市、临安市非物质文化遗产名录的文化珍宝。玲珑镇拥有占地面积约 5 平方公里的工业功能区，工业经济的快速发展促进了文体（图书馆）事业的繁荣，曾获“全国以文补文先进单位”“首批浙江省东海文化明珠工程单位”“浙江省工业强镇（街道）”“浙江省体育强镇（街道）”“浙江省教育强镇（街道）”“浙江省体育小康乡镇（街道）”“特色文

化乡镇（街道）”“杭州市文化名镇”“杭州地区‘一证通’优秀图书基层服务点”“临安市先进图书馆”等殊荣。

1. 政府保障建馆规范

玲珑街道是一个人口较多的农村大镇，群众道德文化素质的高低与精神风貌的好坏直接影响到本地区的文明建设。近年来，街道党工委、办事处以党的十七大精神为指导，深入贯彻落实科学发展观，结合玲珑镇实际，理清发展思路，紧紧围绕“全力推进工业化、城市化，构建科技生态、和谐幸福玲珑”这一目标，并始终以创先创优为契机、提高全民素质为目的，加强文化思想阵地的建设，推进经济、政治、文化协调发展，不断完善各项基础设施建设，广泛开展形式多样的文体与读书活动。

临安市图书馆玲珑街道分馆（2012 年 9 月挂牌开借）前身是玲珑街道图书馆，早年为玲珑山乡图书馆，创建于 1986 年 9 月 16 日。多年来，在街道党工委、办事处的直接领导和市文广新局、市图书馆的指导支持下，面对不断变化的新形势，坚守阵地，逐年新增图书、报纸、杂志，以及保证旧书修补不流失等，使有限的资料得到充分利用，为促进本地区的经济社会和谐发展起到了潜移默化的作用。特别是在建设分馆的过程中，街道党工委、办事处非常重视，因原图书馆坐落于夏禹桥集镇所在地，建立于 20 世纪 60 年代，几经变故、搬迁和维修，较少的活动设施已远远满足不了农民日益增长的文体需求。为了提升农民的生活品质，享受休闲文化，促进群众文体读书活动的有利开展，街道党工委研究决定对原卫生院进行改建用于图书馆活动场所，对屋面渗水、墙面剥落、门窗腐损等进行加固和全面维修，包括供水、供电系统，内外墙、地面、下水道卫生设施等改建工程，总共花费资金 80 余万元。2012 年 8 月，建成后的楼房内外焕然一新，面积 150 平方米，三层总面积为 450 平方米，一楼为综合活动室、二楼为分馆图书室、三楼为阅览室和小型会议室，并在原来的基础上，又配备了电子阅览室、空调、吊扇与部分图书设施等，现有 10 只铁书架、6 张阅览桌、36 张椅子、2 万册图书、60 种杂志和 12 台计算机。在临安市图书馆的帮助下，分馆将全部藏书进行计算机录入、条形码管理，按照图书规范分类排架，并对分馆图书进行全面整理，不能录入的旧书、连环画统一用 8 只木书架另设一间存放珍藏。设施的完善，为图书分馆的发展奠定了基础。

2. 读书活动为发展图书分馆提供平台

自从玲珑街道分馆建设以来，图书更新较快，文献资料丰富，尤其是报纸、杂志的及时更新，更吸引了不少读者。分馆还不定期与临安市图书馆流通新书，每年不少于三次共计 1 500 余册，再由玲珑街道分馆流通到宏渡村亚分馆，米积村、锦球村等部分农家书屋，玲珑小学设立的图书一角和天杰实业文化家园，等等。分馆更是开展了形式多样的读书系列活动，为广大读者提供展示平台。

1）庆新春活动。在化龙村、锦球村举办“迎新春、送春联”活动，发放图书宣传资料。组织腰鼓、排舞、独唱、越剧演唱和少儿舞蹈等 20 余个助兴节目，并邀请了市十大民间艺术家朱德铭、市十大好警官柯林华、民间书法家楼老师等为村民书写春联，特别是农家书屋管理员李志文亲自书写春联数天，受到广大群众的欢迎。免费领取春联的村民络绎不绝。

2）元宵节到来之际，在宏渡村农家书屋活动阅览室举办“庆元宵、猜灯谜”活动，看宣传图板的、借阅图书的、领取资料的、猜谜语的和领奖品的人络绎不绝。特别是部分农家书屋管理员参与了此次活动，畅谈新年工作思路，受益匪浅，一定程度上起到助推发挥正能量的作用。而化龙村、米积村文化礼堂分别又是另外一派喜人景象，在化龙村的“庆元宵祈福迎祥”活动和米积村的“庆元宵、猜灯谜”活动中，有跳舞的、唱歌的，好不热闹，尤其是 10 多个文艺节目，一次又一次地把活动推向高潮，掌声、欢呼声不断，观众达千余人。最后在全体演员和观众互动合唱《十五的月亮》中活动圆满结束。

3）联系学校的“小手拉大手”活动，“打造清洁乡村，倡导文明生活”“靓街与我同行，共创美好家园”活动，争创“文化示范村”“文明家庭户”和“共建好家风”等系列读书活动。特别是在“4·23”世界读书日来临之际，玲珑街道分馆早早就发起“为农家书屋捐一本好书，献一份爱心”倡议捐书活动，不仅向村民特别是外来务工人员发放《低碳生活智慧》《崇尚科学反对邪教》《2014 科普历书》《个人身体活动指导方案》《居家生活》等科普读物 1 000 余册与倡议书 300 余份，并送书到米积村、宏渡村农家书屋和玲珑小学。尤其在 4 月 22 日—23 日为期两天分别举办了玲珑小学的“诵经典书籍、品阅读之乐”的读书系列活动、玲珑街道米积文化礼堂（天目学堂）的“4·23 世界读书日活动座谈交流会暨‘我爱阅读’‘读一本好书，圆一个好梦’和‘我爱农家书屋’征文比赛启动仪式”，以及天杰实业的“我爱阅读”“我爱文化家园”和“读书好、好读书、读好书”等的倡导电子阅读系列活动，营造共建“徜徉书海，书香熏陶”新农村良好的人文环境！活动共收到各类读书征文稿 30 余篇（其中选送李志文、赵俊臣、张天复等 5 篇参加“逐梦田园，建设美丽乡村”杭州市农家书屋读书征文活动），收到捐赠书籍 200 余册，其中上泉村、宏渡村的捐赠书共 100 余册全部归两村的农家书屋整理登记、上架收藏。

4）联合成校、卫生院等单位分别在米积、化龙等地举办“向雷锋同志学习”的义诊、送书、送展览等活动，健康检查咨询 200 余人次，发放图书资料 1 000 余册。

5）玲珑街道分馆不仅利用中午休息时间方便读者借书，还上门为读者办理集体卡，年借阅量达 10 000 余册次，并经常性下村指导农家书屋工作，辅导他们如何开展优质借阅和读书活动。

6）玲珑街道分馆为了让家长安心上班，尤其是让外来民工放心工作，方便孩子假期学习，丰富课外阅读知识，2014/2015 年 7 月初就开始联系村里、企业张贴通知开办暑假班，特别是在暑假班期间，不仅聘请了大学生自愿者担任辅导老师授课，分馆管理员张亚平还亲自上台讲解语文实践课——畅游成语王国等。于 8 月 1 日—8 月 16 日为期半个月在米积村天目学堂、天杰实业文化家园等场所开办计算机、英语、象棋、语文和暑假作业辅导、猜谜、智力游戏等形式多样的“假日学校”暑假班系列活动，深受大家欢迎。

7）积极参加上级各类培训学习，尤其要拓展思路、创新服务，在不断加强自身建设的同时，把主要精力投入“为读者服务”这个主题上，不仅坚守阵地采取馆内借阅、利用中午休息时间抽空借阅和送书上门服务等方式借阅，还针对村、企业和种植养殖专业户读者对象送书上门，以及开展灵活、多样、方便的优质借阅服务，真正达到资源共享，使有限的资料得到充分的利用。

3. 制度建设是发展图书分馆的激励机制

玲珑街道分馆借阅制度、电子阅览室制度规范并一一上墙。为满足读者需要，不仅采用中午不休息方便读者随时借阅，除周二至周日（8：00—16：30）、晚上（周二、四、六 17：00—21：00）外，还调整增加了阅读时间，特别是在节假日、寒暑假期间还邀请陈燕青老师、大学生志愿者胡雯帮助借阅、开设辅导培训等项目服务，不但确保了开放时间，更让图书馆成为小朋友的假日乐园。另外每年对村农家书屋管理员进行考核，奖惩分明，好的颁发荣誉证书，差的通报批评。特别是对专职宣传文化员进行了业务培训，还制定了考核细则制度，尤其是对没有做好农家书屋建设工作的实行一票否决评先制度，对提升图书优质服务、发挥农家书屋作用较好的着重进行奖励，尤其是信息报道及时并时常推荐优秀征文参加上级评比的在考核时可加分等。

玲珑分馆在原有做法的基础上，还增设了新书介绍、好书推荐等服务举措，尤其是建设了电子阅览室共享工程，开设了外来民工计算机培训班、学生“网上阅读”、假日学校、暑假班等形式多样的读书活动，既丰富读者知识面，同时更增强了图书分馆的凝聚力。

4. 农家书屋管理

自 2011 年 12 月，各村农家书屋平均藏书 1 200 册、报刊 30 余种，全部设立在村委大楼内（村集中点），指导管理员分类、编号、借阅登记等规范管理，按规定时间开放。特别是米积村农家书屋增设了一台计算机实行联网借阅，宏渡村亚分馆设立电子阅览室，锦球村近期也将建设阅览室供村民上网查阅资料服务，等等。农家书屋的全覆盖及设施的完善，不仅为方便村民就近借阅图书，更让他们享受了城市才有的文化休闲生活，提高了村民的文化素质。

玲珑街道 16 个村利用农家书屋这一阵地和阅读活动载体，积极宣传党的十八大精神和新时期临安精神，使村民能够认识到党的英明伟大和社会主义的优越性，激发老百姓对党更加热爱的情感。特别是在宣传临安精神工作中，为了让村民充分了解临安精神，践行临安精神，玲珑街道分馆和 16 个村农家书屋不仅发放了通知和张贴宣传资料，并在辖区内醒目位置悬挂宣传横幅100余条。除此之外，还积极开展“好家风”的宣传评比等活动，锦球村为了节约开支，利用农家书屋周边场地、围墙和村里的宣传栏用毛笔书写宣传文章，并在文章中配插了报头刊尾，增加了宣传栏的美观性，增强了读者的阅读兴趣和效果，使“好家风”评选活动家喻户晓，提升了村民参与争创率。玲珑街道分馆利用农家书屋这个民生工程，吸引村民、外来民工就近阅读、参加培训，营造了“大家参与、人人享受”的浓厚氛围，真正践行了崇文、厚生的新时期临安精神。

十七、锦北街道分馆

锦北街道图书馆为临安市最后一个挂牌成立的镇或街道分馆，于2014年年底正式投入使用。锦北街道分馆位于西墅村委会三楼，楼房总面积150平方米，内含图书区、阅览区、电子阅览区等。设专职管理员1人，拥有馆藏图书20 000余册，下辖15个行政村农家书屋。

按照杭州地区和临安市分馆建设的统一标准，整改后的锦北图书馆具备图书外借、报刊阅览、电子阅览、共享工程服务等配套功能，实行杭州地区免费书刊借阅“一证通”服务。为了让群众对分馆更有归属感，分馆管理员特地设计了属于锦北分馆的标志，并打印出来悬挂在馆内（见图3-30）。

为了宣传分馆，2014年9月13日分馆采用“五水共治知识竞答”的方式开馆，不仅给辖区居民宣传了五水共治的基本知识，也提高了锦北图书馆的人气和知名度，同时也标志着锦北街道公共文化服务体系建设迈上了规范化、标准化、正式化管理的新台阶，是总分馆制建设的良好开端。它将有效促进图书资源的合理配置、城乡文化的统筹发展、图书馆服务网络的不断拓展。

图3-30 锦北分馆独特的标志

第四章
基层公共图书馆服务体系中的农家书屋建设

农家书屋是2005年由国家新闻出版总署首次提出的，以建立农家书屋等农民自助读书组织为工作设想，随即在部分地区进行试行。经过一段时间的探索，2007年3月，新闻出版总署会同中央文明办、国家发展改革委、科技部、民政部、财政部、农业部、国家人口计生委联合发出了《农家书屋工程实施意见》，开始在全国范围内实施“农家书屋”计划，计划在2015年实现全国的行政村农家书屋基本覆盖。在这里我们可以看到，联合八部委中是没有文化部参与的，这就使得公共图书馆在农家书屋整体规划、建设过程中处在一个缺失的位置上。没有专业的指导，而建设之后又缺乏长效的保障机制，使得农家书屋的可持续问题成为了制约其发展的重要因素。近年来，越来越多的地区公共图书馆开始介入农家书屋的管理上来，各地都在探索一种既能够继续保障农村地区群众的文化权益，又不造成二次资源浪费的新机制。临安市作为浙江省的县级市，在我国国情下，首先不存在分级财政问题，因为县级以下是统一财政的。其次，随着行政层级向基层靠拢，为了便于管理，出版工作和图书馆管理都融合为文广新局负责，既然农家书屋与公共图书馆由一个机构统一管理，那么将农家书屋纳入基层公共图书馆服务体系将有利于双方的发展。正是这些独特的条件，为临安市图书馆将农家书屋纳入公共图书馆服务体系扫清了后顾之忧。

第一节　农家书屋的前身——行政村图书室

1999年，浙江省部署建设“文化大省”的战略规划，结合先前的“东海明珠”工程，使整个浙江都在不断完善基层公共文化服务事业。2002年，临安市文化局提出对本地区内的农村图书馆（室）进行巩固与发展的计划，一是做好摸底调查；二是召开创新“东海明珠”工程座谈会，研究巩固与创建工作；文化局特别指出要求有关部门对完成创建的乡镇进行面对面的辅导与帮助，特别对临安市图书馆的辅导工作进行了安排，要求及时赶赴乡镇第一线，帮助指导工作，出谋划策；三是举办业务培训班，为文化站干部如何发展乡镇图书馆进行辅导；四是安排考察学习，选派基层图书馆管理员由临安市图书馆副馆长带队去温州、桐庐等地参观学习农村图书馆的建设。

2006 年根据临安市委、临安市政府、临安文广新局关于“百姓阳光”文化工程有关要求，临安市文广新局下发文件要求各乡镇图书馆把服务触角延伸到村，要求达到省级“东海明珠”工程的乡镇必须建立 5 个以上、市级必须建立 3 个以上村级图书流通站。据各乡镇上报统计，2006 年临安市建立村级图书流通点 133 个。为了解决村图书室图书资源，临安市图书馆两次捐书，挑选出 15 680 册送至 25 个图书站。

2008 年，为贯彻落实《中共浙江省委关于加快文化大省的决定》，落实中央办公厅、国务院办公厅《关于进一步加强农村文化建设的意见》，实施《浙江省文化事业发展“十一五”规划》和《浙江省文化阵地工程》确立的目标任务，全面推进临安市社会主义新农村建设，丰富农村群众文化生活，巩固创新成果，根据临安市实际情况和《政府工作报告》的精神，临安市图书馆制定了 2008 年送书下乡工作计划，在 2008 年进一步完善临安市图书馆农村图书流通点管理办法，及时总结创建工程中的成功经验和不足之处，在上年调查摸底的基础上，就图书的质量和对藏书的利用以及管理员的配备等情况作更深一步的调研。根据调研结果，临安市图书馆采购当前农民最迫切需要的图书，选定 30 个行政村设立农村图书流通点。流通点的建设要求如下：每个乡镇 70%的村建立起图书室，面积 20 平方米以上；藏书 300 册以上；书架 3 只以上，阅览架 1 只以上，阅览桌 4 张以上；有专职或兼职管理员；每周开放时间 5 天以上。

一、深入调研，发现问题

2009 年，临安市政府在当年政府工作报告中将“实现图书室行政村全覆盖”列为为民办的十件实事之一。为了完成该任务，推进社会主义新农村建设，临安市图书馆根据学习科学发展观开展调研活动的要求，对临安市建设行政村图书室进行了一次系统的调研，结果如下。

1）村图书室建设的现状：临安市当时有行政村 298 个，2007—2008 年已经建设行政村图书室 155 个，其中具有 1 000 册图书和一台以上计算机的“一证通”工程参与村有 20 个，2009 年需建设 143 个村图书室，才能达到全覆盖的目标。

2）图书期刊的利用流通情况：大部分村图书室因无专人管理，开放时间不固定，所以发挥的作用不大。而 2007、2008 两年建设“一证通”工程后，村图书室因有专人管理，开放时间正常，与市馆的图书流通及时，新书及时上架。2008 年全年 20 个村图书室网上借书册次总量达 4 万余册。特别是太湖源镇、玲珑街道、於潜镇百圆村、潜川镇牧亭村，每天图书室内读者络绎不绝，良好的社会反响产生了很好的示范效应。

3）各乡镇正为图书室发展制定规划：例如太湖源街道，对行政村建设图书室进行了整体规划，统一了标准，要求每个行政村配备文体员并进行业务培训。图书室、书架和桌椅按照标准由镇政府统一采购配送，对建设村图书室有了保障。新桥乡、玲珑街道、马啸乡和三口镇已基本达到了全覆盖，其余乡镇正在紧锣密鼓地筹备中。

4）临安市图书馆做好了各项准备工作：一是制定了 2009 年“图书室行政村全覆盖”实施方案；二是争取资金和图书资源。由于每个村图书室的图书由临安图书馆采购、加工和配送，按每个图书室 300 册图书计算，共需 42 900 册，购书资金需近 60 万元。除文广新局、市图书馆积极向省、市争取，再由各界捐赠外，政府还需要投入近 35 万元。

5）存在的问题：一是资金问题。全覆盖需政府投入 35 万元，现 5 万元有预算，其余 30 万还未落实，保障不了图书的配送。二是管理人员的问题。已建成或正在建的图书室无管理人员，使图书室不能正常开放。三是图书少且陈旧。由于购书经费欠缺，图书质量得不到保障。村级图书室的图书多数来自于市馆、乡镇、村所送的图书，有不少是年代久远，可读性较差，所以远远满足不了读者的需求，即便天天开放图书室，也是无人问津。

针对调研的结果，临安市图书馆提出了对策与建议：一是加强农村图书室全覆盖的组织领导，切实增强做好农村图书室建设工作的责任感和紧迫感。形成上下贯通，职能对应，职责明确的领导体制和工作机制。二是要建立和完善目标责任制。乡镇党委、政府要按照市委、市政府的统一部署，担负起村图书室的建设任务，明确责任，抓好落实，指派专人负责，完成农村图书室的选址、建设和后期管理工作。市文广新局将组织有关部门进行督促检查、验收，并将检查验收情况进行通报。三是发挥乡镇万册图书室的作用。利用万册图书室的图书资源流通到村图书室，弥补临安市图书馆配送图书不足的局面。四是加强制度建设，确保农村图书室的有效运行。农村图书室要有专联或兼职人员管理，有正常的开放时间，有建全的借阅登记和财产管理制度，避免财产的丢失、损坏、擅自转让或出售等现象发生。

二、政府主导，多方支援

针对临安市图书馆的调查结果和提出的建设意见，同年，临安市文广新局下发了《百件实事惠民生行动——2009 年“图书室行政村全覆盖”实施方案》。其中规定：各乡镇党委、政府是农村图书室工程建设工作的责任主体，要依据临安市总体规划的要求，制定本地农村图书室建设计划，明确工作目标，确定时间步骤，落实配套设施，确保本地农村图书室工程建设任务如期完成。鼓励社会捐助，广泛动员社会力量参与农村图书室全覆盖工程建设，充分发挥社会各阶层群众投身社会主义新农村建设的积极性。鼓励社会各界采用多种形式、多种渠道进行捐助，提倡党政机关、社会团体、企业事业单位与农村结对子、城乡对口帮扶农村图书室。农村图书室按照农民自主管理、自我服务的模式进行管理和运行。农村党支部、村委会、团支部等基层组织应承担起农村图书室筹建和管理的职责。

“图书室行政村全覆盖”工程的农村图书室房屋由所在村解决，充分利用村委会、村文化室、党员活动室等现有公共设施。每个农村图书室具备摆放书架（柜）桌椅等设施，陈列、存放和阅读出版物的基本条件。农村图书室所需书架（柜）、桌椅等设施由各个行政村自行解决。每个农村图书室图书配置由临安市图书馆送配，图书一般不少于 300 册，品种有政策法规类、医疗卫生类、少儿读物类、文化教育类、生活科普类、农业科技类。农村图书室使用统一名称、统一标示、统一牌匾。农村图书室每周开放时间应不少于 4 天，20 小时。农村图书室管理人员应在尊重个人意愿的基础上，由从村民民主推荐专职或兼职管理人员，应具有初中以上文化水平，热爱公益事业，有较充裕的空闲时间，在村中具有较高威信，本人愿意且有能力管理好农村图书室。也可聘请退休教师、医生、工人或往届村干部。人员产生后报文化局备案，并由市图书馆定期组织管理人员的技能培训。农村图书室的管理接受所在村党支部、村委会及全体村民的监督。

临安市图书馆作为实施单位，一方面制定了 2009 年“图书行政村全覆盖”实施方案，另一方面积极向有关部门争取图书及购书资金，先后争取到省文化厅农家图书 2 800 册，购书资金 5 万元，杭州图书馆购书资金 20 万元，新书近 10 000 册，民政部门农家书图书 89 400 册。图书到位后，立即组织全馆人员加班加点。党员同志充分发挥模范作用，从拆包加工到加工后重新打包，重活、累活抢着干，带动大家的工作热情。正因为有这样的工作气氛，在短短的两个月时间内，分编加工图书 70 300 册，为全覆盖工程的顺利实施提供了资源保障。此外，临安市图书馆还专门分派人员对图书的册次和种类进行调配，每个点的图书都经过计算机系统处理，并对每个点配送的图书进行登记，保证清单和实物相吻合，明确图书资源的责任归属。

2009 年 3 月底，临安市政府财政补助经费到位，并且争取浙江省、杭州市的补助经费也已经到位。从 6 月底开始，临安市图书馆每周将全覆盖通报表下发到各个乡镇、街道分馆领导和文化站长，对各个乡镇街道的工程进度进行通报。各个乡镇、街道在了解到工程进度的情况下，加快工作步伐，更加有效地实施起该项任务。截至 9 月底，在多方面的有效配合下，顺利实现 298 个村图书室全覆盖，使得临安成为杭州地区第一个实现村图书室全覆盖的县市，在农村文化阵地建设和文化传播方面走在了前头，从根本上解决了农民群众买书难、借书难、看书难的问题，让农民群众能够免费便捷地学习新知识、获取新信息、掌握新技能。

2009 年 10 月，临安市图书馆、文广新局分管领导和业务办公室组织成立检查小组对村图书室进行抽查，了解村图书室建设和运行情况。检查过程中，检查组欣喜地看到图书室深受农民群众欢迎、在丰富百姓业余文化生活方面发挥着明显作用。同时，检查组也发现了一些问题，其中最突出的问题就是管理人员落实不到位，从而影响图书室的正常运转，使得资源得不到充分利用，图书室被“闲置”现象明显。这一现象的出现反映出图书室运行中的机制问题，从而影响了图书室的整体社会效益。

第二节　纳入基层公共图书馆服务体系的农家书屋

临安市农家书屋工程建设工作始于 2008 年，但当时临安市图书馆还不是农家书屋的主导建设机构。正如上文所述，在缺乏专业团队参与的情况下，农家书屋工程开展得并不顺利。为了推进农家书屋工程建设，深入贯彻落实中共中央、国务院《关于推进社会主义新农村建设的若干意见》和《关于进一步加强农村文化建设的意见》，切实解决广大农民群众买书难、借书难、看书难的问题，浙江省新闻出版局、财政局等下发了《关于印发〈关于加快推进我省农家书屋工程建设的意见 2010〉的通知》。2011 年，杭州市文广新局也下发了《关于加快推进我市农家书屋工程建设的意见》，要求 2011 年年底杭州全境内完成 70%的农家书屋建设任务，2012 年 6 月 30 日前实现农家书屋在所有行政村全覆盖的目标。从这时起，公共图书馆开始接手指导农家书屋的建设工作。

一、开展农家书屋全覆盖

为了按时完成农家书屋工程建设任务，临安市图书馆于 2011 年 4 月开始对临安市农家书屋建设情况进行摸底调查。结果显示：自 2008 年开展农家书屋建设工作以来，临安市目前已命名的农家书屋有 18 个，但符合农家书屋新标准的仅有太湖源镇白沙村和板桥镇上田村 2 个。而相同功能的行政村（社区）图书室藏书量达 1 500 册及以上的有 10 个，1 000～1 499 册的 13 个，500～999 册 43 个，500 册以下的 232 个，以上共计 298 个行政村（社区）。各村的报刊种类为 3～6 份，但大多分散在各部门，因而村图书室的报刊藏量较少。

调研结束后，临安市人民政府下发了《临安市人民政府关于进一步加快推进农家书屋工程建设的通知》，临安市文广新局也立刻下发了《关于加快推进我市农家书屋工程建设的意见》，并组建了临安市农家书屋建设协调小组。这两个文件规定临安市每个行政村（社区）建设一个农家书屋，到今年年底前完成 70%行政村（社区）的农家书屋建设；到 2012 年 6 月底前，全市农家书屋建设实现全覆盖。临安市图书馆作为农家书屋工程建设的业务指导单位，积极配合责任单位和组织单位，制定建设计划、培训方案和农家书屋书目清单等业务工作。

1. 基本要求

将农家书屋工程建设纳入城乡公共文化服务体系建设，整合对农服务和公共图书馆服务体系等资源，实现资源共享，防止重复建设。以公共图书馆服务体系为主要载体，结合村文化活动室、“东海明珠”工程、党员干部远程教育活动室等工程建设，加快农家书屋工程建设，满足农民群众的文化需求，提升农民群众的科学文化素质。要求每个农家书屋可供借阅图书不少于 1 200 种 1 500 册，报刊不少于 30 种，电子音像制品不少于 100 种（张）。每周应有不少于 3 个半天的固定开放时间。

2. 责任分工

农家书屋的房屋与室内设施由镇、街道、行政村（社区）负责解决。原则上将农家书屋建设纳入村文化活动室建设的实施内容，可充分利用农村现有的各类公共文化设施，有效整合“一证通”“党员远程教育”等文化共享工程，实现资源共享。农家书屋应当选择在人口密集、交通便利之处。市文广新局和市图书馆负责图书的购买、分配和送书下乡以及管理人员的培训；各个镇、街道负责硬件设施的配置和后续经费的保障。

3. 落实经费

农家书屋建设的一次性购书经费由市财政负责安排，专项用于采购农家书屋图书、报刊、电子音像制品等。按每个行政村农家书屋不少于 3 万元的标准落实建设经费，不少于 500 元的标准落实管理经费，其中建设经费主要用于购买图书、杂志和光盘，管理经费用于管理员培训、一个公章、两块牌子（标志牌和开放时间告示牌）、三项制度（管理制度、阅览制度和管理员岗位职责制度）、四个本子（资产接受本、分类登记本、借阅本和读者意见本）的配备。298 个行政村合计经费 908.9 万元，后续运行经费市政府和各镇、街道按 1:1 的比例承担。2009 年临安市已经完成行政村图书室的全覆盖，2010 年又在原来的基础上加大了对优秀扶持点的投入力度，到目前为止，符合农家书屋要求的已有 50 个村，尚须建设的有 160 个村，需要投入图书 16 万册，每册 20 元，共计 320 万余元。音像共计 16 万元。报刊共计 24 万元。2011 年 10 月底，市政府下拨购书经费 500 万。第一批 350 万经费落实后，到达每个村的新书有 1 300 多册，加上 2009 年村图书室全覆盖工程分配的图书，共计可达 1 500 册以上，书目种类均可达到 1 200 种以上。为了进一步充实村农家书屋期刊种类，12 月中旬开始，临安市各部委办局积极响应号召为农家书屋捐赠杂志。截止到 2011 年年底，临安市图书馆共收到捐赠杂志 7 379 册，其中临安市文化广电新闻出版局共捐赠 1 043 册。

4. 保障措施

市政府决定成立临安市农家书屋工程建设协调小组，由分管市长担任组长，市府办、市文广新局、市财政局、市农办等单位负责人为成员，协调小组下设办公室，设在文广新局，主要负责工程推进、日常指导、督促检查等工作。市财政局负责落实工程经费保障；

市农办要结合“美丽乡村”建设，加大农家书屋的扶持；其他有关部门要职责分工，切实履行职责，加强工作配合，切实形成合办。各镇、街道要按照“属地管理”的原则加快工程建设，落实长效经费，配备工作人员，积极推进农家书屋建设。

5. 做好培训工作

2011年12月，举办了全市298个行政村的专职宣传文化员培训班。本次培训由市委宣传部主办、临安市文广新局协办。培训内容包括十七届六中全会精神解读、如何做好村级宣传文化工作、农家书屋日常管理等基层文化工作内容。系统培训进一步加强了基层宣传文化员队伍建设，提升了他们的工作能力和水平。同月，临安市图书馆召开了图书馆分馆及农家书屋工作座谈会，针对性地进行了有关农家书屋建设的业务辅导，要求每个文体站长不仅主观上要有深刻的认识，业务上也要精通，上下齐心协力，完成临安市农家书屋全覆盖的目标。同时，还要求图书馆工作人员在配送过程中对村专职宣传文化员就农家书屋日程管理工作进行一对一现场指导培训。

2011年12月27日，临安市农家书屋图书配送正式启动。临安市图书馆和新华书店各派相关工作人员跟踪指导全部配送过程，联络各乡镇村相关工作人员，组队送书、搬书、上架、现场辅导和拍照等一系列服务工作，并及时将每个农家书屋资料上报至全国农家书屋工程信息管理系统。截至12月31日，完成208个村的农家书屋图书采购、加工、分类工作，实现第一批32个村的农家书屋点配送上架和工作。至2012年2月底完成208个村的农家书屋点图书、期刊和电子音像制品配送上架工作。

2012年2月开始落实剩余的150万元购书经费。结合第一阶段工作思路和经验，临安市图书馆集中对未覆盖的30%行政村农家书屋点图书进行分类加工。从4月23日世界读书日起，针对90个行政村农家书屋进行送书指导，于5月9日全部完成图书配送工作，实现农家书屋全覆盖任务。

二、将农家书屋纳入基层公共图书馆服务体系

2007年，中共中央办公厅、国务院办公厅印发了《关于加强公共文化服务体系建设的若干意见》（中办发[2007]21号），将农家书屋工程列入国家重点实施的五项重大公共文化服务工程之一。2010年，临安市图书馆开始了本区域公共图书馆总分馆体系建设的探索，首先将工作重点向乡镇推进。2012年6月30日实现农家书屋所有行政村全覆盖的目标后，临安市图书馆决定将农家书屋和乡镇分馆的管理齐头并进，将农家书屋建设纳入临安市公共图书馆总分馆体系建设之中，由此形成的极具临安特色的以临安市图书馆为总馆，乡镇（街道）图书馆为分馆，村农家书屋为亚分馆的三级公共图书馆总分馆网络体系，实现了全市范围内归临安市图书馆所有的图书资源的通借通还。

临安市图书馆借助文化信息资源共享工程电子阅览室计划，以“重点提升，逐步覆盖”为原则，将已经建设完成的农家书屋逐步提升为临安市图书馆亚分馆，并为每个亚分馆配备5台计算机。

在实现了作为临安市图书馆总分馆体系基础的农家书屋全覆盖后，临安市图书馆及时将工作重点从“建好”转到“用好”上来，努力畅通图书信息，减少体系网络内图书流动的障碍，着力破解农家书屋管理使用中的难题，如在农家乐中设立“农家书屋角”，结合文化礼堂，发挥联动作用等，充分发挥农家书屋在充实农村文化生活中的作用，保障农民“普遍均等”获得文化服务的权益，完善公共图书馆总分馆体系建设。

1. 畅通流动图书信息

针对山区农村地处偏僻、交通不便的现状，努力让农村群众在最短的时间内了解到最新书讯，阅读到最新书籍，临安市图书馆采取了多种办法来破解新书少和阅读不便的问题，真正让农家书屋的图书用在实处。

首先，临安市建立了“村组—乡镇（街道）—市”三级信息汇总网络，由各农家书屋管理员登记群众所需要的书籍，每月上报给乡镇（街道）分馆，乡镇（街道）分馆在汇总各农家书屋所需书籍后，根据需求，将图书打包配送至不同需求的农家书屋。如分馆资源不能满足需求，则汇总上报至总馆，由总馆提供相应的图书资源，配送至分馆，再由分馆分别发送到各农家书屋。通过这种三级信息汇总网络，临安市图书馆能够准确掌握全市农村群众的阅读需求，及时将村民想看、爱看的图书送到他们手中。

其次，在《今日临安》《临安宣传》两种纸质媒介上推出“好书快递”栏目，在临安新闻网和手机报中开设“好书推荐”和“读周刊”，由临安市图书馆制定推荐书目清单，介绍新上市的好书，并通过各种渠道，及时将新书的资讯传递给广大有需求的民众。

最后，建立良好的图书流动渠道，让图书及时送达到有需要的群众手中。临安市图书馆向区域内的分馆和基层图书室全面推广了锦南街道的“流动书箱”做法，要求各乡镇（街道）按自然村而非行政村的数量制作不等的流动书箱，再按党建、文学、科技、艺术等类别分别选取图书，送至各自然村，以方便群众借阅，提高图书使用率。

2. 建设农家书屋角

临安市298个行政村于2012年就实现了农家书屋的全覆盖，但因为临安地势特殊，再加上近年来持续的村庄合并，同一个行政村中的自然村并不集中，因此，设立在中心村的农家书屋可能不会得到充分的利用。为了真正实现“普遍均等”的公共图书馆服务理念，2013年，临安市图书馆考虑到本地大部分山区群众经营农家乐的特点，因地制宜，做出了让农家书屋进农家乐、在各自然村成立“农家书屋角”的决定。首批挂牌成立的农家书屋角，分别以潜川镇的青山殿村、过水村、鱼潭村、高坪村四个自然村为单位，以农家乐户主动申请为前提，经镇文化站、三产办上门对农家乐所在位置、场地安排、户主责任心等方面进行综合考察后，最终确定农家书屋角的设置地点。

农家书屋角所需的书架支出，由定点后的农家乐自行支付，农家书屋角的挂牌由镇政府统一制作悬挂，图书由农家书屋统一调配，定点的农家乐对图书享有免费使用权，图书所有权归村所有，图书损毁均按照原价实行赔付。农家书屋角拥有明确的管理员制度和借阅制度，并配有图书借阅登记花名册，镇文化站每季度根据图书借阅、归还、管理等情况，对定点农家乐进行检查。如发现所定点的农家乐存在诸如态度不端正、使用不合理等情况，镇文化站可以取消该农家乐农家书屋角的资格，图书、牌子等全部收回。

农家书屋角是针对临安市自然村分散导致的农民借书难、看书难问题而推出的，这实际上是将农家书屋用到实处、发挥实效的一种探索与创新。现在每个农家书屋角通常分配有行政村农家书屋的藏书 200 余册，内容涵盖政治、历史、文学、经济、人文、社会等各方面，图书在同一行政村的自然村之间流动，更新图书的次数原则上每月一次，实际情况根据定点农家乐的需要，由定点农家乐主动到村农家书屋向图书管理员登记领取。放置于农家书屋角试点的图书，不仅服务于本自然村的村民，也为当地的游客提供服务，因此，农家书屋角所借阅的图书需要由图书管理员、试点农家乐以及本自然村其他农家乐户主共同负责。外借的图书如发生损坏或遗失，而游客没有赔偿的，由定点农家乐户主和游客所住农家乐户主各按 50%承担赔偿责任。

第三节　创新协调机制—— 文化礼堂中的农家书屋

一、文化大省的创新—— 文化礼堂建设

浙江省“建设文化大省”的战略目标虽然正式公布于 1999 年，但是在很早之前就初见端倪，其中最著名的非“东海明珠”工程莫属。从今日往回看，“东海明珠”工程算得上是以建设农村文化设施为目的的工程，事实上，临安市图书室行政村全覆盖也基本算是脱胎于此工程。但是，虽然“东海明珠”工程实施的初衷在于推进整个浙江省的农村文化发展，但基本上经过将近 20 年的建设，依旧是经济基础较好的乡镇、村组才建成了“东海明珠”。自 1999 年浙江省委提出“建设文化大省”以来，浙江省的农村文化建设已经取得了很大的成就。到 2012 年底，“三馆一站”和农家书屋已经实现了全覆盖，原来一直落后的村级文化活动室的覆盖率已达到 89%。各种流动大舞台、图书馆总分馆制等，把原本集中于城市的文化资源输送到基层和农村中去。但不可否认的是，这些年来农村文化总体水平偏低的状况没有根本改变，除了文化资源分散、内容单一，重建设轻管理、可持续性差等问题外，一个至关要素是根本不能真正达到“普遍均等”。

浙江省的农村文化建设迫切需要“升级版”，于是在 2012 年和 2013 年之交，在经过多年率先探索以及专家学者多次调研和研究讨论的基础上，浙江省提出建设一个集思想道德教育、文体娱乐、知识普及于一体的农村文化综合体，以推进城乡文化的统筹发展，缩小城乡之间公共文化服务存在的差距，实现城乡文化一体化，这就是文化礼堂建设。2013 年 1 月，在《政府工作报告》中，浙江省把在全省建设 1 000 个农村文化礼堂列入当年省政府十件实事之一。

2013 年 5 月 10 日，浙江省省委办公厅、省政府办公厅正式下发了《关于推进农村文化礼堂建设的意见》（见附录七），强调了开展文化礼堂建设的目标与原则：以有场所、有展示、有活动、有队伍、有机制等为基本标准，通过五年努力，在全省行政村建成一大批集学教型、礼仪型、娱乐型于一体的农村文化礼堂……坚持内容为先……坚持资源整合……坚持分类推进……坚持彰显特色。因此，根据省委宣传部下发的《文化礼堂操作手册》，文化礼堂统一设计为“两堂五廊”（见图 4-1），是在各村庄原有礼堂、书堂、祠堂等设施的基础上进行的改建、扩建或者新建。“五廊”分别为村史廊、民风廊、励志廊、成就廊、艺术廊，让农村群众在文化礼堂中传承本村文化，挖掘本村特色，建设本村乡风，为村民提供一个可以相互学习、相互探讨的空间。“两堂”为礼堂和学堂，礼堂主要为村里群众安排红白喜事、召开大会、举办文艺活动使用；学堂主要以农家书屋和天目学堂为主体，为群众提供文化传播、参加培训、继续教育的场所。

图 4-1　文化礼堂建设内容

随后，杭州市委办公厅、市政府办公厅根据省委文件也下发了《关于推进全市农村文化礼堂建设的意见》与《杭州市 2013 年农村文化礼堂建设实施意见》（见附件八、九）。两个文件提出要坚持“文化礼堂、精神家园”的定位，充分利用农村自然资源禀赋，挖掘和传承农村优秀传统文化资源，注重传统民俗文化与现代文明的融合创新，扎实推进农村文化礼堂建设，着力在建筑风格、展示内容、活动样式等方面形成特色、形成品牌，力争做到“一村一品”。

从浙江省和杭州市政府的文件中不难看出，文化礼堂的建设既注重标准，也看重质量。如果没有标准，文化礼堂建设就会陷入“东海明珠”工程一样的困境，总是经济良好的地区才能建设此工程，永远达不到普遍均等的公共文化服务；一旦设立了标准，就要让标准具有普适性，能够在大多数地区通行。但这并不意味着就要降低建设的质量，文化礼堂的建设目标是要成为农村群众的精神家园，不同村落有属于自己的文化，文化礼堂要搭建一个公共平台，为村落文化的发展服务。杭州师范大学教授顾希佳认为：“在文化礼堂的具体建设上，我觉得主要是不要‘一刀切’。”省社会科学院历史研究所所长陈野说：“农村文化礼堂建设与一般乡村文化站建设、文化娱乐场所建设的意义是不同的，文化礼堂需要有全新的定位，需要有更高、更长远的建设目标和人文理想。”所以，文化礼堂的建设并不对硬件设施做规定，而是为软件进行了标准制定，更加注重精神引领、文化传承。

临安市是浙江省农村文化礼堂的先发之地。2011 年开始，临安市对文化礼堂建设进行了专题调研，市委宣传部牵头拟定文化礼堂建设方案。2012 年 3 月，临安市委、常委会议专门研讨文化礼堂建设工作。会议认为建设村级文化礼堂是一项推进社会主义核心价值体系建设、满足农民精神需求、挖掘弘扬优秀文化的探索性工作，要按照传承、活动、教育、展示的功能定位，以修建修缮为主要途径，试点先行、典型引路，抓好规划、体现特色，调动社会各方面力量，把文化礼堂建成农民群众的文化殿堂和精神家园。

为使文化礼堂建设有序推进，2012 年 6 月临安市委办公室、市政府办公室下发《临安市村级文化礼堂建设方案》。根据市委常委会和《建设方案》确定的“试点先行、典型引路”的原则，市委宣传部会同文广新局等部门依据不同村庄的文化资源和全市文化礼堂建设的总体部署，对申请的村展开摸底和实地考察，最终确定太湖源镇光辉村、板桥镇上田村和花戏村为全市首批文化礼堂建设示范村。这三个村在上级部门的指导、帮助下广泛发动群众，认真制定具体实施方案，邀请相关部门领导、专家学者进行论证，并严格按照科学论证后的实施方案进行建设。

三个试点先行村文化礼堂的建成并通过验收，为全市文化礼堂建设提供了经验，起到很好的示范效应。目前 50 个具有示范意义的文化礼堂已分布在临安的每一个角落，像 50 颗璀璨文化明珠点缀着临安的美丽乡村，到 2016 年，临安 298 个行政村将实现村级文化礼堂的全覆盖。

二、成功打造特色基层公共文化服务体系

党的十八届三中全会提出，要构建现代公共文化服务体系，统筹服务设施网络建设，促进基本公共文化服务标准化、均等化。近年来，全国各地贯彻落实中央精神，在加强基层公共文化服务工作，整合资源推进基本公共文化服务标准化、均等化，打通公共文化服务“最后一公里”等方面作了很多探索与实践，文化礼堂就是其中之一。在浙江省与杭州市关于文化礼堂建设的文件中都强调了文化礼堂与基层公共文化服务体系的重要关系。最初，文化礼堂的构思来源于基层公共文化服务体系不够健全，农村基本文化场所和文化载体十分缺乏。随着调研的深入，文化礼堂已经作为“构建完善以县（市）重点文化设施、乡镇综合文化站和农村文化礼堂为主阵地的农村新型公共文化服务三级体系”中的重要一员。

建设文化礼堂并不意味着开辟新的基层公共文化服务，而是整合基层现有的公共文化服务，形成一个标准化、均等化、特色化、高效化的体系。所谓标准化，即设计具有普适性的建设与发展标准，不做数字化硬性规定，但要求内容上必须具备，从硬件设施到软件资源，能整合的整合，能开辟的要深度挖掘；均等化从建设过程来讲是指不以其他指标衡量建设的必要性，可以以点带面逐步发展，但必须保证村村有基层公共文化服务平台；特色化是指建设具体内容因地制宜，不固化标准造成资源浪费，真正建成具有村落文化的公共文化服务平台；高效化是指要最大限度地提高文化礼堂各类设施和各项资源的利用率，不做面子工程，要切实发挥文化礼堂的作用。

事实上，浙江省大力建设文化礼堂工程正是在整合全新的基层公共文化服务体系。“两堂五廊”基本包括了大部分基层已经存在的、未来可能输送到基层的公共文化资源，可以说，文化礼堂就是浙江省具有地方特色的基层公共文化服务体系。更加值得关注的是，党的十八届三中全会提出要构建现代公共文化服务体系，“现代”就表现在标准化、均等化这两点上，而这也正是浙江省文化礼堂工程的建设标准，因此，文化礼堂就是现代基层公共文化服务体系建设的代表。

三、农家书屋成为文化礼堂与基层公共图书馆服务体系的纽带

从临安市图书馆接手农家书屋工程以来，一直在探索能够提高农家书屋利用率的办法。虽然将农家书屋纳入基层公共图书馆服务体系能够保障其资源的全面性、流动性，但利用率得不到明显提升将会导致一切努力付诸东流。临安市图书馆敏锐地感觉到，作为公共文化服务体系主体的公共图书馆总分馆服务体系，其第四级的农家书屋，可以利用文化礼堂的空间来共同建设，产生内在关联、相互支撑、相互促进的作用，可共同为丰富并满足农村群众的文化需求服务。

临安市文化礼堂为村民提供了休闲、娱乐、学习的文化空间，体现了杭州市公共图书馆服务体系所倡导的第三文化空间的特征，也是临安市图书馆在探索公共图书馆总分馆体

系建设中寻找第四级基层服务网络建设最恰当结合点的尝试。充分利用村级文化礼堂和农家书屋的结合，提供一个让村民觉得舒适的“客厅”，使其具有吸引力，让村民喜欢并且自愿来到这个“客厅”，使用这个客厅中的资源，接受文化的熏陶，最后形成一个自觉学习的氛围，才能使基层公共图书馆网络全覆盖的功能得到充分实现，才能使公共图书馆作为一个公共文化服务体系的主体，将传播文化、开展社会教育的职能发挥到实处。

正如上文所述，浙江省的农村文化礼堂建设，突出内容为魂、服务为王，着眼运用好各种文化形式，将文化资源拧成一股绳。现代公共文化服务体系要求建设协调机制，这是由于长期以来，农村文化建设形成了一套以部门分割和行政层级为主要导向的文化资源供给体系，但这套传统体系已经无法满足当前农民群众多样化的文化需求，也不符合公共文化服务体系的发展趋势。文化礼堂就是整合了原有文化活动中心、农家书屋、农村电影放映、未成年人“春泥计划”、文化信息资源共享等宣传文化资源，最大限度地提高各类设施场所的综合利用率。农村文化礼堂建设不仅把资源配置倾斜到基层、把工作重心转移到基层、把活动载体落实到基层，更重要的是为建设协调机制创造了条件。

一般情况下，建有文化礼堂的村子宣传文化站、农家书屋、文化礼堂都建在一个地方，形成一个文化中心。在这个中心中各种资源都可以得到充分利用与发挥，宣传文化员可以利用农家书屋的文献资源和共享工程的资料，在文化礼堂中为村民进行文化宣传；来文化礼堂进行其他文体活动的村民也会来农家书屋坐一坐，看看书，交流一下彼此对本村文化传播与建设的意见，如此形成了一个互相促进发展的文化基地。农家书屋成为文化礼堂和基层公共图书馆服务体系的联系纽带，也成为基层公共文化服务体系的中心地带。

第四节　农家书屋风采

一、昌化镇

1. 石铺村

昌化镇石铺村是在2007年度村规模调整中合并而成的新村，紧邻昌化镇东侧，3个自然村地域面积共12.9平方公里，有山林面积17 119亩，耕地面积900亩左右。昌化镇石铺村农家书屋于2008年成立，长时间以来，一直秉承公益性的原则服务于村民，书屋辐射周边3个自然村的2 200名农村群众。书屋面积40平方米，藏书4 000册，设专职管理员一人。自石铺村农家书屋建设以来，管理员通过多种渠道，多方面筹措资金2万余元用于书屋的建设，书屋现有书架5个，阅览桌2张，报架2个，杂志柜2个，文献资源有藏书4 000册，音像制品200余张，自费订有《光明日报》《人民日报》《经济日报》《杭州日报》《钱江晚报》《求是》《今日临安》等报纸、杂志。每月开放20天用于图书借阅，月平均接待内阅及外界读者 260 人次。

石铺村农家书屋始终把“读者至上、服务第一”的服务宗旨贯穿到各项基础服务工作之中，始终以高涨的工作热情及吃苦耐劳的精神，全天候为农民服务。为此，管理员在临安市图书馆的指导下做了大量工作。一是规范管理。为了确保书籍和音像制品做到管理规范，使借阅服务工作更加贴近读者，书屋严格遵循图书分类排架规则，对 4 000 余册图书和 200 余张音像制品进行了全面整理，实现了严格规范排架。二是建立健全书屋管理制度。制定农家书屋借阅规定等一系列规章制度，以此来规范服务行为，做到“借阅有程序，本本有去处”，达到了规范化管理的标准。三是实行专人管理，明确职责。为了使书屋规范有序开展，村组选出责任心强、有管理能力的村代表专门对书屋进行管理和维护，坚持按时开门和办理有关借阅手续。四是收集相关信息，不断完善图书种类。为了扩大图书种类，拓宽知识领域，更好地满足周边群众的阅读需求，平时书屋将群众反映的需求图书信息进行收集、归纳和分类，同时注意做好科技书、工具书、重要文献、地方文献的入藏准备工作。五是不断完善相关设施，努力提升服务水平以解决村民看书难、看报难的问题，培养村民阅读习惯，提高广大村民知识水平和文化素质，更好地服务新农村文化建设。

2. 上营村

上营村是临安市昌化镇最西端的一个小山村，距临安市区 50 公里，距杭州市 94 公里，02 省道、杭徽高速穿村而过，交通十分便利，为临安西部工业功能区所在村。全村有 3 个村民小组，126 户农户，常住人口 383 人，全村总面积 3.1 平方公里，境内有山林 2 463 亩，耕地 430 亩，盛产竹笋、山核桃等农副产品。

昌化镇上营村农家书屋始建于 2011 年 9 月，是在村两套班子的领导下在上营村村委大楼中建起的图书室。2012 年 2 月份正式挂牌成立为上营村农家书屋，服务本村 400 余村民。

上营村农家书屋面积约 20 平方米，其归属权为上营村所有。书屋内有多种类型藏书，如科技类、文化类、综合类、政治经济类、生活类、少儿类等，光盘有百余种，由村文化宣传员负责管理。每周开馆时间不少于 5 天，并且建立了办理各类书刊的借阅制度：每次可借书 1～2 本，次日或 2 天内归还，如有特殊情况须向负责人说明。由于上营村农家书屋是建在村委大楼里，因此经常利用文体站的其他设施举办一些活动，比如会邀请书法老师来书屋写对联，教村民写字帖等，群众参与度达到了 60%以上。

3. 朱白村

朱白村位于昌化镇西南部山区，现有 17 个村民小组，380 户农户，1 176 人口，地域面积 15.3 平方公里，有山林面积 22 300 亩，耕地面积 750 亩，拥有昌化镇境内唯一一处原始森林保护区，主要经济林为千亩山核桃林和千亩毛竹林。

为丰富群众精神生活，关心下一代儿童，在昌化镇政府和朱白村村委的支持下，朱白村农家书屋于2012年4月成立挂牌。朱白村农家书屋坐落在昌化镇朱白村坎上25号，原址为朱白小学校区，小学撤并后成为朱白村村委办公室，农家书屋则设置在二楼。现在的朱白村由三个自然村合并而成，人口共计1 159人。

朱白村农家书屋面积33平方米，配有5组木质书架，2个报刊架，书籍资源包括生活类、科技类、少儿类、综合类、政经类、文化类等共计2 200余册。由宣传文化员专职担任管理人员，定期开放农家书屋，并制定借阅规则：每人每次可借阅图书3本，期限为1个月，可续借。在朱白村农家书屋成立的两年多来，举办过各种活动。在暑假实施“春泥计划”，组织本村少年儿童来书屋阅读、猜谜、讲故事等，同时把他们的家长也邀请到活动中来，既增加了乐趣，也起到了宣传书屋的效果。

现朱白村的管理员经过一段时间的工作，通过和孩子们以及村民的接触，发现不同年龄段的读者对书籍的偏好程度不同：中学生喜爱武器和科幻类，小学生则比较喜欢猜谜故事和《十万个为什么》，但是由于朱白村是由稀疏的自然村组成，少年儿童借阅书籍十分不便。因此，未来朱白村将探索新的农家书屋可持续利用的方式来满足居民的阅读需求。

二、玲珑街道

1. 化龙村

玲珑街道化龙村位于临安西大门，杭徽高速和102省道必经之地，交通便捷，东至杭州，南临富阳，西是黄山，北为安吉。全村有村民2 247人，外来人口1 600多人。化龙村四处环山，风景优美，每一座山、每一处岗都有动人的传说。化龙村的名字有个神话故事，传说在古代化龙村发生旱灾，有9条鲤鱼跃过桥来到此处，化作9条龙救灾百姓，于是就有了化龙村一名。

2012年，化龙村被定为中心村，按照上级的要求，村委两套班子、村全体党员、组长、妇女代表共同努力，大搞新农村建设，一系列的征地、赔款、设计有条不紊地进行着。到2014年8月，村新办公大楼完工，内设有40平方米老年活动室、30平方米图书阅览室、20平方米会议室等。办公楼前面是1 000平方米的体育广场，还有一个240平方米的露天大舞台。村大楼前面右侧是一个长20米、宽3米的文化长廊。村大楼右侧是篮球场和停车场，大楼左侧是一条大道直通村尾。大道南边是清溪水，大道北面是规划中的村民住房，一个美丽的新农村即将诞生。

化龙村文化积淀深厚，有一支历史悠久的狮子队，在市里小有名气。2008年，根据化龙村的来历，在上级领导的支持下，化龙村成立了一支36人的舞龙队，4人舞大龙，8人舞小龙，另有12条鲤鱼，每条由2人组合舞动。化龙队参加杭州民间艺术表演获得金奖，参加国家级山花奖演出获得银奖，参加江浙沪舞龙大赛获得铜奖。除此之外，村里还有腰鼓队、排舞队、老年秧歌队、扇子舞队、篮球队、排球队等，几百号村民活跃在文体活动中。

文化知识是强国、强民的基础，是精神食粮。在上级高度重视下，2011 年 11 月，化龙村开始招聘农家书屋管理员，同时对其进行了业务培训。随后立即开始筹划农家书屋选址和配备设施。当时的化龙村没有合适的房屋用作农家书屋，在这种情况下，管理员考虑到家中的新房是新装修的，有 100 平方米，且处在村里的中心区，故征求村委同意，申请将农家书屋设在自己家里。地址确定后，上级下拨书籍 1 296 册，种类 1 287 种，内容涵盖文化、少儿、政经、生活、科技、综合等。配有书架 7 个，报刊架 2 个，订有《杭州日报》《钱江晚报》《钱江早报》《今日浙江》等报刊。准备工作就绪后，2012 年 2 月，化龙村农家书屋正式挂牌开放，通过一年的努力，又新增书籍 72 册。2012 年度化龙村农家书屋被评为杭州示范农家书屋。在管好农家书屋的同时，管理员也积极参与村文化建设，搞好搞活村文化活动。2014 年，临安市文化宣传部又向化龙村赠送了各类书籍 460 册，内容广泛，从幼儿不肯放手的漫画故事到老人喜欢的健康知识，为村民增添了丰富的知识。

2014 年，村办公大楼开始交付使用，大大提高了村民阅读、娱乐、锻炼、交流的机会。与此同时，农家书屋又新增加了 3 个书架，配备了计算机、桌椅等设施，从单纯的只能借阅的农家书屋，变成了人性化的、可坐下来静静享受知识的空间，这是向公共图书馆过渡的关键。

2. 米积村

米积村位于临安市西约 15 公里处，属玲珑街道行政管辖。北接杭徽高速，南通胥高公路，西与富阳市万市镇东叙村毗邻接壤。太甘公路穿村而过，每天有临安 17 路公交定时班次通行，交通方便。米积村由化岭脚和徐坞两村合并而成，村域面积为 4.34 平方公里、山林 6 500 亩，耕地 338 亩，常住人口 570 人。此地自然生态保护良好，周围山峰竞秀、绿树葱茏、空气清新、风光旖旎。米积村经过大力建设和整治，尤其是樱花基地的创建，将成为名符其实的世外桃源、人间仙境。

米积村根据本村实际，在巩固、提高、充实现有阵地的基础上，不断提高在硬件基础和配套设施建设以及综合服务等方面的水平。2013 年投资建起文化礼堂，由道德讲堂、图书室、乒乓球室、多媒体会议室组成，集学习、教育、培训、娱乐为一体，已举办故事会、敬老礼仪活动、双证制培训、家庭教育知识讲座、假日学校等各类文体活动（见图 4-2）。还在天目学堂开办了为期一个月的假日学校暑假班，邀请“五老”人员和有识人士、老师授课，设立兴趣班（内容有象棋、绘画和讲故事等形式）。特别是邀请了省级“非遗”项目《玲珑山传说》第三代传承人讲解传说故事并赠送书籍，深受小朋友的喜爱。

村图书阅览室建筑面积 50 平方米，内藏书 1 300 多册，种植、养殖、法律、家庭生活等各种内容的书籍分门别类摆放，定期更新，每年订阅的各类报纸、杂志在 50 种以上。文化宣传长廊每月定期摆放宣传海报与图片。遵循图书分类排架规则，对借阅室所有图书进行全面倒架、整架，实现严密规范排架。为了让读者利用图书资源更加得心应手，全馆对书架进行了重新分类标识，设置各类图书引导，使图书标引更加规范，不能录入的旧书、盗版书全部下架。自从图书室创建以来，群众文化需求急速发展，读书人数骤然增多。为满足读者需要，村图书室延长了开放时间。

图 4-2　米积村文化礼堂

暑假中，米积村创办了“假日学校”，图书室成为孩子们的第二校园。2013 年的“世界读书日”，图书室和街道合作举办了活动。新颖的活动形式、丰富的内容，让参加活动的学生开阔了眼界，丰富了知识，体验了数字阅读的乐趣。

3. 宏渡村

宏渡村农家书屋成立于 2012 年 6 月，位于宏渡村老村委二楼，书屋面积约 16 平方米。现有各类图书 2 400 余册，由三部分构成：市图书馆分 2 次捐赠了 2 085 册，原本村阅览室有 200 册左右，村民捐赠 90 册。公共电子阅览室面积 38 平方米（见图 4-3），有铁皮书柜 7 只，办公桌 1 张，电脑桌 5 张，椅子 7 把，临安市图书馆赠送的计算机 5 台。书屋服务人口约 1 100 人左右，开放时间为每周三、六整天，节假日、双休日择日开放，其他时段借书可通过电话预约。

宏渡村农家书屋不但确保村民读者借阅开放时间，还联合信用社开展“送文化、送金融、送服务”与发放图书宣传资料活动，开展电子阅览室的网上阅读活动。省“非遗”项目《玲珑山传说》的第三代传承人之一张天复（宏渡村农家书屋管理员）利用暑期班向孩子们宣传家乡文化，还带头撰写“我爱阅读”“我爱农家书屋”等征文稿，积极参加街道、市组织的读书征文活动，以及参加“逐梦田园，建设美丽乡村”杭州市农家书屋读书征文活动。

图 4-3　宏渡村电子阅览室

三、板桥镇

1. 板桥村

“农家书屋”工程是由政府统一规划、组织实施的一项惠及广大农民群众、推动农村文化建设的重大工程。工程的建设对解决农民群众“买书难、借书难、看书难”的问题，保障农民群众基本文化权益，推进社会主义新农村和小康社会建设具有重要意义。板桥村的农家书屋于 2011 创立，所在地为板桥村村委，面积 30 平方米，全村人口为 2 460 人。板桥村农家书屋可供借阅的实用图书 2 000 余册，报刊 30 多种，电子音像制品 100 张。

板桥村农家书屋制定了完备的管理制度。《图书借阅制度》规定：本村村民每人每次可借书一册，借期不超过 15 天，必要时可续借一次；本室工具书、报刊一律不得外借，只供室内阅览；借阅图书时，按图书标价交押金；读者借书超期不还者，每超期一天，罚款 0.5 元，以此类推。《新书登记制度》规定：本村图书室所有图书、报刊、光盘等文献资料一律实行登记制度；管理员须依“图书登记簿”要求登记造册，建立书本式目录；所有图书必须加盖镇文化站藏书专用章；每册书一张书标，书标贴在书背下方离书根两厘米处。《图书保管制度》规定：对上级有关部门捐赠、配送、自购图书应及时验收登记，填写“图书登记簿”；所订报刊应及时验收、盖章、登记后方可投入使用；图书、报刊每周整理一次，破损图书及时修补；过期报、刊，按月、季装订成册。正是由于有了这些完备的管理制度，书屋的管理才能井井有条。

2. 环湖村

环湖村农家书屋从 2012 年 2 月建成以来，各类出版物摆放整齐、品种分类清晰；

悬挂统一书屋牌匾，落实管理人员，管理制度、借阅制度、岗位职责上墙，登记簿、借阅登记簿、出版物需求登记簿齐备，最大限度地满足村民丰富多样的科普、文化、体育、娱乐活动需求，有意识地引导动员村民、学生到书屋借书、阅读。书屋每周开放五天，方便村民阅读，村民及中小学生有空都喜欢到书屋来坐一坐，挑选他们爱看的读物（见图 4-4）。

图 4-4　借阅的小读者们

农家书屋的建设，不仅丰富了农村群众文化生活，更提升了村民的素养和气质，使农村文化风气更加浓厚，受到群众的普遍欢迎和好评。但是，在农家书屋运行过程中也出现了很多问题，需要我们认真对待并予以解决。

从目前看来，农家书屋建设的资金投入主要以财政投入为主，尤其是当地政府财政。较少且不连续的资金投入导致农家书屋图书和设备更新以及各类活动开展都受到限制，服务无法提升自然影响农家书屋的有效运行。希望政府和村多支持农家书屋工作，多给予资金支持。

3. 上田村

农家书屋是为满足农民文化需求、在行政村建立的向农民提供实用的图书报刊和电子音像产品的公益性文化服务设施，是加强农村文化建设，加快建立覆盖全社会的公共文化服务体系的重大措施，2012 年 1 月份板桥镇上田村挂上了农家书屋的牌子。

上田村的农家书屋位于村委办公室里，上田村村域面积 10 平方公里，辖 9 个自然村、18 个村民小组，560 户共 1 877 人。农家书屋驻地花牌楼自然村，又名花牌楼。农家书屋面积 50 平方米，共有藏书 3 600 册。现有藏书包含了文学小说、生活常识、科普知识、科学种植、养殖知识、法律知识等种类丰富的书籍，知识涵盖面广、内容丰富，能够极大地丰富广大村民的各种知识和给他们提供各种技术信息。农家书屋书籍分类严格按照管理手册要求，按类别依次排放整齐。

农家书屋有专职管理员，管理人员参加过培训，对农家书屋各类书籍分门别类陈列，便于村民借阅。管理员熟悉图书分类、登记、保管和借阅等方面的知识，图书保管、借阅等有章可循。书籍的借还情况都经过严格的实名登记，管理员定期检查书籍是否被虫蛀、受潮，是否有遗失、缺页等现象，保证图书不被损坏和丢失。农家书屋开放时间自由，有借阅要求的村民可以随时联系管理人员登记借阅书籍。

图 4-5　上田村文化礼堂中展示的农家书屋的书籍

农家书屋在新农村建设中的作用日益显现。农家书屋的建设从根本上改变了农村的落后面貌，依托有利的地理资源，活动人数众多，读者往来方便。为了有效管理农家书屋，农家书屋实行自由开放时间，书屋的管理制度中在公示开放时间的下面留有管理员的电话，并加上了“如果书屋未开放，请电话联系”的字样，方便群众借阅，从而很好地满足了群众的活动需求，丰富群众生活。农家书屋为丰富群众精神需求，多次开展读书活动，如爱国主义教育活动、健康饮食活动、争当农家管理员活动。作为书屋代表，上田村还积极参加镇、县组织的“书香星沙”征文比赛和演讲比赛等。农家书屋使村民接受了新知识，获得新资讯，实现再教育。在农村，信息相对闭塞，村民能接受的文化知识相对较少，农家书屋订有报纸、杂志，为村民提供了最新的社会资讯。村民通过看书、看报了解国家政策，获得更多的生活常识、种养技术，通过自学，在家门口上培训班，实现再教育。

农家书屋为农民的生产生活拓宽了信息渠道。农民日常生产中出现的种植、养殖技术问题常得不到快速、有效地解决，而农家书屋为现代技术广泛地推广、应用于农村的生产和生活提供了渠道，小书屋也为农民生产提供了智力支持。农家书屋还为在读农村学生提供了一个良好的读书环境，一些村民陪同孩子到农家书屋一同学习，还以书正风、以书育人，村民文化知识水平得到了提升，农民的素质也得到提高。

随着农家书屋的建设和推广，现在农家书屋已成为农民的朋友，成了提升农民素质、丰富农村文化生活的有力阵地。虽已初显成效，但与上级的要求、与人民群众的现实需求还有相当的差距，书屋建设工作也还存在经费、设备、管理等方面的困难，但我们有信心也有决心，在上级领导的指导和帮助下进一步加大力度，拓宽思路，把工作落到实处，努力营造浓厚的文化氛围，打造精品工程、亮点工程，提高广大农民文化素养，进一步改善村风民风，努力建设文明、富裕、和谐的社会主义新农村。

四、河桥镇

1. 罗山村

罗山村坐落于河桥镇政府东面，人口约 1 100 余人，东面、北面与昌化镇交界，南面与云浪村交界，西面临柳溪江溪水在村前湾流而过，自 2007 年罗山原西九与毕家合并成立了罗山村，一条 7 公里村级柏油路把两个自然村一线连贯。

自并村以来，2009 年临安市图书馆赠图书 200 册，在原毕家村会议室旁设立了一个 25 平方米的图书室，2010 年成立了书画队，成员有 5 人。当年被评为临安市村级先进文化集体，由周金平负责至 2011 年 12 月结束。2012 年临安图书馆又赠书 1 278 册，并在当年挂牌，由村老干部许雪林负责至 2013 年 2 月。2013 年 3 月改由村报账员饶晓燕兼任村级文化员。2013 年 3 月临安市新华书店赠书 73 册。现河桥镇罗山村共有图书 1 551 册，分文化、少儿、科技、综合、艺术五大类。

罗山村农家书屋的开馆时间为每周三、六、日，借书人必须登记图书类型、书名、借书日期、借书人，书籍借出时不得损坏，还书时必须填写还书日期、还书人等。

罗山村农家书屋现配备文化员一名，有绘画特长，爱好书法。由 2014 年 7 月底接管农村书屋以来，不懂的地方问兄弟村的文化员，努力贯彻好上级的方针政策，挖掘农村的文化资源，带动本村的文化娱乐活动，使罗山村的文化氛围越来越浓厚。

2. 七都村

河桥镇七都村位于和桥镇西部，西连湍口镇三联村，北接和桥镇蒲村村，东邻河桥镇中鑫村，是 2007 年村规模调整后由赤石、寺坞、浪川、蒲坑四个行政村合并起来的新村，村域面积 21.23 平方公里，有 15 个村民小组，602 户农户，1 841 个农业常住人口，劳动力人口 1 200 人，其中外出经商务工的有 386 人，从事纯农业生产的有 814 人。全村耕地面积 1 339 亩，其中水田 1 135 亩，旱地 204 亩，森林面积 26 639 亩，其中山核桃经济林面积 3 030 余亩，桑园面积 1 538 亩，山核桃、蚕桑、毛竹是农户的主要经济收入来源。

七都村农家书屋于 2011 年 10 月在村委所在地浪川办公楼内正式挂牌。20 世纪 80 年代初各自然村都曾有过图书室，因历史原因，现各图书室已不复存在。农家书屋正式挂牌后，按时按规定为约 2 000 名村民提供阅读、借书等服务。因村经济条件差，没有专用的农家书屋，借用的是村办公用房，故面积只有 10 平方米左右，且硬件简陋，只有 6 个书架（其中一个老书架）、1 张老式写字台、1 把旧的单人椅子、2 张双人靠背椅子。书屋共有临安市图书馆赠来的新书 1 280 册，新华书店购来的图书 73 册，书屋管理员由村文化宣传员兼职。每周一、三、五、六、日（8:00—16:00）为开放时间。屋内醒目的位置悬挂着管理制度、管理职责、图书借阅制度。

七都村农家书屋由一名退休教师负责，业余时间足，有一定的文化水准以及管理能力。因村经济差，前来书屋借书阅读的村民并不是很多，因此组织了其他业余文娱队伍。如女子舞龙队，在春节、元宵等节假日经常参加各种庆祝活动，并在浙西大龙湾首届“龙文化旅游节”舞龙技艺比赛中荣获三等奖；女子排舞队两支，农闲时节天天皆跳；男女登山队各一支，代表镇参加市登山比赛分别夺得团体冠亚军各两次，为河桥镇争得了荣誉。

3. 聚秀村

聚秀村位于河桥镇东，毗邻昌化镇，全村地域面积 8.11 平方公里，包括耕地 560 亩，山林 9 468 亩，有 12 个村民小组共 837 人。河桥镇聚秀工业集聚区位于村域范围内。2008 年村民人均收入 7 807 元，主要收入来源为竹笋、蚕桑等经济作物种植和村民外出务工。

聚秀村是个小自然村，现在的农家书屋建立于 2011 年，也是聚秀村新建的村委所在地。为贯彻落实党的十八大精神，2011 年 3 月正式挂牌成为聚秀村农家书屋。

农家书屋位于村委服务中心，服务全村 800 多村民，书屋面积 30 平方米，书架 4 只，每周二、六下午为书屋开放时间。书屋由村宣传文化员实行规范化管理模式，一枚工章、两块牌子、三项制度、四个本子，挂统一标牌，公开管理制度和借阅制度，做到各项制度上墙。设置并认真填写“图书分类登记册”“图书借阅登记册”，列入农家书屋档案管理。

自 2012 年初聘村宣传文化员，聚秀村农家书屋由村妇女主任负责管理。虽然管理员文化程度不高，没有丰富的工作经验，但对待这项工作却很认真，能够明确农家书屋所承担的弘扬先进文化，传播社会主义核心价值体系，满足农民群众基本文化需求，提高广大农民群众综合素质，丰富农村文化生活的任务。

但聚秀村农家书屋自开放以来仍存在不少问题：缺报纸、杂志、光盘，缺计算机等基本设施，图书借阅人数少。因此，管理员也一直在争取得到上级领导和村领导的帮助和支持，利用自身优势，大力开展读书征文、知识讲座、科技培训、观摩评比等形式多样的读书活动，拓宽服务范围，不断丰富活动内容，创新活动载体，充分发挥农家书屋的作用，力争让农家书屋丰富多彩。

4. 学川村

学川村地处蒲溪流域之源，距河桥镇政府 27 公里，距杭徽高速 12 公里，由原学川、牛胫两个村合并而成，辖 16 个村民小组，总面积 21.4 平方公里，有常住村民 397 户，常住人口 1 215 人，耕地面积 1 080 亩，山林面积 2 995 亩，其中生态公益林 4 728 亩，森林覆盖率达到 90%以上。村庄居住集中，环境整洁优美，村风、村貌日新月异，村民生活水平直线飙升。2009 年年底村民人均净收入达到 8 546 元。几年来，学川村曾荣获省、市、镇级"先进党支部""卫生村""文化示范村""新农村建设先进集体""计生先进集体""老年星光之家""文明村"等荣誉称号。

学川村农家书屋创建于 2007 年 1 月，前身是学川图书室。当时由文明共建单位——杭州师范学院（杭州师范大学前身）一次性捐赠 3 300 册图书及书架、桌椅等设施。2008 年起由临安市图书馆统一管理，当年调拨图书 300 册，2009 年调拨 200 册，2012 年调拨 1 294 册，2013 年调拨 73 册，累计调拨 1 867 册。杭州师范大学自学川图书室建成以来，每年都赠书，至今已累计赠书 4 913 册。图书室实际藏书量已达 6 780 册。5 月杭州市将村级图书室统一更名为农家书屋。

学川村农家书屋坐落在村委驻地——学川自然村的村委办公楼右则，占地面积 60 余平方米，分储藏室和阅览室两间，与村居家养老服务站连成一体。藏书室有大号书架 3 只、中号 2 只，可一次性藏书近 7 000 册。阅览室有阅览桌 10 张、椅子 40 余把，一次可容纳近 50 人看书读报。另有计算机 1 台、投影仪 1 台、电扇 4 台，阅读环境良好。2013 年 6 月村文化礼堂建成后，农家书屋隶属村文化礼堂。

学川村农家书屋管理员由村团支部书记郑爱增同志担任。农家书屋订有日常开馆时间和管理制度。常年服务人口 200 余人，月平均借阅近 20 人次。每年暑期杭州师范大学社会实践小分队人员在农家书屋举办中小学生读书会，得到村民好评。2009 年学川村农家书屋被临安市文广新局党支部评为"阳光文化书屋"。

五、青山湖街道

1. 蒋杨村

蒋杨村农家书屋自 2011 年 12 月 28 日开馆成立并挂牌以来，由村文化宣传员对图书进行分类、编号、上架，严格遵守图书借阅的各项规章制度，周一至周六全天为村民开放借阅图书。2013 年图书室从原来的老村委搬迁到新的村委办公大楼，刚好位于青山湖街道中学小学和幼儿园旁。蒋杨村本地人口 4 000 余人，外来务工人员有 3 000 余人，为了方便村民和小学生在图书室看书，村里新添置了 9 个新的大书架、4 张桌子和 8 只凳子，配置了计算机。新图书室有 20 多平方米，室内宽敞、整洁、明亮，拥有图书 1 720 余册，报纸、杂志 30 余种，每到下午放学时会有很多小学生前来看书。暑假期间，村里的图书室开展了小小书友会“春泥计划”活动，并邀请了农林大学的大学生为小朋友介绍多看书的好处，让他们养成从小爱看书的良好习惯，每个小朋友还可将自己喜欢看的图书写出来，为以后村里购买新书作参考。

2. 坎头村

坎头村地处青山湖街道办东北方向，南苕溪北岸。坎头村农家书屋于2010年12月成立，书屋位于村委办公楼三楼，辐射9个小组村民共1 578名群众。书屋面积35平方米，藏书1 600多册，报刊28种，设专职管理员1名。书屋现有图书橱1个，书架6个，阅览桌1张，凳子18只，空调1台，电视机1台，饮水机1台，电话机1只。自费订有《人民日报》《浙江日报》《杭州日报》《中国文化报》《中国青年报》《钱江晚报》《今日临安》《人生杂志》等报纸、杂志。图书借阅每星期开放4天，每年借阅图书280余册。在管理书屋的同时做好科技书、工具书、重要文献、地方文献的入藏准备工作。

书屋始终把“读者至上、服务第一”的服务宗旨贯穿到各项基础服务工作之中，始终以高涨的工作热情及吃苦耐劳的精神，全天候为农民服务。为此，坎头村党员干部、群众做了大量工作。一是规范管理。为了确保做到书籍和报刊管理规范，使借阅服务工作更加贴近读者，书屋严格遵循图书分类排架规则，对1 600余册图书和28种报纸、杂志进行了全面整理。二是建立健全书屋管理制度。制订农家书屋借阅规定等一系列规章制度，以此来规范服务行为，做到“借阅有程序，本本有去处”，达到了规范化管理的工作标准。三是实行专人管理，明确职责。为了使书屋规范有序开展，村组选出责任心强、有管理能力的村代表专门对书屋进行管理和维护，坚持按时开门和办理有关借阅手续。四是收集相关信息，不断完善图书种类。为了扩大图书种类，拓宽知识领域，更好地满足周边群众的阅读需求，平时书屋将群众反映的需求图书信息进行收集、归纳和分类，书屋逐步进行完善。五是不断完善相关设施，努力提升服务水平以解决村民看书难、看报难的问题，培养村民阅读习惯，提高广大村民知识水平和文化素质，更好的服务新农村文化建设。坎头村农家书屋在2012年获得“杭州市示范图书屋”荣誉称号。

3. 研里村

研里村农家书屋于2010年11月建成，坐落于研里村委一楼，服务人群为14个村民小组627户，书屋面积50多平方多米。目前各类书籍已达2 000余册，主要包括种植养殖技术、小说、医学常识、家电维修常识、养生保健常识、育婴哺乳知识、计划生育宣传知识等类别，报刊30余种，光盘100多张。书屋按照统一的规格设置农家书屋标识牌、书柜、计算机、桌椅、报架、照明用具等基础设施。除临安市图书馆、青山湖街道配送的书籍外，研里村自行出资2 000元购买100多册图书，充实了农家书屋的资源。针对不同人群工作、学习的特点，合理开放农家书屋时间，真正把农家书屋建成研里村的知识图库。

暑假期间，学生们在图书室练习做黑板报、手抄报、看书等，村里还专门请来老师给学生上未成年人暑期安全知识教育讲座，关注未成年人的成长，为他们提供需要的学习辅导材料和有利于健康成长的课外读物。以方便群众为原则，结合实际，该村农家书屋与党员远程教育室相配套，并在农家书屋前建设了篮球场、健身点等体育活动场所，不断加强硬件建设，完善服务功能，更加满足农民群众丰富多样的科普、文化、体育、娱乐活动需求。

农家书屋的活动建设极大地充实了农民朋友的文化生活，同时也给农村的留守儿童提供了一个很好的学习平台，丰富了他们的课外生活，让农村的孩子们能向城里的孩子一样享受丰富的图书资源。2012 年研里村农家书屋获得了“全国示范农家书屋”的荣誉称号。

4. 庆北村

庆北村地处青山湖街道横畈区块集市中心，交通便利。由原临北村和原回里村合并，全村共有 13 个村民小组，农户 378 户，人口 1 068 人，其中党员干部 71 名，耕地面积 826 亩。近年来，庆北村在街道党工委的领导和大力支持下，在上级有关部门的关心、帮助下，经过全体村民的共同努力，精神文明建设取得了一定的成绩。

村民群众是庆北村的建设主体，让村民群众掌握文化知识，是他们脱贫致富的根本途径，是建设新农村的必由之路。为推进村精神文明，提升农民科学文化素质，丰富广大农民精神文化生活，2012 年村党总支筹措资金，在临安市图书馆的帮助下，创办了藏书近 1 500 册的农家书屋。书屋有政治、历史、科普、法律、文学、教育、医学等种类的图书，有报纸、期刊 5 种。庆北村农家书屋自开展以来，赢得了村民的一致好评，充分发挥了服务村民群众的作用。

庆北村坚持充分利用农家书屋图书资源丰富的优势，强化一种理念，即从实质上让群众体会今天的农家书屋与过去的文化室有别，从而彰显农家书屋的活力。伴随着社会的发展进步，村民群众对文化生活的需求也越来越多，通过开辟精彩纷呈的文化活动，使广大村民的素质不断提高，文化生活水平有了极大的加强。农家书屋作为这一重要阵地，发挥了不可估量的作用，让千家万户走进了农家书屋。农闲时间，书屋组织广大农村党员、干部和群众认真学习党的方针政策、政治法律、农业生产等各类知识，开阔了视野，拓宽了思路，增长了知识，为广大农民朋友科学种养、创业致富提供了保障。

为了充分发挥农家书屋的作用，庆北村将农村远程教育与农家书屋结合起来，整合资源，推进农家书屋和远程教育文化共享，切实增强农家书屋的实用性。

农家书屋的建设惠及了全村的农民群众，也丰富了农村的文化生活。现在农家书屋每天都聚集一些爱看书的村民，有的看美食烹饪，有的看种养技术资料，看书成为一种乐趣、一种时尚。农家书屋已经成为庆北村村民的朋友，成了提升素质、丰富业务文化生活的有力阵地。

庆北村农家书屋每周一至周六（8:30—16:00）都为广大村民开放，主要形式是阅读、借阅。农家书屋的创办有效解决了农民买书难、借书难、看书难的问题，活跃和丰富了农村文化生活，成为广大农民朋友的“精神乐园”和“致富加油站”。

六、清凉峰镇

1. 白果村

清凉峰镇白果村位于天目山脉最高峰清凉峰腹地，东与清凉峰镇杨溪村相邻，南与河桥镇学川村相邻，西与清凉峰镇顺溪村相邻，北与清凉峰镇新峰村相邻，由原申明、乾山、里仁、岭下 4 个自然村组成，全村共有农户 1 152 户，37 个村民小组，总人口 3 183 人，区域总面积 43.5 平方公里。

白果村坐落在拥有 4A 级美称的大明山风景区下，是一个环境优美、物产丰富的现代化新农村，在这里不仅可以享受特色的农家美食，还可以汲取作为“教师村”“人才村”“大学村”的传统文化的深厚底蕴。

为提升群众科学文化素质，丰富其精神文化生活，推进新农村建设，白果村农家书屋得到有关部门的支持与投入，书屋面积虽不大，但配有多组书柜、多张桌椅，并安装了计算机。含配送及订购的涉及政经、科普、法律、教育、医学类等图书计 3 000 册，还有报纸、杂志等。

书屋建成以来，各类图书摆放整齐、品种分类清晰；管理制度、借阅制度、岗位职责上墙，各类登记簿齐备，最大限度地满足了村民的需求。书屋每天开放，方便村民阅读，村民及中小学生有空都喜欢来书屋看书。特别是寒暑假，小小的书屋挤满了人。书屋还定期举办活动，如青少年知识大赛、征文活动等。每年暑期实施的“春泥计划”，鼓励青少年走进农家书屋读一读、写一写，为他们阅读过的最喜欢的一本书写读后感，这个活动得到了众多青少年的响应和参与。书屋还将读后感打印出来张贴在书屋宣传画板上，活动很有意义！

书屋为村民汲取知识、获取信息、科技致富、提高生活品质搭建了一个很好的平台。久而久之，读书成了村民农闲之外的一项重要活动。书屋解决了农村人民读书难、借书难的问题，无所事事的人少了，读书看报的人多了，书屋正在不知不觉地改变白果村村民的生活习惯，成为人们获取知识的驿站。

2. 颊口村

颊口村地处临安市昌西地区，是清凉峰镇的中心村，东邻清凉峰镇新都村，南接河桥镇石瑞村，北邻原马啸乡玉屏村，西接杨溪村，02 省道、杭徽高速纵贯其中，交通便捷，距大明山旅游风景区（国家 4A 级）6 公里，清凉峰自然保护区 20 公里，大小石门风景区 10 公里，浙西大峡谷 30 公里。颊口村共有家庭户 1 163 户，3 185 人，2010 年人均收入 10 887 元；村庄总面积 19.3 平方公里，耕地面积 1 443 亩，林地面积 19 500

亩，植被丰富，环境优美，山清水秀。

2012 年颊口村以社会主义新农村建设为契机，整合农村文化建设资源，投资 60 多万元修缮文化礼堂和 150 平方米的科技文化活动室，加挂“农家书屋”标牌，书屋覆盖人口 3 185 人。农家书屋设在新科技文化活动室二楼，面积 80 平方米，配备书架 8 个，标准书桌 2 张，椅子 28 张，各类图书 1 600 余册。

村党委书记和村委主任为书屋的直接负责人，负责书屋的管理使用和设备添加、维修等，同时任命村宣传文化员为图书管理员，主要负责图书的管理、借阅。为了管好、用好这些书，切实发挥书屋的作用，书屋专门制定了《书屋管理制度》《图书借阅制度》等，并在使用过程中严格执行这些制度，完备借阅手续，填写借阅、归还记录，使书屋的管理逐步走上制度化、规范化的轨道。

农家书屋加强了基层党组织建设，成为干部、党员活动室，使党员学习内容更加丰富，组织生活经常化、制度化、规范化。在书屋里，党员和群众读书讨论，共商生产发展、村容建设等大事。农家书屋活跃了农村文化生活，自从农家书屋建成后，村里的赌博、吵架等一些不良现象明显少了，越来越多的村民走进农家书屋，在这个大家庭里，读书、看报、听故事、唱民歌、唱越剧、培训技能、画画、练习书法等，实实在在丰富了村民的精神生活，提升了村民群众的知识水平。

3. 新都村

清凉峰镇新都村由石朋、洙浪村合并而成。村委会驻地塘塍自然村，北纬 30° 08 '，东经 119° 03 '，海拔 185 米，距镇政府驻地 2.8 公里，东连九都村，南界河桥镇，西邻颊口村，北界龙岗镇。村域面积 11.4 平方公里，耕地面积 56.6 公顷，山林面积 866.93 公顷。全村 663 户 1 817 人，分布 14 个小组，5 个自然村。2010 年人均收入 8 120 元。

新都村地处浙西山区，得天独厚的自然条件造就山核桃产业蓬勃发展，目前新都村山核桃林面积已扩大至 5 630 亩，年产量达 190 多吨，小小的坚果给村民带来非常可观的经济收入。同时各类以山核桃为主的炒货加工企业随之迅速发展，并形成一定产业规模。

近年来，新都村大力发展村级基础设施建设，不断提高村民生品质。先后完成村社区便民服务中心，石朋大桥重建工程，道路硬化、亮化工程。这些成绩的取得，离不开上级领导及各方的关怀和支持，离不开大家的共同奋斗。今天的新都村正上下一致、齐心协力，为创建临安市“绿色家园、富丽山村”特色村而努力，2013 年更是被评为“杭州市文化示范村”。

2012 年，新都村在上级政府的亲切关怀和大力支持下建立了农家书屋。目前，书屋面积近 20 平方米，配有书架 5 个，藏书有政治、历史、科普、法律、文学、教育、医学等 1 200 余册，并有报纸 1 种。书屋固定读者达 50 人余，每周借书达百余次。

农家书屋的建成，成了农民汲取知识、获取信息、勤劳致富的桥梁。自农家书屋建成后，每天前来借阅书刊、了解信息的村民络绎不绝。村民高兴地说：“农家书屋里热门畅销图书、科技书等各个种类的书籍都有，以前要等农技人员到村才能咨询的农业技术问题、过去只在电视广播一晃而过的历史文化故事，如今在书屋都可以找到，我们的注意力一下子都被吸引到书屋里了。”

借助于农家书屋这个平台，读书成了村民下田干活之余的主要活动。在农家书屋的影响下，村民学知识、学科技的多了，看书读报的“味”浓了，农家书屋成了新都人的求知堂。

4. 新峰村

新峰村坐落在清凉峰镇的西北部山处，由邵家和沙干两个自然村合并而来，全村共有589户，人口1 715人，共有19个村民小组，全村总辖区面积6.9平方公里，共有山林总面积9 275亩，耕地面积为871亩。村民无固定经济收入来源，全靠外出打工维持生活，经济比较薄弱。

邵家自然村人口较集中，环境也好，也是村委所在地。2012年2月根据上级领导的要求，在村委大楼的二楼辟出了一个25平方米的房间，作新峰村农家书屋之用。书屋现有各类书籍1 700余册以及《新农村》等杂志、报纸，还配有借阅用的座凳。2012年4月书屋开始向群众服务。

农家书屋挂牌以后，制度健全。鉴于村级经济和其他条件的限制，农家书屋的管理人员由村宣传文化员兼管，每周开放时间30小时以上，2014年以来做到工作日天天开放，双休日根据需要借阅。

农家书屋开放初期，时而有人来翻阅图书，但借阅的不多，一年来借出的书不多，只有几百册，农家书屋起到的效果不大，造成很多书籍无人问津。为了更好发挥农家书屋的作用，宣传员面向群众开展了有针对性的宣传教育活动，比如针对少年儿童、老年人、年轻人，鼓励他们根据自己的需求来农家书屋找书，同时在借书制度上也放宽了政策，每人可根据需要多借书，特别是少年儿童，一次可借更多的书。从此以后，光顾农家书屋的人逐渐多了起来，农家书屋在群众中的影响力也逐渐大起来了。

5. 昱岭关村

昱岭关村是临安市西大门，与安徽省歙县的三阳乡辖地接壤，东面与清凉峰镇顺溪村相连，南面山林与淳安县相连，北面是国家级自然保护区。昱岭关村下辖15个村民小组，居民数1 717人，户数534户；耕地面积846亩，其中水田660亩，旱地186亩。辖区面积37.26平方公里，山林面积48 916亩，其中山核桃林面积6 344亩，公益林面积3万余亩。昱岭关村是2007年11月村规模调整时由当时的新燕村和阳川村合并而成，以享誉一方的浙西雄关昱岭关命名。合并后的村级党组织设总支部委员会，下设三个党支部，一支部、二支部和老龄支部，党员人数 72 人。

昱岭关村农家书屋根据市、镇的统一安排，于 2012 年 4 月建立，按上级统一布置，在原阳川村村委设置农家书屋。配置了 6 个书架，2 张阅览桌，8 张靠椅，形成了配套图书阅览条件。2014 年 6 月，书屋搬迁，搬至现昱岭关村村委大楼，面积约 30 平方米。图书按类全面进行规范排架、整架。现有各类图书近 1 600 册。根据农家书屋开放要求，每周二、三、四、五白天，双休日晚上向村民开放。书屋制定了相关制度，其中包括《农家书屋图书借阅制度》《农家书屋管理员岗位职责》《农家书屋管理制度》，并按制度进行管理和工作。

农家书屋自开馆以来，基本坚持了书屋的各种管理制度，吸引了村民前来读书，年阅读人数达到 300 人次，借书 180 人次，对提高农民文化水平起到了积极的推动作用。2013 年春节的迎春晚会活动中穿插进行了法律知识抢答竞赛，对普法及农民学法懂法起到了一定的促进作用。2014 年春节组织村里低年级小学生进行猜谜活动，促进孩子的想象能力，增加孩子的日常生活常识。2012 年昱岭关村被临安市文广新局评为“文化示范村”。

七、太阳镇

1. 鹤里村

鹤里村在太阳镇北面，与太阳镇镇府所在地约 18 公里。交通便利，村庄整洁，是一个山清水秀、人杰地灵的好地方。鹤里村由木岭坞、茅翁山、樊村、坞口桥、朱后 5 个自然村组成，总人口 1 146 人，分成 17 个村民小组，面积 7.5 平方公里。鹤里村村风民风淳朴，村民思想活跃，文化生活丰富。

鹤里村农家书屋于 2011 年 11 月 30 日建立，面积大约 30 平方米，位于村便民服务中心二楼，2012 年投入使用。图书室内有书架 3 个，书桌 1 张，凳子 4 个，办公桌椅各 1 个。配备专职管理员 1 名，管理员遵循图书分类排架规则，把图书分为生活类、文化类、科技类、少儿类、政治综合类等 6 大类，藏书 2 000 余本。村里制定了农家书屋管理制度以及借阅制度，每周星期三和星期日免费对外开放，寒暑假适当延长时间。图书室配备图书借阅登记册，凡是来借阅书籍的，必须进行登记，本人签字后方可借阅，归还时也需要登记归还日期。现群众借阅量 400 余册，方便群众 100 余人。

2. 横路村

太阳镇横路村地处临安市北部，隶属太阳镇，距临安市区 56 公里。横路村是原横路乡镇府所在地，是太阳镇北部的一个中心集镇，也是临安市中北部边贸重镇，是浙江与安徽边关贸易重地。横路村农家书屋于 2008 年成立，是一个公益性的农家书屋，书屋辐射周边 15 个自然村 2 200 余名农村群众。书屋面积 20 平方米，设专职管理人员 1 人，现有书架 4 个，阅览桌 2 张，报架 1 个，图书 3 000 余册，音像制品 100 余张，自费订有《光明日报》《人民日报》《经济日报》等报纸及杂志。图书借阅每月开放 12 天，月平均接待内阅、外界阅读 230 余人次。

近几年来，横路村在文化建设上下足了功夫，先后建设了露天长廊、灯光舞台、文体广场等。但这些与活跃农村文化阵地建设的需求仍有差距。对此横路村于 2012 年 3 月经村民代表会议讨论，报党委政府及上级主管部门同意，新建七间三层的文化礼堂及附属设施。总占地面积为 2 000 平方米左右，建筑面积为 1 200 平方米左右，投资资金约为 200 万元。横路村文化礼堂集会议、演出、电影、村史展示、图书阅览等多功能于一体，能容纳 200 人参加会议和观看演出。文化礼堂建成达到村民文化娱乐的要求，也便于村两委上情下达、问计于民。

农家书屋能否有效地发挥作用，农家书屋管理员的作用至关重要。横路村的图书管理员何鑫秋，学前教育本科学历，性格活波开朗，喜欢读书、绘画、音乐、舞蹈等。在担任文化宣传员的日子里，在临安市“书香飘农家共建好家风”演讲比赛中荣获三等奖；在临安市讲故事比赛中荣获一等奖；在儿童意外伤害事故演讲中荣获二等奖等。

3. 上太阳村

上太阳村农家书屋建馆挂牌时间为 2011 年 3 月。几年来书屋发生了较大的变化，由原来的几本书、一两份报刊发展到健全的书屋，成为“杭州市示范农家书屋”。农家书屋设在太阳镇上太阳村村委办公楼内，现有一名村级文化宣传员兼任农家书屋负责人。农家书屋面积为 30 平方米，各类图书资料 3 000 多册，各种书籍达 1 500 余种，报纸、杂志不少于 20 种，音像制品 100 多张，计算机 5 台，书架、报刊架、长条桌各 4 件，椅子 40 条。农家书屋常年开馆时间为每周一至周五，有规范的《农家书屋借阅制度》《农家书屋管理员岗位责任制度》及《农家书屋读者须知》，管理较规范。

农家书屋常年举办特色活动有：组织家长儿童来馆看书，查看有关教育儿童资料；组织少儿寒暑假期进行宣传学习，让他们了解认识“农家书屋”是做什么的，鼓励大家积极参与；开展“春泥计划”活动，内容是杭州大学志愿者来书屋指导中小学学生画画，举办书画比赛、知识讲座、安全教育讲座，网上查找资料等。农家书屋获得的荣誉有：2012 年被评为“杭州市示范农家书屋”，2013 年 12 月被提升为临安市“四星级农家书屋”等殊荣。

4. 太阳村

太阳村农家书屋建于 2011 年，书屋位于太阳镇太阳村村民委员会。太阳村村民委员会，由下太阳村、乌岗口、扶善、高拔、毛竹坪 5 个自然村的村民委员会合并而成，有 33

个村民小组，常住人口约 3 000 人，太阳村行政区域面积为 10.8 平方公里。

农家书屋面积 20 平方米，现有书 1 370 多册，分政经类、科技类、生活类、文化类、少儿类和其他类。由村文化员对图书进行整理并编号，编号记录在图书书脊的标签上，以便登记借阅情况。

农家书屋开馆时间为周一到周五全天（8:00—16:00）。农家书屋为村民办理“借阅登记证”。“借阅登记证”上要加盖村委会（社区）公章，它是村民借书的凭证。设置“农家书屋出版物借阅登记本”。“农家书屋出版物借阅登记本”的内容包括出版物名称、定价、借阅人姓名、联系方式、借阅日期、还书日期、借书人和管理签字等，做到各项信息填写准确、齐全。农家书屋出版物借阅登记本列入农家书屋档案管理。

几年来，书屋从简单的几百本到上千本书摆上书架，从年看书量不到百本到月借书量过半，从开始没人知道有农家书屋到现在群众时常盼着农家书屋开馆。此外，农家书屋还组织安全生产教育培训，对“好家风”农户进行学习评比，暑期开展“春泥计划”活动等，深受群众好评。

太阳村文化员魏敏 38 岁，初中学历，2013 年 3 月份任文化员一职。魏敏工作积极配合领导，认真完成领导发布的各项任务。鼓励学生到农家书屋学习、借读书本。为工作主动到公共图书馆参观、学习，借读书籍，做好农家书屋管理工作。在村领导指导下，走访各村，了解各家的好家风、家训，挑选“好家风”农户。

5. 谢家桥村

谢家桥村位于临安市西北部的千秋关南端，县道横麻线横穿而过，地处钱塘江流域天目溪的上游，距临安市区 55 公里。共有 10 个村民小组，255 户农户，总人口 791 人，党员 32 人。辖区分上谢、章家、谢家桥 3 个自然村，区域面积 7.6 平方公里，山林面积 10 803 亩，耕地面积 370 亩，是个典型的山多耕地少、森林资源丰富的山村。村民主要经济来源为山核桃、竹笋和特色花卉苗木等农业生产。

谢家桥村建立了农家书屋、天目学堂、少儿之家、媒体阅览室，添置了新书架、阅览桌、安全靠椅等。为保证设备正常运转，在各室分别安装了空调，配备了计算机管理人员，并将全部藏书进行编码管理，遵循图书分类排架规则，对借阅室所有图书进行全面倒架、整架，实现严密规范排架。为了让读者利用图书资源更加得心应手，对全部书架进行了重新分类标识，设置各类图书引导，使图书标引更加规范。谢家桥村还从太阳镇调入 200 余册质量好、受欢迎的新书，新增少儿学习杂志、报纸、光盘，丰富了书屋的“精神食粮”。

自从谢家桥村文化礼堂落成以后，村民文化需求急速发展，阅读图书的人数增多，为满足读者需要，农家书屋开放时间定为每周三至周日（7:30—16:00），此外还为中小学生增加节假日、寒暑假的开放服务。谢家桥村根据临安市“农家书屋”建设工作安排，实用图书不少于 2 000 册，报刊不少于 10 种，电子音像制品不少于 10 张。品种的增加既方便了读者阅读，也提高了图书利用率，服务读者 150 余人，年借阅量达到 300 余册。

谢家桥村天目学堂还举办宣传培训班，开展家政服务、教育、医疗救助等各方面的培训讲座。为了让儿童在假期里享受到不同的乐趣，举办了“我读书，我快乐”活动，开展未成年人安全教育。

八、於潜镇

1. 铜山村

於潜镇铜山村是少数民族畲族村，曾在 1988 年获“全国民族团结先进集体村”称号，是临安市唯一个保留未合并的少数民族村。铜山村地处於潜西侧 7 公里，东临方元村，西临太阳镇枫树岭村，铜山村由上铜山、中铜山、下铜山 3 个自然村组成，6 个村民小组，158 户农户，总人口 460 人，其中少数民族 140 人，占总人口的 32%，以蓝、雷、钟姓为主。全村地域面积 2.45 平方公里，有山林面积 2 008 亩，耕地面积 328 亩，家庭承包经营面积 568 亩。村集体有畲族砖瓦厂一家，还有樱花集团、恒大纸业有限公司、金顺管业有限公司等企业坐落在铜山村辖区内，外来人口达 300 多人，交通便利，村民居住环境好，依山傍溪，有 02 省道和杭徽高速公路横贯铜山村。

近年来，在上级党委政府和各部门的正确领导和大力支持下，村两委紧紧围绕建设社会主义新农村的总目标，全村上下同心协力、共同努力。铜山村先后获得了“杭州市级信用村”“基层老年体育协会先进单位”“临安先进基层党组织”“先进村委”“文化示范村”“市级文明村”“农民增收先进村”“新农村建设重点村”“清洁乡村示范村”等荣誉称号。

2012 年 1 月 10 日铜山村村农家书屋成立。由于当时办公楼正在建造中，图书室开在管理员自己家里。2013 年 9 月 22 日书屋搬进新办公大楼，新增书架 9 个、阅览桌 30 张、安全靠椅 60 个。2014 年 7 月市图书馆送来了 5 台计算机，成立电子阅览室。除此之外，书屋的建设还得到了社会各届的支持与关心，浙江省直一支部、四支部和浙江科技大学支部、财政大学支部、农林学院支部赠送了一批科普书籍和其他各类好书给铜山农家书屋。自从铜山农家书屋开办以来，群众文化需求急速发展，读书人数骤然增多。为满足读者需要，增加开放时间为每周二至周日（8:30—16:30）。此外，还为中小学的学生增加节假日、寒暑假的开放服务，并将时间调整为 6:30—21:30。

铜山农家书屋从建立以来就十分重视与学校合作，直接将图书室变为“第二校园”。例如在“世界读书日”，图书室和学校合作举办“共享知识，数字阅读”网络图书馆体验活动。新颖的活动形式，丰富的内容，让参加活动的学生开阔了眼界，丰富了知识，体验了数字阅读的乐趣。

铜山村针对少年儿童，举办了特色活动——“关爱留守儿童”，为了让留守儿童在暑期能享受到不同的乐趣。包括“畲语培训班”读后感写作活动，“我读书、我快乐”寻找图书活动，观看主题教育片活动等，活动延续整个暑假。除了暑期活动，为继续做好“春泥计划”的培训工作，邀请专业的书法老师到图书馆进行少儿书法绘画培训。随着少儿活动的增多，来馆阅读的少年儿童也逐渐增加。全村总人口只有 460 人，但年借阅量却有 921 本。

九、锦北街道

1. 回龙村

回龙村位于临安市锦北街道，由两个自然村组成，人口大约 900 人。村委原来有一间图书室，因无专人管理，堆放的报纸、杂志、图书积满灰尘。2011 年，上级领导把“农家书屋”这项文化惠民工程作为推动社会主义新农村建设的一大举措，作为完善新农村公共文化服务体系建设的重要内容来抓，实在是一件利国利民的大好事。村领导也积极配合，不仅为农家书屋选新址，还添置了不少新的书架，配备专人管理，制定管理制度。2012 年初，农家书屋正式挂牌开放。针对村民的实际情况，回龙村书屋的开放时间定为每周一至周五 18:30～21:00，周末全天开放。开放初期由各组长通知村民，扩大农家书屋的影响力。近年来，书屋的藏书量从原来的几百册增到 1 600 多册，图书种类达到 7 种以上，拥有报刊 12 种，音像类 3 种，音像数量约 112 张，年借阅册数 360 多册，年到馆人数 500 人左右。

经过三年的开放，农家书屋的存在已是家喻户晓，村民基本上能自觉遵守图书借阅制度。为扩大“农家书屋”的影响力，2013 年元宵节，书屋组织小朋友开展“动动手、动动脑”活动，有剪纸、贴窗花、猜灯谜等。2013 年 8 月再次组织小朋友开展“暑期有奖竞猜”活动。2013 年年底，组织评选“年度最佳读者”活动。这一系列的活动，深受小朋友的喜爱，也获得了家长的一致好评。

2. 民主村

民主村属临安市锦北街道管辖，地处临安市锦北街道的东大门，与青山湖街道青山村毗邻，北靠美女山，南有青山湖相伴，东接杭州文一西路，科技大道横贯，西与锦北街道潘山村为邻。村域面积 6.33 平方公里。全村 503 户，人口 1 424 人。

自 2011 年省委宣传部等七部门下发《关于加强县级和城乡基层宣传文化队伍建设的实施意见》，上级领导和村两委班子非常重视“农家书屋”这项文化惠民工作。2011 年年底从市图书馆进入首批新图书，共计 1 357 册，购入标准式书架 7 只，并配备了桌子、椅子，聘用了有一定知识和爱好的专管员 1 名，制订了管理制度、管理员岗位职责、图书借阅制度等。

2012 年初农家书屋正式挂牌开放，开放时间每周除周二休息，其他全天开放，每周不少于 46 小时。村民借阅图书时须登记，每人每次可借 3 本，每本书的借书期限为 1 个月，可续借。借阅者保管好图书，过期不退或损坏丢失，要适当赔偿。2013 年 4 月又新增加图书、报刊、音像等种类及数量。现已变成面积为 20 多平方米，图书种类 7 种以上，报刊 10 种，音像 5 种，图书总册数 2 000 多册，年借阅人数 300 多册，年到馆人数 1 100 多人次的农家书屋。

农家书屋经常开展活动，2013 年邀请市中医院副院长吴土法进行老年人健康知识讲座；2013 年 8 月邀请社区医生讲解“学急救、防溺水”知识；2014 年 7 月由大学生志愿者组织学生“变废为宝”。这一系列的活动深受学生和村民的喜爱。

3. 集贤村

集贤村故称棋园里，宋、元、明代曾出过十八个进士，文风蔚然、贤才辈出，故名集贤。集贤村位于青山湖西北，南邻浙江农林大学，西接金马村，北靠高虹镇，东有泮山村及科技城，大学路直达村中。临横公路贯穿全村，地域优越，交通便利。

集贤村农家书屋位于便民服务中心三楼，书屋总面积 30 余平方米，设有书柜 3 个，藏书涉及政治、历史、科普、法律、文学、教育、医学类等 1 300 余册，报刊 10 余种。年借阅册数 300 多册，年到馆人数 400 人左右。书屋可容纳 20 多位读者，周一至周五（8:00～16:00）对外免费开放，实行专人管理，各类制度上墙。

农民是“农家书屋”工程的主体，农民的阅读状况决定着农家书屋的存亡。现如今我国农村的经济越来越好，但是农民的阅读状况不容乐观，据中国出版科学研究所进行的“全国国民阅读与购买倾向”抽样调查显示，本来文化水平就不高的农村居民，其读书率正呈逐年下降趋势。对于农家书屋而言，如果农民的阅读兴趣不浓，“农家书屋”就像没有市场的商品，即使政府下再大的决心、花再大的力气，也不可能长期发展下去，因此激发农民的阅读兴趣是农家书屋可持续发展的关键，而激发农民的阅读兴趣关键在于转变农民的观念，调动农民的阅读积极性，只有真正符合农民需求的图书和管理制度才能够吸引农民接受农家书屋。

集贤农家书屋通过两年多的运作，效果较好，不仅改善了农民的阅读条件，而且丰富了农民的文化生活，村民不出村就能够学习到经济、法律、农业科技等方面的知识，提高了村民整体素质、文化生活质量和农村文明程度。事实已经证明，农家书屋在培养新型农民、促进科技兴农、建设文明村风和社会主义新农村等方面发挥着越来越重要的作用。

4. 潘山村

潘山村属临安市锦北街道，由原潘山村与陈家坞村两村合并而成。全村总面积 10.6 平方公里，人口 1 900 余人。潘山村的农家书屋位于村委文体活动中心楼内，是整个村的“闹市区”。

自 2011 年省委宣传部等七部门《关于加强县级和城乡基层宣传文化队伍建设的实

施意见》下发后，上级领导和村两委班子非常重视“农家书屋”这项文化惠民工作，将此作为推动社会主义新农村建设的一大举措，完善新农村公共文化服务体系建设的重要内容来抓。2011 年年底首批从市图书馆进新图书 1 300 余册，购入标准式书架 9 只，并配有桌子、椅子，配备一定学历的专管员 1 名，制定了管理制度、管理员岗位职责、图书借阅制度等。2012 年年初农家书屋正式挂牌开放，开放时间为周一至周六，每周不少于 48 小时。村民借阅图书时须登记，每人每次可借 3 本，每本书的借书期限为一个月，可续借。借阅者须保管好图书，过期不退或损坏丢失要适当赔偿。

2013 年 4 月新增加图书、报刊、音像等种类及数量。书屋现成为面积为 60 多平方米、图书种类 7 种以上、报刊种类 10 类、音像种类 5 类、图书总册数 3 000 多册、年借阅人数 400 多册、年到馆人数 1 200 多人次的农家书屋。

农家书屋开展的各类活动有 2012 年 7 月邀请本村长寿老人听取彭祖养生文化讲座，2013 年 8 月邀请社区医生讲解“学急救、防溺水”知识，2014 年 7 月由大学生志愿者组织学生开展“变废为宝”的活动。这一系列活动深受学生和村民的喜爱。

潘山村农家书屋管理员不断加强文化学习，努力提高思想素质和业务水平，做到在政治上、思想上、行动上与上级保持一致，与村民打成一片，通过宣传、引导、指教，使村民懂得了多看书的好处与作用。

5. 竹林村

农家书屋是农民自己管理的书屋，给农民提供书籍报刊是一项公益性的文化服务，让广大农民群众走进书屋，从书中学到更加有益的东西，增加科学知识，培养有文化、懂技术、会经营的新型农民。

竹林村农家书屋是 2012 年 2 月 13 日建立并挂牌的，书屋面积 40 平方米，书架 6 只，图书种类有科技类、生活类、少儿类、文化类、综合类，共 1 537 册。农家书屋的图书都上架陈列，并进行登记、分类、编目，设立台账，每周一至周五农家书屋实行免费借书。

2012 年“六一”儿童节期间组织儿童在农家书屋看书，让儿童在学好教科书内容的同时，多阅读课外书籍，做到两者互为促进，增强孩子对生活的感悟和自信，感受看书阅读的兴趣，推动未成年人培养阅读习惯。在书屋看书休息的时候，由书屋管理员带领孩子们在农家书屋的操场上做游戏，能让孩子们快乐，更有乐趣。

2013 年 9 月 12 日，竹林居委会建立了居家养老照料中心，临安市各市各乡镇推广取经来竹林居家养老照料中心参观，并且也参观了农家书屋。见书屋中有村民在看书阅报，来参观的人说：“农家书屋办起来真好，农民有地方看书，能够增加各方面知识。”

如今，村民对来书屋阅读的兴趣日渐浓厚。儿童看有趣的童书；年轻人看经营类书籍，如怎样烹调，开快餐店，做生意；孕妇来借怀孕期间的健康知识书；老年人看医疗方面的书，等等。农家书屋给农民群众带来了精神食粮。

第五节　农家书屋管理队伍建设

一、与协调机制相匹配的管理队伍建设

农家书屋可持续发展问题重点在于科学管理。虽然完善的顶层设计与灵活的协调机制是发展好农家书屋的重要保障，但关键还是在人的管理。关于农家书屋管理队伍的建设问题，我们一直强调要严格选择、定时培训以提高队伍的素质，但图书馆界一直以来也认为，公共图书馆员应该具有一种使命感，即我们是为展现公平与自由的理念而提供图书馆服务的，对图书馆工作的热爱是一个合格的图书馆工作人员必备的素质。这种观点在基层图书馆（室）的管理中是非常重要的，因为基层公共图书馆服务体系的建设管理经费有限，如果管理员不够热爱这项工作的话，很难将基层图书馆作用发挥充分。当然，这并不意味着农家书屋管理队伍的建设只能靠使命感，给予管理员以一定的经济保障也是不可缺少的。

从近几年对农家书屋管理的研究来看，关于专职管理人员存在的问题主要有两个，一个是稳定性，另一个是专业性，这二者是相互影响的。如上文所述，由于管理经费有限，能够提供给管理员的工资也是有限的，这就造成了管理员流动性很大，往往刚刚接受过几次培训就产生了离职行为，再招聘新的管理员又会继续产生这样的问题。于是，有的地区采取聘任兼职管理员的方式，也就是在村委干部中选择一名来负责农家书屋的管理工作，但这也会因管理员要处理其他的事情而影响了书屋的正常开放。虽然后来各地都在制度上进行了开放时间的硬性规定，但管理员精力有限，不能很好的安排书屋的管理工作。

针对这种现象，临安市图书馆借助村级宣传文化站和文化礼堂全力破解这个难题。宣传文化站一般设在村委或文化礼堂中，这也正是农家书屋地址设置的首选，既然配有一名专职的宣传文化员（礼堂管理员）负责村里的文化宣传工作，那么农家书屋的管理理应是宣传文化员的工作，农家书屋就是宣传文化员的办公室，这样就将人员工作固定了下来，不仅是办公地点的固定，也是工作内容的固定。经济上，因为宣传文化员增加了管理书屋的工作，这样就将原来属于两个人的少量工资会集到一个人身上，这既是给管理员经济上的保障，也对其工作热情起到促进作用，此时再加上制度的硬性规定与考核评估，阻碍农家书屋发展的人员管理问题就能得到解决。当然，在我国现有的体制下，在基层公共图书馆服务体系的管理问题上，各级政府形成约束也是十分重要的，毕竟宣传文化员的工资主要由村政府解决，将农家书屋管理效益列入政府考核项目也是促进农家书屋可持续发展的关键一环。

有了这种基本的经济保障和制度要求，宣传文化员会有更多的热情和动力投入农家书

屋的管理工作。不可否认，这种方式依旧是在经济还不算太差的地区易于实行，在经济还不太发达的农村，对临安市农家书屋管理员的选择依旧是以热爱这项工作为主要依据的。

二、临安市农家书屋管理员工作心得分享

1. 用一颗赤诚之心管好农家书屋——於潜镇铜山村农家书屋管理员张桂芳

我叫张桂芳，是一名退休老师，退休后担任於潜镇铜山少数民族村农家书屋管理员。我觉得农家书屋是丰富农村文化生活、传播文化知识、推广科学技术的前沿阵地，有利于文明村风建设，能为农民带来书香气息，是提高村民素养的重要载体。如何管好农家书屋，如何发挥农家书屋的阵地作用，我这个管理员将起到关键作用。在实际操作中，我也用我的一颗心去努力工作着。

2011 年 12 月我接到临安市图书馆送来的一批图书，当时，村办公楼正在施工，无处摆放，这些书籍正是农民兄弟们需要的精神食粮、科技成果，应及时与他们见面才对，可是没地方摆放，怎么办？我及时与家人商量，为了大家，咱能不能牺牲点小家呢？丈夫也非常支持我的想法，于是，说干就干，我马上腾出自己家的一个房间暂且为图书室放置 1 300 多册图书。我们冒着严寒，加班加点以最快的速度清理、上架、陈列，根据图书的用途分类编号并在最短的时间内对外开放。大运动量的劳动，如果说不累那是假话，但是能在这么短的时间内能让这些书籍与群众见面，再累也是值得的，既愉悦了别人，也愉悦了自己。

书屋有了，如何发挥农家书屋的阵地作用呢？怎样吸引读者来农家书屋？对于我来说这又是一项责无旁贷的工作。刚开始的几天没人借书，因为村民没有读书的习惯与氛围，闲时更多的人只是打麻将、打牌。怎么办？我心里非常焦急。这一排排图书，我不能让它只是一道道彩虹、一朵朵鲜花，我要让他成为养分，成为果实。

为了吸引读者，我贴广告，告诉村民村农家书屋建立起来了，书屋里最近来了 1 300 多册新书，希望村民前来借阅。首先向家长发短信，发动学生借，告诉家长本村农家书屋有 1 300 多册学生阅读的课外书，由家长叫自己的孩子来借阅。然后我还特地上门宣传，利用我从教 40 年的优势，面对面地和学生交谈，告诉他们老师要求看的课外书，农家书屋里都有，不用去书店买，来书屋借就是了。滴在地里的汗水终于长出了果实，很快，借阅者就纷至沓来。双休日和寒暑假，我必须彻底放弃自我，为学生全天开放。在我家的图书室里，我又自己出钱装了电扇和空调。铜山村的学生没有闲着，农家书屋里，他们畅游于知识的海洋之中，为各自的理想而“充电”。孩子们的话是最纯真的：“以前放暑假我们没地方去玩，感到很无聊，现在有了农家书屋，我们来这里既可以丰富自己的知识，又可以避暑纳凉。”农家书屋不仅成了学生暑假阅览读书的“大书房”，也成为了学生学习的第二课堂。这里成为他们最喜欢来的地方，何乐而不为？学生在图书室里看书、做作业，遇到

不懂的题目还可以请教我。我还可以为学生辅导作业，我似乎又回到了我所热爱的三尺讲台上了。图书室里他们不仅可以阅读书籍，学到新知识，还结识新朋友。孩子们在快乐中确保安全，使留守儿童有去处。暑假中还开展了“春泥计划”活动，有写字、画画、读书、做纸工、下象棋等活动，一石数鸟，学生家长无不拍手叫好。

我知道，作为一名管理员，当好参谋，根据不同读者的需求，帮助他们选择相关书籍也是我的责任。对种植户，帮助选择种植科技读物；养猪农户，给她介绍养猪防病的书；对中小学生，我向他们推荐一些名人传记和革命传统教育的书籍；青年妇女也来了，怎样教育好孩子，怎样烧菜做小吃，怎样搞好家庭和谐，怎样美容……这些，都是她们阅读的首选。村民雷火泉因车祸腿受伤一年之久，躺在床上，生活十分困难。我经常送一些有关于和病魔顽强作斗争的书给他看，激起他对生活的希望。我还发动村民给他捐物，使他感受到生活的温暖，看到生活的希望。会柱着拐棍走的时候，他隔三差五来农家书屋借书看。

随着村民阅读需求的不断增长，目前如何增加图书是一个迫切的任务，村级经费又那么紧张，靠村民捐款也不能济事，怎么办？我常常为此事彻夜转辗反侧，难以入睡。后来我想方设法和外单位联系，争取了外援。浙江林学院的领导来我们的图书室调研，我及时向他们倒了我的苦水，把我想要增添图书的想法和他们作了汇报：在资金短缺的情况下，我打算发动大家把家里的旧图书捐出来，以弥补当前图书短缺的状况。领导们听了很受感动，没过几天，一支由致公党浙江省专职副主席林强带队，浙江林学院支部、浙江电子科技大学支部、浙江财政大学支部等一行 20 人，给我们铜山村的农家书屋送来了 6 000 余元的书籍，同时，还给在农家书屋看书的小朋友分发了文具。我的努力终于有了一个圆满的结果，短短的时间内，图书室共收到新捐图书 1 700 多册，大大扩充了我们图书室的库容。

通过我们自己的辛勤劳动和社会方方面面的支持，书屋得到了社会的广泛认可。自从农家书屋开办了后，村民打牌的少了，看书的多了；坏事少了，好事多了；污染少了，环境整洁了，影响力也越来越大了。2012 年 7 月 5 日临安电视台播放了我们铜山农家书屋暑假读书的场面。此前，《今日临安》已 5 次刊文铜山农家书屋读书的热闹气氛。2012 年 11 月 20 日，图书室搬到新办公大楼里，阅览室有 50 个座位，很宽敞，装饰一新，又是一件大喜事，我拍了图片发到电视台播放，《今日临安》也刊登了，题目是“铜山村的农家书屋搬家了”。

2012 年 12 月 13 日杭州电视台采访了我们农家书屋。当日，村民们得知杭州电视台的记者要来书屋采访，都很高兴，他们专心致志地与往常一样阅读着。下午 5 点多，天也黑了，屋里灯也亮了，可大家迟迟不散，记者来了，不由得啧啧称赞。

最使我难忘的是除夕晚上。说实话，我作为一名家庭主妇，此时此刻，我正准备为将要散了架的身子骨休整休整，正准备享受一家人的天伦之乐，这时一班学生来了，要去农家书屋看书。老实说，我当时的心理是复杂的，但理智告诉我，工作第一，不用多说我就去书屋了。这个除夕，一班大、中、小学生陪伴着我，一排排静默的图书，在这个全国人民欢腾的除夕陪伴着我。我想，除夕晚上唯有於潜镇铜山村的图书室里是灯火辉煌，不会再有第二个开放的书屋吧！后来，我发给电视台的“农家书屋的年夜饭”的图片新闻被电视台 2 次报道。在我们村，读书已蔚然成风。小小的铜山村，总人口只有 448 人，但借出各类书籍 921 本，而我已经有 8 篇关于农家书屋的文章刊登在《今日临安》报上，在农家书屋里我辅导的 9 篇学生作文也刊登在《临安报》的缤纷校园板块里。我被评为杭州市农家书屋优秀管理员，2015 年 5 月 22 日受天目山镇的邀请我在天目山镇文化员会上讲了自己管理农家书屋的经过。

我热爱自己的工作，热爱自己的事业，无论以往，还是现在。我首先要感谢党、感谢政府、感谢各位领导，在你们的领导和支持下，我才能放手大胆地开展工作。其次，我要感谢咱铜山村的父老乡亲，只有群众信任和支持才能做好工作。再次，我还得感谢家人，从我担任宣传文化员开始，家里的事情不用我操心，我把全部的精力都用在文化宣传员工作上。我是带着一份对铜山村老百姓的情感，勇于担当，勇于承担责任，在小小的农家书屋管理员的岗位上践行着自己的诺言。

今天，虽然所取得了一些成就，但这只是第一步，以后的路还很长，我将在这漫漫长途中，继续栽种着快乐，继续浇灌着幸福。我要让每一本书都被充分利用，我要用自己的热情为大家服务。让农家书屋真正成为农民朋友自己的家，农家飘逸书香，田野充满希望。我坚信，我努力、我奋斗，明天更美好，我的农家书屋管理工作成绩会更出色。

2. 责任与担当——清凉峰镇白果村书屋管理员方爱农

我是白果村农家书屋管理员方爱农。我是一名下岗工人，高中文化，2012 年被聘为我村农家书屋管理员。在这一平凡的岗位上，我虽然工作时间不久，但收益匪浅，也获得了一些荣誉，被评为杭州市农家书屋优秀管理员、临安市优秀宣传文化员等。

作为一项民生工程，农家书屋的作用显得十分重要。它能缓解农民看书难、买书难的问题。有了农家书屋，群众就可以利用书屋的良好资源，学习更多的知识，不断提高自己，更丰富了文化生活。而农家书屋作用的发挥，管理是关键，因此管理员就起到很大的作用。

作为一个合格的管理员应该具有强烈的责任感，这不仅是一份工作，更是一份责任。如何加强农家书屋管理、保持书屋长效运行，使之更好地扎根基层、服务群众，是当前和今后工作的重要任务。因此必须建立健全制度，完善农家书屋管理服务体系。管理员的工作职责有三。一是管理。严格执行管理制度，接受村民监督，听取村民的意见和建议，及时改进工作。二是服务。不断提高服务能力，确保工作顺利开展。做到爱岗敬业，乐于奉献。三是创新。不断创新，增强书屋的活力，最大限度地发挥书屋的作用。

所谓干一行爱一行，热爱这份工作，才能干得好。在书屋开放时间上，我坚持以人为本，按对象灵活设置。根据不同人群的特点，合理安排书屋的开放时间。这样一来，大大提高了图书的利用率。在制度上，坚持科学化、规范化。图书分类、上架、保管、借阅等过程全部严格要求，根据用途把图书进行分类、编号，并做好登记，避免村民盲目找书，极大地方便了管理及村民借阅。在管理上，更加贴心便民。为村民提供纸、笔等阅读服务，以良好的态度服务村民，当好村民的参谋，虚心接受群众的意见和建议。

我们书屋积极创新，拓展多种渠道服务，采取读书征文、知识竞赛等形式开展文化活动，进一步培养农民的阅读习惯，提高书屋的利用率。随着书屋的深入发展，农民群众的要求也越来越高，不再满足于读书看报，更注重阅读一些科技发展、农业生产方面的书籍。因此，国家还投入资金为书屋增设了计算机，把网络世界普及到农村，使农家书屋的功能得到最大限度的发挥。

作为一名管理员，我要担当起这份责任，全心全意为人民服务，使农民的“精神家园”成为新农村建设的一道亮丽风景线。

第五章

临安市基层公共图书馆服务体系建设总结与展望

经过多年的努力，临安市图书馆实现了全市 18 个乡镇/街道分馆全覆盖、298 个行政村农家书屋全覆盖的目标，同时整个临安市基本形成了纵向以总分馆制度为中心，向上靠拢中心馆，向下开辟亚分馆（农家书屋），横向以学校、企业为主要阵地的基层公共图书馆服务体系。在构建基层公共图书馆服务体系的过程中，临安市图书馆积极向政府、中心馆、社会各界争取支持，积蓄自身能量，并将这些能量转化为高质量的服务提供给读者，同时也形成了基层公共图书馆服务体系建设的宝贵经验。在此基础上，未来临安市图书馆将不断扩大公共图书馆服务范围，增强地方特色，继续完善本地区基层公共图书馆服务体系。本章将对临安市图书馆基层公共图书馆服务体系建设经验进行总结，并指出未来临安市图书馆的发展方向。

第一节　临安市基层公共图书馆建设经验总结

新中国成立初期我国虽处于建设发展起步时期，但我国的图书馆事业整体发展也像我们的国家一样，呈现欣欣向荣的景象。随着时间的迁移，图书馆所处的社会环境发生了极大的变化。群众物质生活水平提高了，能够占据生活时间的可选择项目越来越多，公共图书馆相较于娱乐项目来讲缺乏愉快性、便捷性和舒适性，甚至在群众中出现了公共图书馆是枯燥的、不友好的、趾高气昂的这些评价。虽然图书馆紧跟时代的发展，不断更新先进的技术以提供完备的服务，但不可否认，公共图书馆真正进入了危机时代，这最大的危机叫作“缺乏人气”。

公共图书馆作为一个公益性的文化机构是具有自身使命的，但如果公共图书馆没有人光顾，公共图书馆的使命根本无法实现。“吸引更多的读者”是我国各级公共图书馆近年来追求的目标，这就要求公共图书馆必须从“职能型”向“服务型”转变。但不可否认的是，我国的公共图书馆，特别是基层公共图书馆陷入了一种发展怪圈：因为没有足够的经费，因此提供不了相应的服务；因为没有好的服务，所以没有读者愿意到图书馆来；因为图书馆人气不足，所以图书馆的使命根本无法完成；因为图书馆没有完成固有使命，政府更不愿意给予经费。在我国，现状是省市级公共图书馆发展态势良好，但作为基层公共图书馆领导者的县级图书馆，同时也是省市级公共图书馆服务的承接者，发展却相当缓慢，并直接影响了公共图书馆服务体系的建设。如果公共图书馆服务体系中的承上启下者不能在国家文献信息服务中发挥其作用，那么公共图书馆服务体系如何可持续发展，又如何支撑起公共文化服务体系呢？这就给公共图书馆提出了一个大难题，突破口到底在哪里？

临安市图书馆作为杭州市下属的县级市公共图书馆，不可避免地也被这一怪圈困扰。虽然地处东部发达省市，但临安市整体经济状况在杭州市只是中等水平，基层公共图书馆发展依然存在经费不足、人员不足、辐射能力低下等问题。针对这些现状，临安市图书馆一直不懈地在工作中的每一个环节寻求突破口，坚信量变引起质变，并通过多年的实践积累了一些经验。

一、公共图书馆使命是核心

使命管理在企业管理领域一直是一个热门话题，许多管理大师都曾指出使命管理是现代企业制胜的法宝之一。公共图书馆作为一个公益性的文化机构，其使命性相较于企业是更加明显、更加清晰的。1994 年联合国教科文组织发布的《公共图书馆宣言 1994》明确指出了公共图书馆应该承担的具体使命和责任，并为公共图书馆的运作与管理提出了建议。2008 年，国家图书馆制定的《关于加强和改进公益性服务的实施方案》中推出了加强和改善服务工作的具体措施，文化部在转发该方案的同时要求各地结合实际，积极争取财政支持，进一步加强和改善公共图书馆服务，扩大服务范围，提高服务水平，更好地保障人民群众的文化权益。这就要求基层图书馆明确自己的使命，并以此作为向政府申请支持的“尚方宝剑”。

所谓明确自己的使命，是指基层图书馆应该根据公共图书馆的使命标准清楚地划分出属于本馆特有的使命，也就是说在我国现有的体制情况下，各级公共图书馆所具备的具体使命是有所区别的。就临安市图书馆而言，针对“公共图书馆应该履行社会教育职能”这一使命，投射到县级及其以下公共图书馆，就应该侧重基础入门教育，而将提升与扩展的教育职能留给省市级公共图书馆。特别是像临安市这样的以山区为主要地形的地区，基层图书馆面对的多数读者的需求暂时无法达到大城市读者的水平，提供最基础、最普遍、最实用的服务已达到社会教育的目的，这才是读者认可并且能够接受的。

二、细化服务对象是基础

2005 年，北京大学李国新教授曾指出：“在农村，特别是在中西部地区的农村，这些年来常住人口的构成发生了明显变化：很多青壮年走出去了，留下来的是老人和小孩。这种变化事实上就造成了对乡镇图书馆需求最旺盛的人群的减少。读者减少了，乡镇图书馆发展的需求牵引力自然也就减小了。”面对这种全国性的趋势，县级公共图书馆作为基层公共图书馆的领头人，该如何带领基层公共图书馆事业的发展一直是临安市图书馆近十年来不断探索与实践的问题。

从临安市图书馆早期的发展历程来看，图书馆主要服务人群可分为三大类。一是联合工会系统服务辖区内的成人读者，提供包括借阅、培训、参考咨询等在内的服务。二是联合教育系统服务辖区内的少儿读者，提供包括借阅、活动、培训等在内的服务。三是利用图书馆作为信息机构的优势，通过专业化的组织和协作，向党政机关、企业、农民、创作者提供信息咨询服务。面对这三类人群所提供的服务基本上是齐头并进的。随着社会经济的发展，临安市也出现了“青壮年走出去，老人和小孩留下来”这种情况。包括县级图书馆、乡镇图书馆在内的基层图书馆必须及时做出调整，否则就会继续陷入发展怪圈。

针对这个现状，临安市图书馆采取正确分析读者、面向对象的服务方式。“面向对象”概念来源于软件设计行业，在这里的“面向对象”是指围绕现实世界中的对象来构造系统，而不是围绕功能来构造系统，也就是要按照图书馆读者群体的划分构造图书馆服务，而不是从图书馆自身出发来设计，简单来说，就是依据读者的真实需求。

1）按照年龄层来分析读者，可以把读者划分为老、中、青三代人。现状是中年一代似乎不再是主要的读者来源，那么服务的重头戏应该放在老、青这两代人身上。又考虑到现代独生子女家庭偏多的情况，抓住了“青”这一代甚至等同于抓住了“老、中”两代人。那么就可以粗略地确定，基层图书馆提供服务的程度排序为“青、老、中”。

2）再按照年龄、服务方向进行细分。我国的少儿图书馆或公共图书馆少儿阅览分部的读者对象为少年儿童，很少有针对其年龄细致划分的。事实上，少年儿童在成长各阶段的差异性是巨大的，因此，公共图书馆在提供服务时有必要针对不同年龄段的非成年读者在借阅、活动、培训等各方面进行差异化服务。除此之外，对于老年、中年的读者，虽然需求程度低于青年及其以下读者，但公共图书馆并不能因此使他们成为“公共图书馆弱势群体”。事实上，如果再按照服务方向细分就可以发现，除了最基础的借阅，老、中两代人在技能培训、地方特色信息咨询、生活健康知识学习等方面有较大的需求，而这其中许多服务都是与为单位或者组织提供信息咨询服务相重合的。作为地方信息资源中心的县级公共图书馆应该积极加强地方特色文献体系建设，形成一张覆盖全面、特色突出的地方信息网络，以此支撑本地的信息服务。

作为县市级及其以下的公共图书馆，基层图书馆是面对最广大的人民群众的文化机构，是发挥公共图书馆社会教育职能最关键的一环。所担负的职责应该是满足当地群众的基础阅读、信息服务、文化娱乐的需求，这是不同于县以上级别的公共图书馆或大学图书馆为满足大众更高层次或更专深的信息服务的要求。因此，在建立“面向对象”式的服务理念的基础上，细化读者群体，不断分析并征求读者的信息需求才能提供更好的图书馆服务，才能不断放大公共图书馆社会教育的职能。

三、协调构建服务体系是支撑

公共图书馆服务体系是公共文化服务体系的主要支撑部分，这不仅仅是因为图书馆体系是公共文化服务体系中唯一一个能够从上到下贯穿到底的组成部分，更是由公共图书馆的性质和使命决定的。于是，作为一个要惠及全民实现服务均等化的公益性文化机构，公共图书馆服务体系的建设无法脱离制度的安排。这里边既包括财政制度、法律制度，也包括文化政策、社会政策。说到制度就离不开制度的主体——政府。我国现阶段基层公共图书馆的发展状况是东部良好，中西部阻碍较多，最大的阻碍基本上都来源于经费，而经费主要来源于政府支持。不可否认，政府的支持对公共图书馆，特别是基层公共图书馆来讲是十分重要的力量。临安市基层公共图书馆服务体系的发展就离不开政府的大力支持。这里的政府并不是单纯地指临安市政府，是指整个浙江省政府及杭州市政府。政府的红头文件给了公共图书馆许多助力，专项经费的直接拨付防止了经费的转移，将图书馆事业发展划入政府考核项目，这些举措都直接保障了公共图书馆服务体系能够可持续地、平稳地发展下去。

要破解基层文化机构建设管理问题，需要更高级的政府部门做好顶层设计，从基层公共图书馆的角度来讲，就是要积极向政府展示公共图书馆能够为社会带来的社会效益。随着公共图书馆服务体系建设的良好发展，针对基层文化机构重复建设、资源浪费的现象，浙江省政府又专注解决基层公共文化服务体系协调机制的建设问题。临安市图书馆抓住这个机会，在杭州图书馆中心馆—总分馆的带领下，形成了独特的文化礼堂与公共图书馆服务体系融合建设的现象，并取得了良好的效果，为基层公共图书馆服务体系的可持续稳定发展提供了解决的途径。

四、科学管理服务流程是保障

公共图书馆是一个公益性服务机构，一个服务机构在对用户服务的每一秒钟都会给读者产生极强的心理体验，这就要求公共图书馆必须严格控制服务流程，用科学的管理方法管理馆内的各项事务。科学管理是相对于过去的经验管理而言的，临安市图书馆的经验表明，要想实现科学管理，就要做到制度明确、按时评估。

制度明确是指所有公共图书馆工作都有具体可操作的指南，它是由部门职责、岗位职责、工作计划、建设标准、考核标准等一系列文件构成的体系。经验管理阶段每一个步骤都靠说、靠感觉，而科学管理每一步都有标准、有明确的范围，从杭州市的“一证通”公约，到每个基层公共图书馆的建设标准和考核制度，临安市自上而下形成的文件体系，每一份都将公共图书馆的职责、使命、将要达到的目标、具体实施的行为沉淀在文字里并公之于众，这为公共图书馆服务体系的管理提供了坚实的保障，也是将公共图书馆的管理彻底透明化，向纳税人汇报工作。

五、充分利用各类资源是关键

这里所谓的资源并不单纯指公共图书馆所拥有的文献资源，而是包括人员、空间、设备、读者等所有与公共图书馆相关联的所有可利用的资源在内的总称。如果在现有状况下公共图书馆在怪圈中除自身之外无法找到直接的突破口，不如将精力放在对现有资源进行纵向挖掘上，也就是要从自身上做出改变，这是唯一掌控在公共图书馆自己手里的法宝。

1）重视基础服务。首先，基础服务也就是人们所谓的“借借还还”，虽然看似简单，只是重复的工作，但实际上其受益者却是公共图书馆读者群的主体。公共图书馆之所以人气出现了下降，是由于科技发展对公共图书馆提供信息的功能产生了覆盖作用，而过去图书馆对读者的态度导致读者获得了不良的借阅体验，如果在同样能提供相同信息服务的基础上，能够在公共图书馆获得更多的人文关怀，读者一定会做出正确的选择。科学技术能够提高工作效率，却不能代替人文关怀，并且，按照现阶段的科技水准，机器仅靠检索词还达不到完全符合读者需求的结果。其次，基层公共图书馆面对的读者群需要提供“高级”服务的并不多，大部分读者需要的就是简单的借阅和活动服务，如果一味地追求“高级”，只会在怪圈里越陷越深。因此应该注重培养一线员工的沟通能力和业务能力，要求一线服务工作质量精益求精。

2）利用读者队伍。基层图书馆除了资金不足问题，还存在人才队伍建设的不足。一是人员数量不够，二是队伍建设不精。这两项都直接影响了基层图书馆提供服务的质量。除了上文提到的基础借阅服务对一线工作人员的要求外，公共图书馆作为地方文化娱乐的中心，举办能够吸引人气的活动已经成为衡量一个公共图书馆是否成功的重要标志。这就对工作人员提出了更高的要求。面对这个现状，志愿者队伍建设已经成为不可忽视的管理手段。培养一支数量充足、队伍精良的志愿者团队是对公共图书馆高质量服务的强力支撑。

临安市图书馆在建设基层公共图书馆服务体系过程中，对共享工程提供的资源做到了充分的利用。这就像学习语言的过程，一百篇文章读一遍，不如一篇文章读一百遍。基层公共图书馆作为直接面向基层群众的文化信息机构，文化信息资源共享工程建设的宗旨就是在于消除城乡差距，填平信息鸿沟。重复的资源建设带来的只会是更繁杂的信息垃圾状态，而且资源有限就应该将现有资源的价值发挥到最大。鼓励基层图书馆以共享工程资源为基础举办活动，进行信息服务，这就让停留在储存器中的资源得到了活的应用。

作为基层图书馆，善于利用政府和上级馆输送来的资源是一项重要的能力。临安市图书馆作为县级馆，依托中心馆杭州图书馆的资源，得到了良好的发展：加入联盟实现信息资源共建共享；申请专项购书经费补充文献资源；作为总馆成为中心馆与分馆连接的纽带。正是这种对资源的充分利用带领临安基层公共图书馆服务体系走向可持续发展道路。

第二节　未来发展的“临安方向”

一、框架体系建设不断完善

公共图书馆服务体系的建设目标是要形成覆盖全社会的普遍均等的公共图书馆网络，这与公共图书馆所具有的社会教育职能是相对应的，因此，在继续巩固现有建设成果的基础上，不断完善临安市公共图书馆服务体系框架依旧是临安市图书馆未来的发展方向。

首先是要继续巩固已经建成的基层公共图书馆服务点。临安市图书馆正在全力为基层农家书屋升级为临安市图书馆亚分馆做准备工作。在升级过程中，对条件较好的农家书屋进行更高一层的指导与帮助，并根据农家书屋所在村的条件送去计算机，建立村级电子阅览室，以点带面，逐渐实现数字资源向基层农村倾斜，力争早日消除信息鸿沟。

为了将公共图书馆的社会教育与正规学校教育进行接轨，临安市图书馆正在积极准备公共图书馆服务进驻学校的工作。该方案已经在临安市大峡谷中心学校进行了一次尝试。临安市图书馆将大峡谷中心学校设为学校分馆，送来图书、报刊资源，并建立了电子阅览室。学校分馆每天中午开放，按照班级顺序进行借阅，十分受学生们的欢迎。未来，临安市图书馆计划在其他山区初中、小学和公办幼儿园建立阅读网络服务网点，与学校共建图书阅览室，实现双方资源共享和优势互补，培养青少年学生良好的阅读习惯，营造浓厚的书香校园氛围，让山区的少年儿童能第一时间品味知识的醇香。

二、地方文化特色更加突出

基层公共图书馆特别是县级图书馆，作为地区内公共图书馆的领导者，除了履行公共图书馆社会教育职能、完善公共图书馆服务体系等使命外，还有最重要的一点即保存地方文化遗产，储存地方特色文献资源，并向当地群众传播发扬地方文化。

临安市是吴越文化的发祥地，拥有大量吴越文化历史遗迹和文化遗产。自建馆起，地方特色文献工作就是临安市图书馆的工作重点，在经过多年的实践与经验总结的基础上，临安市图书馆地方文献收集工作已经步入正轨，古籍排查、数字化工作也在有条不紊地进行中。未来，临安市图书馆将工作重点放在地方特色文献资源的开发和利用上，继续完善特色文献查阅跟踪服务，并对收集的地方文献进行编辑，形成利于少年儿童接受的故事、话本、绘本等形式，加强对本地少年儿童的地方精神培养，将临安公共图书馆服务体系所能覆盖的范围深深地打上临安标记！这是临安市图书馆的愿望，也是临安市图书馆的责任！

附　　录

附录一　临安市图书馆 2009—2013 年大事记

2009 年

1 月 7 日：吴萍参加杭州市公共图书馆事业基金会理事会及馆长会议。

2 月 16 日：吴萍、倪庆云、钟飞亚代表我馆去临安市著名书法家方志恩家中，接受其捐赠图书期刊等 393 册。记者金凯华同志做了报道。

4 月 2 日：吴萍、倪庆云、孙志敏去於前自由村、太阳镇太阳村、潜川镇牧亭村、西天目白鹅村农家书屋送图书。

4 月 3 日：朱晓东陪同央视《走进临安》节目组来馆拍摄《临安县志》《昌化县志》。

4 月 29 日：中天幕墙有限公司图书室成立，吴萍、倪庆云、孙志敏为图书室送书 1760 册。

5 月 13 日：吴萍、倪庆云、孙志敏去杭州图书馆探讨“共享工程”支中心建设和分馆建设问题，同时去省文化厅社文处与杭州市文广新局社文处了解资金补助情况，决定在年内完成共享工程临安支中心规范化建设。

5 月 31 日：吴萍、倪庆云、孙志敏陪同夏勇一行考察河桥图书馆。

6 月 4 日：吴萍去杭州图书馆参加《关于进一步加强杭州市公共图书馆服务的若干意见（草案）》征求意见会。

6 月 8 日：吴萍、倪庆云、钟飞亚、章一兵、张小娟和孙志敏去青山临安经济开发区送书 2000 册，建立临安经济开发区图书流通点。

8 月 3 日：吴萍去富阳参加杭州地区公共图书馆馆长工作例会，讨论县（市、区）图书馆评估标准与细则。

8 月 10 日—13 日：阮媛去省图书馆参加“地方文献”工作培训班。

9 月 1 日：由杭州市文广新局、省图书馆、杭州图书馆组成的检查组对我馆进行“一级馆”验收、复评工作。市文广新局方光兴副局长、卞初阳科长陪同。

11 月 3 日：倪庆云、钟飞亚与关心下一代工作委员会俞展主任一起去青山镇、横畈镇、高虹镇为农民工子弟学校送书 1900 册。

2010 年

4 月 23 日："世界读书日"，我馆参加由市委宣传部、市文明办在人民广场举办的"书香临安、全民读书"活动。我馆开展现场办证、赠书、宣传等一系列活动，并自制宣传片在大屏幕上播放。

6 月 2 日：我馆老年电大图书室成立，吴萍、钟飞亚参加成立仪式，送书 800 册，期刊 200 册。

6 月 17 日：板桥乡上田村"一证通"开通，吴萍、钟飞亚、孙志敏、李洁送去图书 1000 册。

6 月 24 日：我馆临安拘留所图书室成立，吴萍、钟飞亚送去图书 200 册（书 150 册，期刊 50 册）。

7 月 1 日：天恒机械有限公司"一证通"图书室开通，吴萍、李洁、孙志敏送书 800 册。

7 月 26 日：浙江省文化信息资源共享工程督导组一行 5 人来我馆及光辉村验收我市共享工程支中心的规范化建设及工作情况。

10 月 21 日：杭州图书馆地方文献工作研讨会在我馆举行（钟飞亚参加）。吴萍带领孙志敏、何彩云、孙黎、马伶俐、李洁、潘华强、林娟等去高虹镇帮助排架，迎接"东海明珠"工程验收。

2011 年

5 月 3 日：钱新峰上午陪同文广新局吴晓武副局长就有关农家书屋事项去市政府汇报工作，下午参加市政府召开的农家书屋经费协调会议（文广新局、文明办、财政局、科技局、农业局和民政局相关人员参加）。

6 月 16 日：我馆农家书屋实施方案修改上交市政府。下午钱新峰去昌化镇落实下周四分馆开馆事项。

6 月 20 日：钱新峰上午去市文广新局汇报昌化镇分馆开馆事宜。下午陪文广新局吴晓武副局长去市政府汇报全市各分馆开馆事宜及农家书屋建设方案与经费等问题。市政府要求全面调研全市 298 个行政村、场地、书架及人员的整体状况。

6 月 28 日：高虹镇分馆开馆，市领导裘小民副市长、杭州图书馆褚树青馆长等领导参加。

6 月 30 日：昌化镇分馆开馆，市委宣传部章威力副部长与杭州图书馆梁亮副馆长参加开馆仪式。

7 月 6 日：钱新峰去河桥、太阳、潜川等镇就有关分馆建设事项与各镇领导沟通落实。

7 月 28 日：钱新峰参加市文广新局半年度工作总结会。

11 月 4 日：钱新峰去玲珑街道查看分馆场地及玲珑村农家书屋网点建设情况。

11 月 7 日：太阳镇桃源村支部全体人员来我馆参观。

11 月 28 日：工会活动。钱新峰下午 4 点参加市政府召开的农家书屋建设经费落实会议。

2012 年

2 月 3 日：钱新峰、孙志敏组织开展全市农家书屋示范点巡查。

3 月 13 日：钱新峰赴绍兴市图书馆参加浙江省公共图书馆地方及文献工作研讨会。

4 月 20 日：倪庆云主持全市镇（街道）分馆管理员培训。

5 月 10 日：钱新峰陪同市残联领导去玲珑街道和锦南街道查看农家书屋情况。

5 月 17 日：倪庆云去清凉峰镇、岛石镇联系分馆建设事项。

6 月 7 日：杭州市文广新局社文处那燕处长、杭州图书馆梁亮副馆长一行 4 人来我市检查中心镇图书分馆工作。

9 月 15 日：杭州图书馆褚树青馆长、省设计院设计师一行 6 人来我馆就新馆家具、信息化及图书采购事宜确定最终方案。

2013 年

1 月 12 日：钱新峰带领我馆 6 位同志前往杭州图书馆学习。

1 月 30 日：杭州市文广新局何平副局长一行 3 人来我市检查镇、街道分馆电子阅览室。

4 月 25 日：省文化厅验收组来我馆验收一级馆复评状况。

4 月 26 日：钱新峰、倪庆云、姚朝健陪同国家一级馆评估小组到太湖源分馆检查。

5 月 29 日：我馆建立“馆长接待日”制度，搭建读者互动平台。

6 月 5 日：钱新峰、倪庆云、孙志敏、李洁送书至潜川镇，并就建立“农家乐”图书角工作进行指导。

6 月 8 日：市政协副主席张亚联、宣传部副部长李震、市政府办公室副主任褚凯等在黄晓明局长陪同下参观我馆举办的非物质文化遗图片展。

6 月 13 日：钱新峰、李洁赴大峡谷中心小学联系电子阅览室进山区学校项目。

6 月 18 日：倪庆云主持“流动图书馆进机关”活动启动仪式。

8 月 20 日：杭州图书馆龚娅君副馆长一行 7 人来我馆检查“一证通”运行情况。钱新峰去杭州文广新局参加杭州市公共图书馆总分馆制度建设考核办法座谈会。

10 月 17 日：钱新峰、倪庆云、孙志敏、李洁去大峡谷中心学校参加临安市图书馆网络建设进校园启动仪式。

附录二　杭州地区公共图书馆服务公约

公共图书馆是由政府拨款设立的公益性服务机构，它以继承文化、传递信息、支持公民的终身教育和休闲娱乐为己任。公共图书馆的宗旨是通过提供各种形式的资源与服务来满足个人和团体在终身教育、自主决策、文化发展和休闲娱乐等方面的需求。

为了充分发挥图书馆的各项功能，方便公众使用公共图书馆，以期在参与“文化大省”建设和“文化名城”建设，特别是在增强地区文化凝聚力、提高公共文化服务力、提升城市文化竞争力等方面发挥应有的作用，特制定杭州地区公共图书馆服务公约如下：

1. 杭州地区所属市、县（市、区）公共图书馆利用本行业原有的各服务馆（站）和城市数字化网络架构，通过地区图书馆联盟的形式，在实行资源共建共享的基础上，以杭州图书馆为中心，县（市、区）图书馆为分中心，社区和乡镇（村）服务点为基础，建立互通互联的三级公共图书馆服务平台，构筑地区图书馆资源服务与保障体系。

2. 杭州地区各公共图书馆遵守国家相关的法律法规，尊重并维护读者的隐私权，并有义务提醒读者尊重知识产权。

3. 杭州地区各公共图书馆将以联合国《公共图书馆宣言》为准则，以《浙江省公共图书馆管理办法》为依据，同时把“读者满意是我们的追求”作为办馆理念，建设“无边界图书馆”作为远大目标。

4. 杭州地区各公共图书馆将充分尊重读者利用图书馆资源与服务的权利。为此不以种族、国籍、年龄、性别、宗教信仰、语言、社会地位、教育程度等为条件向读者设置任何使用限制，保障读者免费利用图书馆基本服务的权利。

5. 杭州地区各公共图书馆从业人员应不断提高自身业务能力，参加各类培训和继续教育，以进一步提高为读者服务的水平。

6. 杭州地区各公共图书馆应严格遵守行业道德，并应积极要求其工作人员恪守《中国图书馆员职业道德准则（试行）》，为读者提供热情周到的服务。

7. 杭州地区各公共图书馆应在便利于读者广泛使用的前提下，把数字资源与传统文献并作为馆藏建设方向，在收集综合性与普及性文献的同时，注重地方文献、特色文献等珍贵文献的保护与建设。

8. 杭州地区各公共图书馆承诺为读者利用文献资料创造良好、便捷的条件，包括提供开架借阅、计算机检索、原则上免费的知识导航和参考咨询服务。

9. 杭州地区各公共图书馆承诺开放时间每周应不少于56小时，少儿图书馆每周开放时间不少于48小时，图书借阅快递等特殊服务回复应不超过48小时，咨询回复应不超过24小时。

10. 杭州地区各公共图书馆将紧跟时代的步伐，及时采用先进的技术和手段为读者提供优质、高效、便捷的服务。

11. 杭州地区各公共图书馆将积极创造条件，为读者营造舒适、愉悦、安全的学习和娱乐环境。

12. 杭州地区各公共图书馆定期或不定期举办各类培训班、人文讲座等，以便读者更好地发挥自己的创造力，同时，为读者自修和进行继续教育提供方便。

13. 杭州地区各公共图书馆将通过举办各类型专题展览和读者活动，使读者有接触各种表演艺术、文化展示的机会，增强图书馆的凝聚力。

14. 杭州地区各公共图书馆须加强与国内外及区域间同类型机构和相关机构的合作，以促进不同文化之间的交流，支持多样性文化的和谐共存，向读者提供更丰富的资讯服务。

15. 杭州地区各公共图书馆在正确使用好政府拨款的同时，还应培养人们对社会公益文化的扶持意识，接受并鼓励个人、机构和社会组织向杭州市公共图书馆事业基金会捐赠资金、文献及其它实物。

附录三　杭州市委办公厅、市政府办公厅关于进一步加强杭州市公共图书馆服务体系建设的实施意见

（2011 年 12 月 31 日）

为贯彻落实党的十七届六中全会和《中共浙江省委关于认真贯彻党的十七届六中全会精神大力推进文化强省建设的决定》（浙委[2011]105 号）精神，进一步提升我市公共图书馆服务水平，保障人民群众的基本文化权益，经市委、市政府同意，现就进一步加强我市公共图书馆服务体系建设提出如下实施意见。

一、指导思想

认真贯彻落实科学发展观，遵循公共图书馆事业发展规律，统筹规划全市公共图书馆服务体系建设，完善服务设施，丰富服务内容，规范服务要求，提高服务水平，实现公共图书馆事业全面、协调和可持续发展。

二、发展目标

以中心馆与总分馆制的运营模式，整合市、县（市、区）、乡镇（街道）、村（社区）图书馆（室）资源，建立服务网络覆盖城乡、组织结构科学合理、文献资源统一调配、服务质量基本一致、运行高效节约、普遍均等的公共图书馆服务体系。力争到“十二五”期末，实现市、县（市、区）、乡镇（街道）、村（社区）四级公共图书馆服务网络全覆盖，全市人均拥有公共图书馆的建筑面积、藏书量以及公共图书馆服务水平位居全国前列。

三、运营模式

建成以杭州图书馆为中心馆，市级多个专业性分馆和各县（市、区）图书馆为地区性业务总馆，乡镇（街道）图书馆为业务分馆，村（社区）图书室（农家书屋）为亚分馆的公共图书馆四级服务网络。其中，杭州图书馆作为全市公共图书馆服务网络的中心馆，承担对县（市、区）公共图书馆业务的规划、指导、协调和评估等工作，建立统一的技术平台、检索平台和服务标准，加强与高等院校图书馆和专业性图书馆共建共享的服务网络建设。通过努力，使杭州图书馆成为全市公共图书馆服务网络的业务指导、文献保障、技术支持、专业培训和信息服务中心。各县（市、区）图书馆作为本地区公共图书馆服务网络的业务总馆，承担对辖区内分馆和亚分馆业务的规划、指导、管理、监督和评估等工作。通过努力，实现各级图书馆的资源共享和服务互动互联，为市民群众提供便捷的公共图书馆服务。

四、加强基础设施建设

（一）统一设施建设标准。按照馆舍建筑面积与服务人口规模相匹配的原则，各县（市、区）公共图书馆的馆舍面积、馆藏总量应在国家住建部、发改委下发的《公共图书馆建设标准》规定的基础上，结合我市实际，适当提高标准。人口在 100 万～150 万人的县（市、区），图书馆馆舍建筑面积应达到 1.35 万～2 万平方米，馆藏总量不少于 100 万～135 万册（件）；人口在 50 万～100 万人的，图书馆馆舍建筑面积应达到 0.75 万～1.35 万平方米，馆藏总量不少于 50 万～90 万册（件）；人口在 20 万～50 万人的，图书馆馆舍建筑面积应达到 0.45 万～0.75 万平方米，馆藏总量不少于 25 万～45 万册（件）。各县（市、区）应积极争取达到上限标准，并预留一定的发展空间。

（二）加大基层建设力度。乡镇（街道）图书分馆建设经费按照多级投入、集中管理的原则，以县（市、区）财政投入为主，乡镇（街道）投入比例由各地自行确定。乡镇（街道）图书馆年购书经费，按照人均不低于 1 元的标准，以县（市、区）财政投入为主，乡镇（街道）投入比例由各地自行确定，并确保每年有新书增加。购书经费由县（市、区）图书馆集中管理，根据本辖区文献资源建设的规划、分工和部署，按照统一采购、统一加工、统一配送的原则，合理购置文献资源。

村（社区）图书室建设应与农家书屋工程建设有机结合，其建设标准和完成时间，按照《杭州市人民政府办公厅关于进一步加快推进农家书屋工程建设的通知》（杭政办发电〔2011〕32 号）执行。村（社区）图书室（农家书屋）建成后作为各县（市、区）图书馆的亚分馆统一纳入公共图书馆服务体系，其购书经费由县（市、区）图书馆集中管理，统一采购、加工和配送图书。

（三）设置自动化借还设备。各县（市、区）可在人流密集区域（如超市、火车站、汽车站、码头和航空港等公共场所），设置图书自助借还设备；有条件的村（社区）可设置图书自助借还设备。

五、保障经费投入

（一）落实购书经费。各级政府要加大对公共图书馆服务体系建设的支持力度，将建设资金纳入年度财政预算，通过调整财政支出结构，保证公共图书馆建设与事业发展各项经费足额到位；要根据当地经济社会发展情况确保公共图书馆购书经费每年有所增长。加大公共图书馆服务网络自动化及配套项目建设投入力度，其设备及图书流转等配套项目经费列入同级政府财政预算， 由杭州图书馆确定统一技术标准，各县（市、区）图书馆统一采购，统一管理。

（二）建立补助机制。市政府根据对乡镇（街道）图书分馆的评估考核和对村（社区）图书室（农家书屋）的验收结果，每建成 1 个乡镇（街道）图书分馆，按照淳安县 5 万元，建德市、临安市、桐庐县 3 万元，富阳市 2 万元的标准；对每个行政村农家书屋，按照淳安县 0.5 万元，建德市、临安市、桐庐县 0.3 万元，富阳市 0.2 万元的标准，拨专款对五县（市）乡镇（街道）图书分馆和村（社区）图书室（农家书屋）建设予以补助，补助款项主要用于图书分馆和图书室（农家书屋）藏书建设（资金考核补助办法由市文广新闻出版局和市财政局另行制定）。各区乡镇（街道）图书分馆和村（社区）图书室（农家书屋）建设资金由当地自行解决。

六、加强队伍建设

（一）确保图书馆人员配备。为确保各级图书馆正常开展服务，要科学定岗，按照国家有关标准配足从业人员。每建成 1 个乡镇（街道）图书分馆，县（市、区）图书馆要相应增加并派驻 1 名工作人员，负责图书分馆的日常工作，人员经费由县（市、区）财政安排。派驻人员由县（市、区）图书馆统一招聘、培训和考核。村（社区）图书室（农家书屋）工作人员由乡镇（街道）政府（办事处）和村（社区）委会（居委会）协商解决。

（二）建立收入分配与激励机制。各级政府要确保公共图书馆从业人员工资福利待遇，对纳入事业编制管理的人员，确保其享受事业单位工资福利待遇，并按照有关规定参加事业单位社会保险；县（市、区）图书馆派驻乡镇（街道）图书分馆的编外人员可享受当地事业单位计划内临时用工的工资福利待遇。

各级图书馆应遵循按劳分配与工作创新、岗位贡献相结合的原则，实行按需设岗、按岗聘用、竞争上岗、按岗定酬的管理模式，在事业单位绩效工资改革的基础上，按照国家和省、市有关事业单位绩效工资的要求，形成具有图书馆行业特色、与岗位管理相配套的薪酬制度，建立有利于调动从业人员工作积极性与创造性的收入分配与激励机制。

（三）积极引进专业技术人员。各级图书馆馆长的选拔应符合《浙江省公共图书馆管理办法》（省政府令第 161 号）有关要求，有条件的县（市、区）可向全国公开招聘图书馆馆长和业务副馆长。各级图书馆应分层次引进人才，逐步改善人员结构，提高高学历人员的比例。

（四）注重培养专业技术人员。鼓励各级图书馆从业人员参加各类继续教育，建立上挂下派的人才交流制度。杭州图书馆和各县（市、区）图书馆可互相选派业务人员进行挂职锻炼及学习培训，形成双向交流的培训机制。建立国际交流与培训进修制度，与国际友好城市图书馆签订人才交流和培训计划，每年在各级图书馆中选派若干名业务人员赴国外图书馆进修学习。建立定期培训制度，每年组织从业人员参加业务培训，市、县（市、区）图书馆从业人员每人每年要参加 2 次以上专业培训，乡镇（街道）图书分馆和村（社区）图书室（农家书屋）从业人员每人每年要参加 1 次以上专业培训。

七、加强规范管理

（一）确保各级公共图书馆正常开放。各级公共图书馆要举办形式多样、丰富多彩的读者服务活动，保障市民群众的基本文化权益。各级公共图书馆除保证法定节假日和双休日正常开放外，杭州图书馆每周开放 84 小时，市级专业性分馆每周开放 56 小时，杭州少年儿童图书馆每周开放 63 小时。县（市、区）图书馆每周开放 70 小时；乡镇（街道）图书分馆每周开放 49 小时，其中晚上开放时间不得少于 8 小时；村（社区）图书（室）（农家书屋）每周开放 24 小时，其中晚上开放时间不得少于 3 小时。采用图书自助借还机系统的村（社区），图书自助借还设备应处于有效使用状态，其使用时间可算为村（社区）图书室（农家书屋）的开放时间。

（二）明确工作责任主体。按照属地管理的原则，各县（市、区）为当地公共图书馆服务体系建设的责任主体，文广新闻出版局为管理主体。各级政府要统一思想，提高认识，重视和支持图书馆建设，切实加强领导，把公共图书馆服务体系建设摆上议事日程。成立杭州市公共图书馆发展委员会，由市委、市政府分管领导任主任，市委、市政府分管副秘书长和市文广新闻出版局主要负责人任副主任，市委宣传部、编委办，市人力社保局、财政局、文广新闻出版局、规划局、教育局、团市委分管负责人和杭州图书馆主要负责人以及各县（市、区）党委或政府分管领导为成员，委员会下设办公室（设在市文广新闻出版局内），负责全市公共图书馆服务体系建设的协调、指导、监督和考核等工作。各县（市、区）也要建立相应的组织机构，负责本地区公共图书馆服务体系建设的协调、指导和监督等工作。

（三）建立绩效考核评估体系。将公共图书馆服务体系建设纳入公共文化服务评价指标体系，并纳入县（市、区）综合考评，具体考核指标另行制定。

（四）推动图书馆事业健康发展。积极鼓励社会机构和个人向图书馆事业提供捐助，发动社会力量参与公共图书馆服务体系建设。落实扶持图书馆事业发展的各项优惠政策，形成政府投入为主、社会力量参与的公共图书馆事业发展新模式。

附录四　原临安县图书馆馆长蒋勤《我对临安县公共图书馆事业发展的设想》原稿

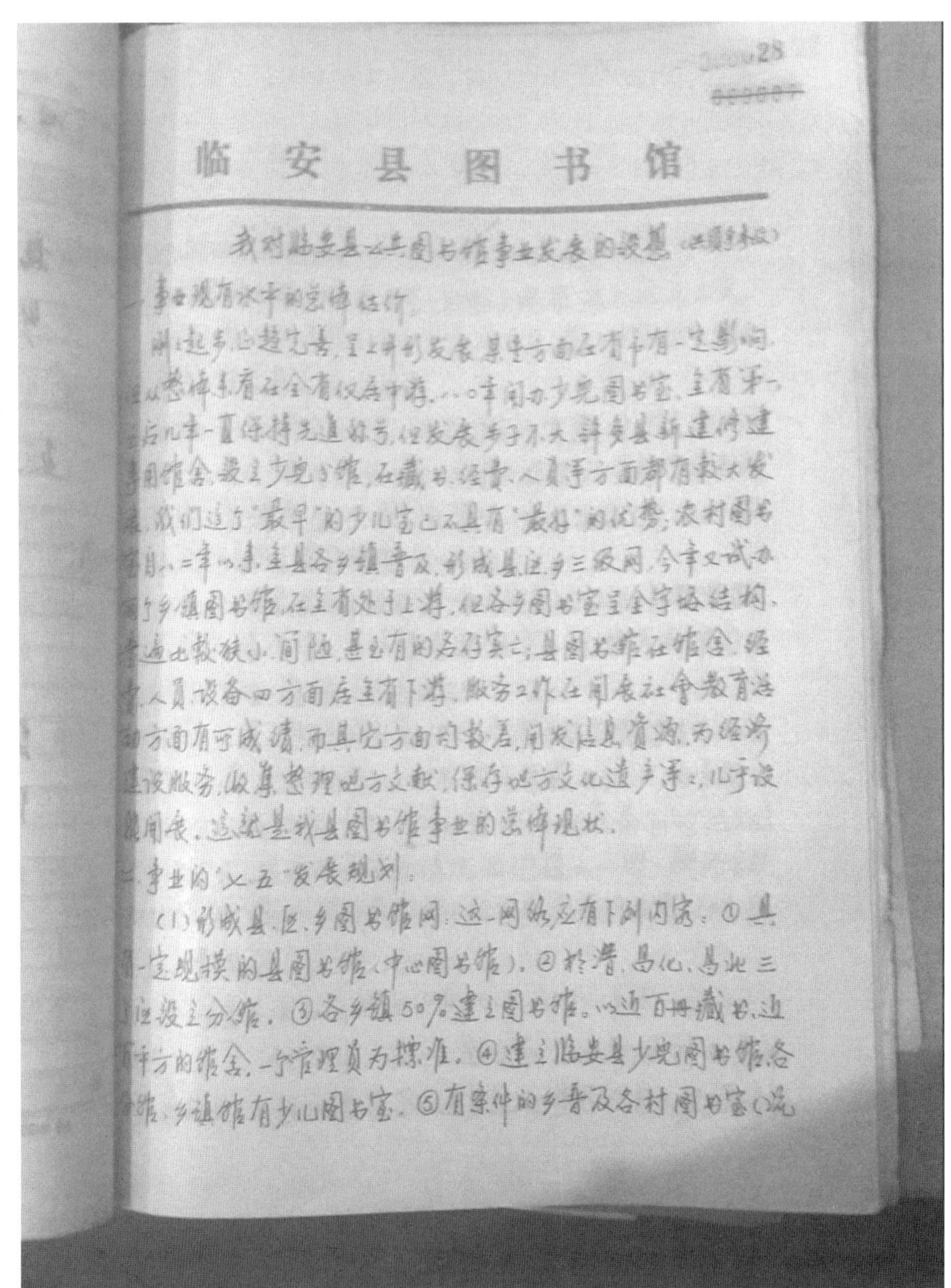

000028

临安县图书馆

我对临安县公共图书馆事业发展的设想（[illegible]）

一、事业现有水平的总体估价

刚刚起步，正趋完善，呈上升形发展。某些方面在省市有一定影响，但从总体来看在全省仅居中游。八〇年开办少儿图书室，在省第一，后几年一直保持先进水平，但发展步子不大。许多县新建、修建了馆舍，设立少儿分馆，在藏书、经费、人员等方面都有较大发展，我们这个"最早"的少儿室已不具有"最好"的优势；农村图书室自八二年以来在县各乡镇普及，形成县、区、乡三级网，今年又试办了乡镇图书馆，在全省处于上游，但各乡图书室呈金字塔结构，普遍也较狭小、简陋，甚至有的名存实亡；县图书馆在馆舍、经费、人员、设备四方面居全省下游，服务工作在开展社会教育活动方面有可成绩，而其它方面均较差，开发信息资源，为经济建设服务，收集整理地方文献，保存地方文化遗产等等，几乎没有开展。这就是我县图书馆事业的总体现状。

二、事业的"七五"发展规划：

（1）形成县、区、乡图书馆网。这一网络应有下列内容：①具有一定规模的县图书馆（中心图书馆）。②於潜、昌化、昌北三区设立分馆。③各乡镇50%建立图书馆。以近百册藏书、近百平方的馆舍、一个管理员为标准。④建立临安县少儿图书馆，各分馆、乡镇馆有少儿图书室。⑤有条件的乡普及各村图书室（流

临安县图书馆

通点），形成乡村网络。

（2）县图书馆（中心图书馆）的较大规模、现代化、开放式：

首先，较大规模包括馆舍大，人员充足，藏书丰富这三方面，这县图书馆最基本的三个要素。

①据省文化厅有关要求，依我们实际需要，要求建造2800平方米的馆舍，设外借总书库一个，自然科学、社会科学等各种阅览室六个，讲演厅一个，目录展览室一个。详见临文字（86）第57号《关于建造县图书馆馆舍的报告》。

②为保证最长的开放时间，最大限度地满足读者需要，各阅览室、外借室人员必须充足。据省内余杭等新馆开放后的实际需要，县馆人员应达25人以上。

③浙江省公共图书馆事业"七五"计划要求我们达到全县人均半册藏书，那就是23万。我馆现有藏书9.5万，每年购书经费1万左右（含报刊费）。这样递增幅度无论如何达不到省里的要求。根据我县实际情况，我们提出以翻一翻为目标，即达到19万藏书，则每年需增加2万册，以平均书价1.50元计，年购书费要保证在30000元以上。

第二，是县图书馆设备的现代化。我们的目标是达到省文化厅"七五"计划的要求："县以上图书馆普遍配置静电复印机、誊印机、打字机等设备，逐步配备专用的图书流通车。"

032

000034

~~000091~~

临 安 县 图 书 馆

各市、县图书馆逐步配备缩微阅读设备，收藏部分缩微平片。”等等。

第三，服务工作的开放式：县馆的服务工作以提高社会效益为中心，以为经济建设提供技术信息和开展深入广泛的社会教育活动为主要内容，朝着开放式的方向发展，用各种服务方式为全县范围内的广大读者服务，邮寄借书、送书上门、巡回流通、编印信息资料等等。

三、实现以上规划的几点措施：

（1）加强图书馆（室）重要性宣传，克服有关乡镇党委、政府领导及县财政、人事部门领导轻视图书馆的思想，克服有的人把重视图书馆只放在口头上的情况。要看到图书馆是教科文三职兼有的重要事业，是广泛的社会教育机构，是社会经济发展的生产力。

（2）对照《中共中央关于社会主义精神文明建设指导方针的决议》的精神，转变文化系统内部有的干部、文化中心、文化站某些干部轻视农村图书工作的观念。《决议》指出，精神文明建设包括思想道德建设和教育科学文化建设两个方面。而图书馆的工作则直接作用于这两个方面的建设。要克服农村文化中重群文轻图书的倾向，处理好两者的关系，树立起正确的图书工作观念。

032

000031

000092

临安县图书馆

（3）国外及台湾的图书馆事业发展告诉我们，图书馆事业的发展必需有法的保障。目前国家还没有一部图书馆法，因此我建议，由县文化局起草《临安县图书馆（室）工作条例》，由县有关权力机关颁布，使图书馆事业的发展有一定的保证。

（4）於潜、昌化、昌北三区文化分馆图书室进行体制改革，设立图书分馆，保证正常的经费人员。

（5）县财政拿出一定的经费用于鼓励补助乡镇发展图书馆（室）事业，专款专用。

（6）县馆人员、经费的困难，严重影响现阶段工作的正常进行。现有经费基数太低，增长幅度不大，八六年仅2.8万，应考虑予以较大幅度的增加，为保证建馆后工作的正常开展，马上增加适当人员，着手进行业务技术培训，以期避免有些余杭的失误（新馆开馆后，由于新招人员的工作技能跟不上，较长时间内工作不能正常开展）。

以上设想是个人的看法，仅供领导参考。

临安县图书馆

蒋勤

八六.十一.十

附录五　浙江省公共图书馆地方文献资源建设规范（试行）

为切实推进我省公共图书馆地方文献资源建设的规范、协调、高效与可持续发展，特制定《浙江省公共图书馆地方文献资源建设规范（试行）》。

一、总则

（一）适用对象：我省省、市、县（市、区）三级公共图书馆，不包括少年儿童图书馆。

（二）地方文献资源建设总体目标：在全省范围内构建涵盖全面、种类完整、结构合理的地方文献保障体系，以利于浙江历史文化的保存、继承与弘扬，服务于浙江社会发展和区域建设。

（三）地方文献资源建设总原则：分级构建，各司其职；突出重点，形成体系；各扬所长，特色鲜明；分工协作，共建共享。

二、省馆地方文献资源建设的基本要求

（一）主要职责

浙江图书馆是我省重要的文献资源中心，在全省公共图书馆地方文献工作中承担组织、指导、协调、示范等职责。

（1）实施建立完善的地方文献馆藏体系；

（2）指导各市、县（市、区）图书馆地方文献体系的建立及相关业务的开展；

（3）组织、协调本省地方文献资源的共建共享；

（4）协助省级文化主管部门组织制定相关的规章制度。

（二）建设目标与重点

省级为主，面向全省，重要文献与特色文献齐抓，文献覆盖面与文献专深度兼顾。建立起门类齐全、系列完整、覆盖全面、内容厚重、彰显特色和影响显著的省级地方文献体系。重点采集省级和内容涉及全省性的文献，特别是内部出版物。

1. 图书类文献

内容涉及省级机构、单位编印和出版的文献；内容涉及本省两个市以上的文献；省属市级主要文献；省辖各县（市、区）核心文献。主要内容或重要方面涉及本省的文献、重点采集种类有：

（1）地方年鉴（包括区域统计资料、年度报告、白皮书等）；

（2）地方志（省、市、县、镇、村各级各类）；

（3）地方史（省、市、县等各区域、各时期、各行业、各专题；各机构或个人；史实、大事记、史料等）；

（4）地方概览（包括区域词典、百科全书、各种综合的大全和概况等）

（5）家谱（包括遗存的与新编的）；

（6）旅游读物（主要指以介绍区域山水名胜古迹、风物习俗、旅游服务为主题，也包括各种题咏集、资料集及会节文献等）；

（7）专题资料汇编（区域法规汇编、人口普查、经济普查、文物和文化遗产普查、资源普查、民间文艺集成等）；

（8）名录（包括各类企事业组织与社会机构名录和产品、商品、名录等）；

（9）地图（包括书册、单幅及挂历、工艺品等各种形态，内容包括行政区域图、交通图、旅游图及其他功能图等）；

（10）政协文史资料；

（11）电话号码簿（包括各种黄页、邮政编码簿及明信片等）；

（12）地方丛书、文献汇编（包括新编印和旧文新版的）；

（13）图照集（指以图照为主体，反映区域特定时期、特定主题或特定机构的文献汇编）。

2. 报刊类文献

重点收集省级文献和省内主要文献，特别是市级报刊文献。

（1）报纸：以正式出版的省、市两级党政与省级专业报刊为重点。对内部交流性质的报刊，按照企业（或行业）影响度及报纸质量，择要采集。

（2）期刊：省级综合类、人文类、社科类为重点，正式与非正式的兼收并蓄，择要少量收藏地市级期刊。

3. 数字文献及其他多媒体文献

自行制作与采集并重，数字文献与多媒体文献兼顾，数字文献的制作以本馆特色文献和优势文献为主，加快新编地方志、地方年鉴、图照文献等数字化多媒体文献的采集，坚持广收多藏。

4. 散页类及其他文献

重点在民间文书、区域特色文化的收集和积累，如：各地景点名胜古迹介绍、区域或机构的形象宣传、特色会节或民俗文化资料、企业和产品介绍等。

三、市级馆地方文献资源建设的基本要求

市级馆处于承上启下的地位，既是构建全省地方文献体系的骨干支柱，又是区域地方文献体系的中心。需在抓好市本级地方文献资源建设的同时，向上下适度延伸，协助做好省、县两级的文献资源建设，并组织开展本市范围内所辖县（市、区）地方文献资源的共建共享。基本要求是：

（一）加强制度保障

建立健全相关的规章制度，形成有利于地方文献资源建设高效运作、可持续发展的机制。

（1）建设方针的确立与目标的制定。从本市、本馆实际出发，制定中长期建设发展的方针与近期目标，确立年度建设目标与任务。

（2）考核机制的建立与实施。明确建设指标和职责，并抓好落实。针对年度资源建设目标，做好计划、总结、考核与奖罚等各项工作。

（3）机构与人员保障。建立独立或相对独立的地方文献部门，设立专职的地方文献工作岗位，保持人员队伍基本稳定。杭州、宁波、温州三市及其他一级馆必须配备专职地方文献工作人员。

（4）经费保障。地方文献资源建设必须的费用应予以保证，列入年度预算，专款专用。

（二）建设目标与重点

以市级文献为重点，构建种类全面、体系完整的本市地方文献资源体系。具体包括：

1. 图书类文献

（1）各市级机构所出的文献。如年鉴、统计资料、地方志、市况概览等。

（2）内容涉及全市范围或本市两个县区及以上的文献。

（3）大部分内容或重要内容涉及本市的文献。

（4）市辖各县（市、区）的综合性、基础性、工具性文献。如县区级方志、年鉴、概览等。

（5）省级综合性、基础性文献。如《浙江事典》《浙江通志》等。

（6）区域名人文献。如名人传记、谱录、研究文献、著述等。

（7）契约票据类地方文书。

2. 报刊类文献

重点采集与收藏本市级的报刊文献，包括正式出版和内部资料。需确保较重要的和80%以上的报刊品种予以收藏，且系列齐整，连续不缺。

（1）报纸。以市级党报、都市日报为重点，要求完整采集。其他应采集的报纸包括：所辖县、区的党报或综合性日报，当地高校学报，重要的机构、企业报纸等。

（2）期刊和内部资料。以综合性和重要党政部门编印的为重点，包括正式出版物和内部资料，实行全面采集。

① 对本市编印、出版的各级各类期刊型文献作详细调查，编制出专项目录。并根据变化，随时作增删修正。

② 在详细调查、掌握资源情况的基础上，划定至少30%的重点期刊资料，保证完整、系统入藏。

③ 对本市期刊型文献的采集、入藏量要求，至少是总量的80%。

④ 对市辖各县、区所出的期刊型文献，各择定 1～2 种作为重点收藏对象。

3. 影像类、电子类文献

年入藏量不低于同时期本地区该类文献出版总量的 40%；建立专藏，编制专类目录。

4. 文献数字化与数据库建设

重视和加强地方文献资源的数字化建设和数据库开发，尤其是体现本地、本馆特色和优势的地方文献资源。

（1）地方文献的数字化建设遵循总体规划、重点优先、逐年递进、形成规模的方针。每年对馆藏地方文献的数字化不低于年度文献增量的 5%。

（2）数据库建设体现本地或馆藏特色，并有持续的扩增、更新。

（3）专题文献汇编重视从图书、报刊、网络等各种载体中析出、下载地方文献专题资料，并加以整理和汇编。要求成为经常性工作内容之一。

（4）组织所辖各县（市、区）馆进行文献数字化和数据库建设的协作共建。

（三）文献组织与利用

在注重提升资源建设水平与质量的同时，做好资源组织、推介工作，扩大文献使用效益。

市级馆必须建立地方文献专藏，设立专库。地方文献专库的文献品种与文献总藏量应与本区域的规模、条件及本馆的地位相适应，年度文献新增量也应有相应的要求和持续稳定的增加。

重视地方文献目录的编制与利用。要求有馆藏地方文献总目录，有年度地方文献采集目录，有专题或专类目录（按内容专题或文献种类区分），并及时更新、修订。组织本地区的地方文献联合目录，或参与编制跨地区、全省性、全国性的地方文献联合目录。

加强文献资源的有效利用。建立开放、便利的读者服务机制，开展多层次的文献推广和服务。建立固定、适用的读者查阅场所，提供相应的配套服务设施。建立专门的书目查询系统及有效的文献宣传报道体系。

四、县（市、区）馆地方文献资源建设的基本要求

县级馆是全省地方文献保障体系建设的基本力量和重要基础。立足本县所编印的文献，重视乡镇文献，重视非正式出版物（包括图书和报刊），并协助省、市两级馆做好文献资源建设工作。

（一）完善制度保障

建立健全相关规章制度，形成有利于地方文献资源建设高效运作、可持续发展的机制。从本地实际出发，制定文献资源假设方针和分阶段目标；对地方文献资源建设目标实施考核和奖罚制度，做到任务明确，指标落实；确保地方文献专职岗位的设立与人员配备，工作人员相对稳定；落实地方文献工作经费保障，将资源建设所需经费列入年度预算。

（二）建设目标与重点

要求以县（市、区）级文献为重点，构建种类全面、体系完整的本地地方文献资源体系。具体包括：

1. 图书类文献

（1）各县（市、区）级机构所出的文献。包括年鉴、统计资料、地方志、家谱、实况概览、专题汇编、地方名人文献、本地风景名胜与文化遗存的文献、当地传统（特色）物产或支柱产业文献、会节文献、地图、老照片等。

（2）本县（市、区）所辖各乡镇（街道）、村（社区）编印的文献。

（3）大部分内容或重要内容涉及本县（市、区）的文献。

（4）所在市级综合性、基础性文献。

2. 报刊类文献

重点采集与收藏县（市、区）本级的报刊文献。无论正式出版还是内部资料，一概采集，收藏品种要求达到总量的80%以上，且系列齐整、连续不缺。

（1）报纸

以县（市、区）党报或综合性日报为重点，力求完整。同时应尽量采集其他本县（市、区）重要机构和企业编印的报纸。

（2）期刊和内部资料

以本县（市、区）综合性和重要党政部门编印的为重点，全面采集。要求达到两个基本指标：

① 至少划定30%为重点期刊资料，保证完整、系统入藏。

② 对本县（市、区）期刊型文献的采集、入藏量要求达到总量的80%。

3. 影像类、电子类文献

要求年入藏量不低于同时期本地区该类文献出版总量的60%；建立专藏，编制专类目录。

4. 文献数字化与数据库建设

选择体现本地、本馆特色和优势的地方文献资源，实施数字化建设和数据库开发。

（1）馆藏地方文献的数字化，年度要求不低于年度地方文献增量的4%。

（2）建有2个以上体现本地或馆藏特色的数据库，并持续扩增、更新。

（3）从图书、报刊、网络等各种载体中析出、下载、整理地方文献资料，形成专题文献汇编，并成为经常性的工作内容之一。

（4）积极参加和支持所属省、市主管部门或图书馆组织的文献数字化和数据库建设的协作项目。

（三）文献组织与利用

县（市、区）级馆必须建立地方文献专藏，设立专库或专架。地方文献专库（架）的文献总藏量应与本区域的规模、条件及本馆的地位相适应，年度文献新增量也应有相应要求和持续稳定的增加。

组织力量编制地方文献目录，要求具备馆藏地方文献总目录、年度地方文献采集目录和专题专类目录（按内容专题或文献种类区分）；组织、参与本地区地方文献联合目录的编制，或参与编制跨地区的地方文献联合目录。

注重提升地方文献的利用水平与效益，建立开放、便利的读者服务制度，开展基本的文献服务项目；建立实用的书目查询系统，设立专门的读者查阅场所，配备基本服务设施等。

五、考评办法

以本《规范》规定的资源建设基本要求、主要目标和重点内容为依据，制定《考核细则》（附后），重点考评各馆地方文献工作的制度建设、经费保障、文献资源建设及开展社会服务的状况与效益。考评工作由浙江省文化厅统一部署，每四年组织一次，考评结果将作为公共图书馆评估定级的重要依据。文化厅将根据考评结果对地方文献资源建设工作先进的图书馆予以表彰。

附录六　临安市图书馆地方特色文献专题目录

钱王文化特藏目录

序号	题名	索书号	作者	页码	出版日期	册数
1	中国思想通俗讲话	B2/c37=2#	钱穆著	115 页	2005	1
2	孔子传	B222.25/c33=2#	钱穆著	158 页	2005	1
3	庄老通辨	B223.55/c16=2#	钱穆著	462 页	2005	1
4	宋代理学三书随劄	B244.05/c1=2#	钱穆著	230 页	2006	1
5	朱子学提纲	B244.75/c1=2#	钱穆著	228 页	2005	1
6	胜国宾师：朱舜水传	B248.99/c2#	钱明著	361 页	2008	1
7	人生十论	B821/c32#	钱穆著	136 页	2004	1
8	精读钱玄同	C52/c48#	钱玄同著	404 页	2007	1
9	钱玄同文集．第一卷：文学革命	C52/c52V1#	钱玄同著	27，407 页	1999	1
10	钱玄同文集．第二卷：随感录及其他	C52/c52V2#	钱玄同著	27，334 页	1999	1
11	钱玄同文集．第三卷：汉字改革与国语运动	C52/c52V3#	钱玄同著	27，513 页	1999	1
12	钱玄同文集．第四卷：文字音韵 古史经学	C52/c52V4#	钱玄同著	27，352 页	1999	1
13	钱玄同文集．第六卷：书信	C52/c52V6#	钱玄同著	29，321 页	2000	1
14	中国的经典 经典的中国	C539/c7#	钱文忠，马瑞芳等著	204 页	2009	3
15	青运春秋．杭州专辑	D432.9/c3#	李玉琦，钱永祥主编	270 页	2006	1

续表

序　号	题　名	索　书　号	作　者	页　码	出版日期	册　数
16	辉煌中国　绿色临安．1949—2009	D619.554/c7#	钱钢等主编	98 页	2009	4
17	中国历代政治得失	D69/c11=2#	钱穆著	161 页	2005	1
18	黄帝	D691/c22=2#	钱穆著	139 页	2005	1
19	交通法规参考	D922.296.4/c1#	钱王驾驶培训学校编	59 页	2004	2
20	人民调解优秀案例选编	D925.114.5/c3#	钱红旗主编	143 页	2005	2
21	上海铁路分局年鉴．1993	F532.6-54/c1V1993#	钱景荣主编	24，491 页	1993	1
22	上海铁路分局年鉴．1994	F532.6-54/c1V1994#	钱景荣主编	27，496 页	1994	1
23	文化与教育	G122-53/c1#	钱穆著	116 页	2004	1
24	2008 中国杭州西湖博览会吴越文化交流活动：吴越钱氏谱牒文化学术研讨会论文集	G127.554/c9#	上海钱氏联谊会，上海钱鏐研究会编	189 页	2008	1
25	钱文忠解读《弟子规》	H194.1/c61#	钱文忠主讲	274 页	2010	3
26	中国文学论丛	I206/c31=2#	钱穆著	296 页	2005	1
27	中国现代文学史论	I209.6/c28#	钱理群著	412 页	2011	1
28	西溪吟苑．总第 33 期	I227-55/c1V33#	钱明锵编著	47 页	2005	1
29	钱学森	I235.2 /c85#	中央电视台，北京科学教育电影制片厂《钱学森》摄制组编	176 页	2010	2
30	说岳全传	I242.43/c84#	（清）钱彩著	499 页	2011	2
31	钱文忠语录．风化的传统基石	I267.1/c491#	钱文忠著	216 页	2010	3
32	钱文忠语录．颤栗的道德底线	I267.1/c492#	钱文忠著	216 页	2010	6
33	中国四大名石历代帝王印章图谱	J323/c8#	钱高潮编著	235 页	2009	3
34	八仙图	J522.1/c1#	（清）钱慧安绘	1 册	2008	1
35	中国文化导论	K203/c47#	钱穆著	181 页	1988	1
36	传统的再生：钱文忠演讲集	K203-53/c2	钱文忠著	189 页	2010	2
37	中国史学名著	K204/c8=2#	钱穆著	326 页	2005	2
38	国史新论	K207/c25=2#	钱穆著	330 页	2005	1
39	中国历史研究法	K207/c26=2#	钱穆著	146 页	2005	1
40	横畈遗韵	K295.55/c18#	程志明，钱春雷主编	302 页	2011	2
41	钱氏联谊	K820.9/c20#	钱宗保主编	75 页	[出版时间不详]	2
42	钱氏家乘	K820.9/c22#	钱文選恭辑	（10，348）页	1996	1
43	无锡鸿声钱氏六院士	K820.9/c38#	钱志仁，钱国平编	395 页	2007	1
44	吴越世家：2007 杭州西湖博览会上海钱氏后裔相关活动纪念册	K820.9-64/c1#	钱金波主编	112 页	2007	3

续表

序　号	题　名	索　书　号	作　者	页　码	出版日期	册　数
45	钱王铭德：2007 杭州西湖博览会上海钱氏后裔相关活动纪念册	K820.9-64/c2#	钱金波主编	68 页	2007	1
46	我的精神自传	K825.6/c229#	钱理群著	378 页	2007	1
47	八十忆双亲；师友杂忆	K825.81/c10=2#	钱穆著	350 页	2005	1
48	遗民史家：谈迁传	K825.81/c4#	钱茂伟，柴伟梁著	284 页	2006	1
49	拒绝遗忘：钱理群文选	C52/c53=2#		418 页	2009	1
50	钱王故里双拥情	E225-64/c1#	临安市双拥领导小组办公室编	53 页	2005	3
51	吴越钱氏文人群体研究	I209.43/c1#	（日）池泽滋子著	261 页	2006	2
52	钱钟书精品集	I246.57/c43#		444 页	2007	1
53	钱江魂：浙江革命故事选	I247.8/c331#	中共浙江省委党史研究室等编	406 页	2001	1
54	千手拂云 千眼观虹：季羡林 钱学森 陈省身 侯仁之 杨绛 黄万里的人生比较	I253.4/c70#	卞毓方著	340 页	2011	2
55	钱塘游笔	I267/c1041#	许林田著	282 页	2009	4
56	钱王传说集成	I277.3/206	许林田，施爱东主编	373 页	2012	2
57	钱武肃王生平故事	I277.3/c174#	清平撰稿	45 页	1991	2
58	武肃钱王传	J228.4/c116#	潘庆平编文	390 页	1994	3
59	钱王根艺馆	J314.2/c3#	杜镇华编	1 册	2010	3
60	中国玉石雕刻大师钱高潮专辑	J314.9/c1#		16 页	[出版时间不详]	1
61	钱镠研究．第一辑	K295.51/c21V1#	章兴辉主编	109 页	[出版时间不详]	2
62	钱镠研究．第二辑	K295.51/c21V2#	章兴辉主编	35 页	[出版时间不详]	1
63	钱镠研究．第三辑	K295.51/c21V3#	章兴辉主编	118 页	[出版时间不详]	1
64	钱镠研究．第四辑	K295.51/c21V4#	章兴辉主编	90 页	[出版时间不详]	2
65	钱镠研究．第五辑	K295.51/c21V5#	章兴辉主编	78 页	[出版时间不详]	2
66	钱镠研究．第六辑	K295.51/c21V6#	章兴辉主编	79 页	[出版时间不详]	3
67	钱镠研究．第七辑	K295.51/c21V7#	章兴辉主编	106 页	[出版时间不详]	2
68	钱镠研究．第八辑	K295.51/c21V8#	章兴辉主编	133 页	[出版时间不详]	2

续表

序号	题名	索书号	作者	页码	出版日期	册数
69	钱镠研究. 第九辑	K295.51/c21V9#	章兴辉主编	156 页	[出版时间不详]	2
70	钱镠研究. 第十辑	K295.51/c21V10#	章兴辉主编	173 页	[出版时间不详]	1
71	钱镠研究. 第十一辑	K295.51/c21V11#	许立新主编	163 页	2002	5
72	钱镠研究. 第十二辑	K295.51/c21V12#	章兴辉主编	336 页	[出版时间不详]	2
73	钱镠研究. 第十三辑	K295.51/c21V13#	章兴辉主编	276 页	[出版时间不详]	2
74	钱镠研究. 第十四辑	K295.51/c21V14#	章兴辉主编	170 页	[出版时间不详]	3
75	钱镠研究. 第十五辑	K295.51/c21V15#	章兴辉主编	170 页	[出版时间不详]	3
76	钱镠研究. 第十六辑	K295.51/c21V16#	临安市政协文史和教文卫体委员会编	209 页	2007	5
77	钱镠研究. 第十七辑	K295.51/c21V17#	临安市政协文史和教文卫体委员会，临安市钱镠研究会编	113 页	2008	1
78	钱镠研究. 第十八辑	K295.51/c21V18#	临安市政协文史和教文卫体委员会，临安市钱镠研究会编	142 页	2010	1
79	钱镠研究. 第十九辑	K295.51/c21V19#	临安市政协文史和教文卫体委员会，临安市钱镠研究会编	137 页	2011	2
80	钱镠研究精选集	K295.51/c22#	王建华主编	233 页	[出版时间不详]	1
81	临安市志资料长编：地方政治协商会议、文化艺术、钱镠研究	K295.54/c57#	临安市政协办公室编	520 页	2006	2
82	枝繁叶茂：钱王后裔名人录	K820.9/c23#	陶福贤主编	327 页	2008	4
83	无锡钱氏宗谱	K820.9/c37V1-8#		8 卷	2010	16
84	钱穆与现代中国学术	K825.81=7/c1#	余英时著	217 页	2006	1
85	钱骥	K826.11/c4#	杨照德，熊延岭著	302 页	2011	1
86	钱伟长传	K826.11=76/c1#	祁淑英著	215 页	2010	4
87	中国“三钱”	K826.16/c6#	祁淑英著	411 页	2006	1
88	钱镠	K827.43/c1#	蔡涉著	85 页	1983	2
89	钱镠与西湖	K827=431/c1#	王建华著	219 页	2005	2
90	吴越国王钱镠	K827=432/c5#	杨一平撰文	26 页	[出版时间不详]	3
91	吴越钱王	K827=432/c6#	吴春生，梅鹊主编	245 页	2004	1
92	钱氏学人 煦暖华夏：美籍华裔科学家钱煦及夫人八十华诞志贺文集	K837.126.2/c1#	汪南平主编	152 页	2012	2
93	物华天宝：吴越国钱氏王室珍宝展	K873.554/c1#	杭州历史博物馆编	1 册	[出版时间不详]	2

昌化鸡血石文献特藏目录

序号	题名	索书号	作者	页码	出版日期	册数
1	中国昌化石文化	G894/c21#	姚宾谟编著	391 页	2007	1
2	昌化石鉴赏与投资	G894/c22#	杨剑编著	195 页	2009	1
3	石中王后鸡血	G894-64/c5#	钱高潮著	123 页	2005	1
4	中国玉石雕刻大师钱高潮专辑	J314.9/c1#		16 页	[出版时间不详]	1
5	昌化鸡血石品评与购藏	J323/c1#	姚宾谟编著	99 页	2002	2
6	抱石斋	J323/c2#	浙江·临安抱石斋鸡血石商行编	1 册	[出版时间不详]	2
7	中国四大印石图典. 昌化石	J323/c3#	潘承文，姚宾谟编著	350 页	2008	4
8	昌化鸡血石雕	J323/c4#	临安市文化广电新闻出版局编	1 册	2008	3
9	“国宝昌化鸡血石”专场拍卖会	J323/c5#	杭州天目拍卖有限公司编	46 页	2006	2
10	中国四大名石历代帝王印章图谱	J323/c8#	钱高潮编著	235 页	2009	3
11	2010 昌化鸡血石原石拍卖会	J323/c9#	临安燕东园文化策划有限公司，杭州天目拍卖有限公司编	44 页	2010	1
12	昌化鸡血石	TS933.21/c2#	姚宾谟撰文	40 页	1994	3
13	中国红·鸡血王	TS933.21-64/c1#	钱高潮编著	71 页	2009	1
14	中国昌化田黄石	TS933.21-64/c3#	毕庶强编	128 页	2008	2

天目山特藏文献目录

序号	题名	索书号	作者	出版地	出版社	页码	出版日期	册数
1	天目山三教史话	B929.2/c2#	戎康民编著	临安	[出版社不详]	150 页	2005	1
2	钟灵毓秀天目山：天目山“禅宗之旅”读本	B929.2/c3#	浙江天目山国家级自然保护区管理局等汇编	临安	[出版者不详]	32 页	[出版时间不详]	1
3	2007 年天目山禅源寺第七届春节吉祥平安法会	B947.255.4/c1#	天目山禅源寺编	临安	[出版者不详]	26 页	2007	2
4	天目重辉：月照大和尚晋院暨天目山禅源寺复建一周年纪念集	B947.255/c1#	月照法师编著	石家庄	河北教育出版社	457 页	2001	1
5	京畿莲邦：天目山佛教源流引论	B949.2/c10#	任宜敏著	北京	宗教文化出版社	326 页	2001	1
6	第四届中国天目山生态人居展	F299.233.5/c1#	浙江精诚广告策划	临安	[不详]	143 页	2005	1
7	临安市首届天目山生态人居展	F299.233/c3#	临安市人民政府编	临安	[不详]	44 页	2002	1

续表

序号	题名	索书号	作者	出版地	出版社	页码	出版日期	册数
8	天目茶业	F326.12/c1643#	临安市茶叶产业协会主办	临安	[出版者不详]	V2006.16-27	2002	1
9	天目茶业	F326.12/c1643#	临安市茶叶产业协会主办	临安	[出版者不详]	V2006.1-7	2002	1
10	天目茶业	F326.12/c1643#	临安市茶叶产业协会主办	临安	[出版者不详]	V2006.8-15	2002	1
11	天目茶业	F326.12/c1643#	临安市茶叶产业协会主办	临安	[出版者不详]	V2007.1-6	2002	1
12	天目银耳史话	F327.554/c16#	戎康民编著	临安	[出版者不详]	38 页	2008	3
13	中国首届森林风景资源博览会暨中国天目山森林旅游节．2002	F592.755.4/c1V2002#	临安市人民政府，浙江林学院编	临安	[不详]	74 页	2002	1
14	第三届中国天目山森林旅游资源博览会方案汇编	F592.755.4/c30#	森博会组委会办公室编	临安	[出版者不详]	148 页	2004	1
15	中国天目山森林旅游资源博览会会刊．2003	F592.755.4/c3V2003#	中共临安市委临安市人民政府编	临安	[出版者不详]	87 页	2003	3
16	第三届中国天目山森林旅游资源博览会	F592.755.4/c3V2004#	中共临安市委临安市人民政府编	临安	[出版者不详]	47 页	2004	3
17	天目山森林旅游资源博览会方案汇编	F592.755.4/c9#	森博会组委会办公室编	临安	[出版者不详]	226 页	2003	1
18	第四届中国天目山森林旅游资源博览会	F592.755.4-28/c1#	第四届中国天目山森林旅游资源博览会组委会办公室编	临安	[不详]	61 页	2005	2
19	中国首届森林风景资源博览会暨中国天目山森林旅游节峡谷旅游研讨会论文集	F592.755.4-53/c1#	浙西大峡谷旅游开发有限公司	临安	[出版者不详]	166 页	2002	3
20	激情森博：中国天目山森林旅游资源博览会回眸2002—2004	F592.755.4-64/c1#	梅鹊主编	临安	[出版者不详]	72 页	2004	3
21	第五届中国天目山森林旅游资源博览会方案汇编	G245/c3#		临安	[出版者不详]	239 页	2006	1
22	科普之花盛开在天目山麓	G322.755.4-793/c1#	中共临安市委，临安市人民政府编	临安	[出版者不详]	1DVD	2007	2
23	天目书院古今	G649.299.554/c1#	刘樟荣主编	杭州	浙江古籍出版社	189 页	2006	2
24	杭州天目山“中国电信杯”2006 国际山地户外运动挑战赛	G806-793/c1#	大华集团浙江天目旅游建设有限公司制作	临安	[出版者不详]	1DVD	2006	1

续表

序号	题名	索书号	作者	出版地	出版社	页码	出版日期	册数
25	天目山 2006“中国电信杯”国际山地户外运动挑战赛	G872.37/c1#		杭州	[出版者不详]	55 页	2006	2
26	天目新绿.（第一辑）：临安县小学生获奖、发表作文集．1985—1990	H194.4/c431V1#	临安县教委教研室编	临安	[出版者不详]	112 页	1992	1
27	天目山的云	I217.02/c121#	方元湘著	香港	亚太国际出版有限公司	463 页	2010	4
28	天目山	I218.554/c1620#	浙江天目山国家级自然保护区管理局主编	临安	[出版者不详]	V1993-1997	1992	1
29	天目山	I218.554/c1620#	浙江天目山国家级自然保护区管理局主编	临安	[出版者不详]	V1998-2000	1992	1
30	天目山	I218.554/c1620#	浙江天目山国家级自然保护区管理局主编	临安	[出版者不详]	V2001-2004	1992	1
31	天目山	I218.554/c1620#	浙江天目山国家级自然保护区管理局主编	临安	[出版者不详]	V2005-2006	1992	1
32	天目山	I218.554/c1620#	浙江天目山国家级自然保护区管理局主编	临安	[出版者不详]	V2007-2008	1992	1
33	天目山	I218.554/c1620#	浙江天目山国家级自然保护区管理局主编	临安	[出版者不详]	V2009	1992	1
34	情系天目	I218.554/c6#	浙江天目山国家级自然保护区管理局编	临安	[出版者不详]	261 页	2003	4
35	天目流风：临安市文学作品集	I218.554/c8#	杨菊三主编	北京	大众文艺出版社	453 页	2004	1
36	天目山古今诗词选	I22/c8#	潘承文主编	杭州	中国美术学院出版社	187 页	1999	3
37	天目山诗选	I222/c104#	顾彭荣，屠树勋选著	杭州	浙江摄影出版社	202 页	1989	2
38	天目新唱	I227/c338#	月照法师编	石家庄	河北教育出版社	356 页	2003	2
39	天目山游记	I267.4/c52#	顾彭荣编著	临安	[出版者不详]	173 页	1994	3
40	天目：《天目》散文季刊	I267/c1600#	陈伟宏主编	临安	[出版者不详]	[出版时间不详]	2011	2
41	天目山传说	I277.3/c143#	王成飞主编	临安	[不详]	159 页	1995	1
42	浙江天目书院书画家撷英．翰墨铸真展览作品选	J121/c10#	浙江天目书院书画社编	杭州	浙江古籍出版社	28 页	2006	2

续表

序号	题名	索书号	作者	出版地	出版社	页码	出版日期	册数
43	浙江天目书院书画家撷英. 柯岩绝胜书画集	J121/c11#	浙江天目书院书画社编	杭州	浙江古籍出版社	28 页	2006	2
44	天目山藏书画精品选集	J121/c15#	《天目山藏书画精品选集》编委会编	杭州	中国美术学院出版社	123 页	1996	1
45	天目夕照	J121/c26#	临安老年大学编	临安	[出版者不详]	65 页	2010	6
46	天目银杏	J121/c9#	曹银生主编	临安	[出版者不详]	36 页	2005	5
47	天目红枫	J221.554/c5#	《天目红枫》编委会编	临安	[出版者不详]	56 页	[出版时间不详]	2
48	相聚天目山	J421.554/c4#	临安市卫生局编	临安	[出版者不详]	1 册	2003	1
49	中国天目山	J424/c1#	《中国天目山》画册编委会编	临安	[出版者不详]	82 页	[出版时间不详]	2
50	解放思想 走在前列：临安市第二届“天目颂”合唱节	J642.53-793/c1V2#	中共临安市委宣传部，临安市文学艺术届联合会，临安市文化广电新闻出版局主办	临安	[出版者不详]	1DVD	[出版时间不详]	4
51	临安市第三届“天目颂”合唱节	J642.53-793/c1V3#	中共临安市委宣传部等主办	临安	[出版者不详]	1DVD	[出版时间不详]	3
52	天目抗日	K265.06/c7#	王国林著	杭州	[出版社不详]	239 页	2005	5
53	红色漫卷天目山	K295.54/c35#	浙江天目山自然保护区管理局，浙江天目山旅游建设有限公司编	临安	[出版者不详]	37 页	[出版时间不详]	2
54	天目山古树趣谈	K295.54/c41#	潘庆平等撰稿	临安	[出版者不详]	64 页	1991	3
55	名人与天目山	K820.855.4/c5#	方犁，邵晨撰稿	临安	[出版者不详]	63 页	1991	3
56	天目女儿：天目秀风采，巾帼展新姿	K828.5-64/c1#	临安市妇女联合会编	临安	[出版者不详]	32 页	2009	4
57	中华第一石谷——天目石谷：导游词	K928.3/c14#	胡月耕撰稿	临安	[出版者不详]	21 页	2000	1
58	江南奇山 物种宝库：天目山森林公园	K928.3/c16#	林业部宣传办公室主编	北京	中国林业出版社	83 页	1994	1
59	重修西天目山志	K928.3/c19#	吕建中主编	北京	方志出版社	546 页	2009	4
60	西天目山志	K928.3/c5#	西天目山志编纂委员会编	杭州	浙江人民出版社	561 页	1991	3
61	杭州天目山旅游	K928.3-64/c3#	浙江天目山旅游建设有限公司编	临安	[出版者不详]	1 册	[出版时间不详]	1
62	天目山植物学实习手册	Q94-45/c1#	丁炳扬，潘承文主编	杭州	浙江大学出版社	209 页	2003	5

续表

序号	题名	索书号	作者	出版地	出版社	页码	出版日期	册数
63	天目山植物志	Q948.525.54/c1V1-4#	丁柄扬等主编	杭州	浙江大学出版社	(474；508；368；300页)	2010	8
64	浙江天目山药用植物志. 上集	Q949.95/c1V1#	浙江省卫生厅主编	杭州	浙江人民出版社	1115页	1965	1
65	天目昆虫	Q968.225.5/c1#	吴鸿，潘承文主编	北京	科学出版社	764页	2001	1
66	浙江天目山昆虫实习手册	Q968.225.5/c2#	吴鸿，吕建中主编	北京	中国林业出版社	207页	2009	2
67	天目山铁皮石斛	R282.71-63/c1#	杭州天目山药业股份有限公司编	临安	[出版者不详]	21页	[出版时间不详]	1
68	天目山药报	R97/c1624#	杭州天目山药业股份有限公司主办	杭州	[出版者不详]	v.	[出版时间不详]-	5
69	天目山核桃史话	S664.1/c1#	戎康民著	临安	[出版者不详]	84页	2003	4
70	天目山：国家级自然保护区	S759.992.55-64/c1#	杜晴洲，杨淑贞主编	杭州	浙江大学出版社	105页	2008	1
71	天目山自然保护区自然资源综合考察报告	S759.992/c2#	天目山自然保护区管理局编	杭州	浙江科学技术出版社	260页	1992.4	2
72	浙江天目山国家级自然保护区科研工作50年. 1956—2006	S759.992/c5#	陈建新主编	临安	[出版者不详]	320页	2006	4
73	大树王国天目山	S759.992-49/c1#	浙江天目山国家级自然保护区管理局，浙江天目山旅游建设有限公司汇编	临安	[出版者不详]	31页	[出版时间不详]	1
74	守护自然：天目山森林防火五十年	S762.3-64/c1#	浙江天目山国家级自然保护区管理局编	临安	[出版者不详]	38页	2005	4
75	天目笋干史话	TS255.5/c3#	戎康民著	杭州	[出版者不详]	58页	2002	4
76	天目茶潭	TS971.21/c1643#	临安市茶文化研究会主办	临安	[出版者不详]	V2011.2	[出版时间不详]	1
77	天目青顶	TS971-64/c3#	临安市农业局，临安市茶叶产业协会编	临安	[出版者不详]	1册	[出版时间不详]	5
78	天目百笋宴	TS972.182.554/c1#	临安市贸易局编	临安	[出版者不详]	1册	[出版时间不详]	4
79	天目特色菜2003森林博览会特邀	TS972.182.554/c2#	临安市贸易局编	临安	[出版者不详]	1册	[出版时间不详]	3
80	2003临安市第二届天目山生态人居展会刊	TU984.255.4-28/c1#	临安市人民政府主办	临安	[出版者不详]	49页	2003	2
81	话说天目山的水	TV211.1/c1#	戎康民编著	临安	[出版者不详]	44页	2007	5

附录七　浙江省委办公厅、省政府办公厅关于推进农村文化礼堂建设的意见

【浙委办发〔二〇一三〕三十七号】

（二〇一三年五月十日）

为深入贯彻党的十八大和省第十三次党代会精神，进一步丰富农村精神文化生活，打造农民群众的精神家园，加快建设文化强省，经省委、省政府同意，现就推进农村文化礼堂建设提出如下意见。

一、总体要求

1. 重要意义。近年来，我省高度重视农村文化建设，大力实施文化惠民工程，加快建设村级文化设施，极大地丰富了农民群众的精神文化生活。但是，与农民群众日益增长的精神文化需求相比，与建设"物质富裕、精神富有"现代化浙江的要求相比，我省农村文化建设还存在较大差距，基层公共文化服务还不够健全，农村基本文化场所和文化载体还十分缺乏，在传承优秀文化、弘扬文明乡风、培育农民素养等方面还需进一步加强；开展农村文化礼堂建设，有利于夯实农村文化建设基础，有利于培育和践行社会主义核心价值观、提升农民群众综合素质，有利于打造农民群众共有精神家园，对加快推动"物质富裕、精神富有"的现代化浙江建设具有十分重要的意义。

2. 指导思想。以邓小平理论、"三个代表"重要思想、科学发展观为指导，深入贯彻落实党的十八大和省第十三次党代会精神，按照干好"一三五"、实现"四翻番"的部署和要求，积极倡导以"务实、守信、崇学、向善"为内涵的当代浙江人共同价值观，以"文化礼堂、精神家园"为主题，坚持设施建设与内容建设相同步，政府主导与多方参与相结合，科学规划、合理布局，以点带面、形成特色，整合资源、共建共享，充分发挥农村文化礼堂在提升农民素质、打造精神家园、繁荣农村文化、促进农村和谐中的重要作用。

3. 总体目标。以有场所、有展示、有活动、有队伍、有机制等为基本标准，通过 5 年努力，在全省行政村建成一大批集学教型、礼仪型、娱乐型于一体的农村文化礼堂。2013 年为试点建设年，各县（市、区）原则上要在文化特色鲜明、人口相对集中、经济社会发展基础较好的中心村、历史文化村落、美丽乡村、精品村或特色村建成文化礼堂 12 家以上，经济发达地区应当视情多建，全省共建成 1000 家以上具有示范意义的文化礼堂。

4. 基本原则。

——坚持内容为先。始终把弘扬社会主义核心价值观放在首位，着眼于提高农民群众的思想道德素质和科学文化素质，以设施建设为基础，以内容建设为核心，突出思想引导、

道德教化、礼仪培养、文化熏陶，着力建设农民群众开展文化活动、接受文明洗礼、丰富心灵世界的精神家园。

——坚持资源整合。坚持政府主导、社会参与、乡村为主、农民共建共享，以县（市、区）为单位，整合农村现有各类文化设施，调动农民群众的参与积极性，统筹规划、综合利用，上下互动、各方联动，建成布局合理、功能完备、管理有序的农村文化综合体。

——坚持分类推进。立足实际，因地制宜，分步分类推进。在建设进程上，条件好的地方要一步到位，条件尚不具备的可分步实施；在建设形式上，可根据实际情况，分别采取新建、改建、扩建等多种形式推进；在建设标准上，要统一达标验收，做到建一个、成一个。

——坚持彰显特色。充分利用农村自然资源禀赋，挖掘和传承农村优秀文化资源，注重传统民俗文化与现代文明的融合创新，着力在文化礼堂的建筑风格、展示内容、活动样式、模式机制等方面形成特色、形成品牌，力争做到“一村一色”“一堂一品”。

二、主要任务

1. 统筹建设场所设施。按照为民、便民、利民的要求，选择群众便于聚集、环境相对优美的村居主要区块进行规划建设，也可利用现有设施进行改建扩建，努力把文化礼堂打造成一个以礼堂、讲堂、文体活动场所于一体的村级文化阵地综合体。文化礼堂基础设施建设包含以下内容：有一定规模的礼堂，配有舞台，能够满足农民群众举办文化节庆、文化仪式、文体活动以及村民议事集会等功能需求；有面向农民群众进行思想政治教育、形势政策宣讲、科学和法律知识普及、生产技能和健身培训等的讲堂；按照国家、省有关要求，有完备的文化活动室、农家书屋、广播室、“春泥计划”活动室、群众体育活动设施、文化信息资源共享工程基层网点等文体活动场所。有条件的县（市、区），可同步建设网上文化礼堂。

2. 合理设置展示展览。文化礼堂应建设具有宣传教育功能、方便群众观瞻、美化村庄景观的展示展览设施。展示展览设施可根据实际，建成展览墙、室、馆等不同展陈形态，以图片、文字以及实物等展示村史村情、乡风民俗、崇德尚贤、美好家园等内容。村史村情主要展示村庄历史沿革、文化遗存、先贤故事、物产特产、重大事件活动等。乡风民俗主要展示村规民约和积极健康的家训、族训、家谱、族谱以及非物质文化遗产等。崇德尚贤主要展示新中国成立以来历任村党组织、村民委员会负责人的功绩，本村各类最美人物、道德模范、优秀学子、成功人士等。美好家园主要展示美丽乡村风貌图片、村庄发展愿景规划、村民创作的文艺作品、科普健身常识等。各地可根据实际情况对本地自然、人文遗存场所进行合理的布置和展示，构建村民的集体记忆场所。

3. 组织文化礼仪活动。积极挖掘优秀传统文化，大力传播现代文明，精心设计工作载体，充分利用文化礼堂设施，组织开展节庆礼仪、乡风文明、教育培训、文体娱乐等各项活动。结合中华民族传统节日和重要节庆假日，重点开展春节祈福迎新、庆祝国庆、重阳敬老、儿童开蒙、成人仪式等文化礼仪活动。结合文明村、文明家庭创建，着力培育一批最美浙江人和道德模范。着眼于提高农民群众素质，定期开展党的理论和形势政策、思想道德、实用技能、科学知识、法律常识、健康生活等教育培训活动。经常性组织各类文体娱乐活动，丰富农民群众精神文化生活。

4. 建立健全工作队伍。村党组织或村民委员会要明确一名村干部分工负责文化礼堂工作。配备文化礼堂专（兼）职管理人员，负责文化礼堂的日常管理服务。落实宣讲人员，适时开展形势政策宣讲和热点问题引导。建立各种形式的业余文艺团队，经常性组织开展活动。组建文化志愿者队伍，协助开展文化礼堂各项工作。发挥农村老年协会、民间调解组织等各类组织及其人员在文化礼堂管理和服务中的作用。加强工作交流和教育培训，不断提高队伍整体素质。

三、工作措施

1. 加强组织领导。各级党委、政府要高度重视农村文化礼堂建设，把这项工作作为文化强省建设和社会主义新农村建设的重要载体和抓手，成立领导小组，扎实推进农村文化礼堂建设工作。各县（市、区）党委、政府要加强对农村文化礼堂建设的指导协调。各县（市、区）要把这项工作列入重要议事日程，认真制定农村文化礼堂建设实施意见。宣传部门要切实担负起牵头协调职责，文明办以及文化、广电、新闻出版部门要具体抓好组织实施，农办、党史、国土资源、建设、体育、文联、科协、档案、文物、方志办等部门要密切配合，财政部门要积极支持，共同推进农村文化礼堂建设。

2. 加大投入保障。各县（市、区）和乡镇（街道）要发挥主导作用，加大对农村各项建设的整合力度，相关专项资金向农村文化礼堂建设倾斜，发挥行政村的建设主体地位，多方筹措资金，为农村文化礼堂建设和运行提供资金保障。2013 年至 2015 年，省财政每年统筹安排 3000 万元，通过以奖代补形式，扶持农村文化礼堂建设。引导社会力量广泛参与，动员企业和社会热心人士贡献力量，发动各级文明单位支援结对共建村，推动各地建好农村文化礼堂。

3. 强化工作指导。各县（市、区）要成立由相关专家组成的指导团，全程指导每个农村文化礼堂的设施建设、展览展示和活动开展。省里公开聘请一批农村文化礼堂建设工作指导员，派赴各地农村指导帮助工作。市、县两级党委宣传部门要建立农村文化礼堂建设档案，全面掌握方案准备、申报、建设、验收、管理、运行等情况。

4. 建立激励机制。把农村文化礼堂建设工作作为考核各级领导班子、领导干部特别是乡镇干部队伍的重要依据，列入政府实事工程，纳入文明县城（城市）、文明村镇等相关评价体系，纳入社会主义新农村建设考核和美丽乡村创建先进县评价的重要内容。各级新闻媒体要大力宣传农村文化礼堂建设的先进典型，努力营造良好的社会氛围。

附录八　杭州市委办公厅、市政府办公厅关于推进全市农村文化礼堂建设的意见

【市委办〔二〇一三〕九号】

（二〇一三年九月二十四日）

为深入贯彻党的十八大和省、市党代会精神，进一步丰富农村精神文化生活，打造农民群众的精神家园，加快建设文化强市，经市委、市政府同意，现就在全市行政村推进文化礼堂建设提出如下意见。

一、总体要求

1. 现实意义。近年来，我市高度重视农村文化建设，大力实施文化惠民工程，推进村级文化设施建设，有效地丰富了农民群众精神文化生活。但是，与农民群众日益增长的精神文化需求相比，与“东方品质之城、幸福和谐杭州”的要求相比，我市农村文化建设还有较大差距，特别是在传承优秀文化、弘扬文明乡风、培育农民素养等方面还需要进一步提升。推动农村文化建设的重点从设施建设向内容建设提升，从资源分割向资源整合提升，从自建自评向达标验收提升，大力建设集思想道德建设、文体娱乐活动、知识技能普及于一体的农村文化综合体——农村文化礼堂，是贯彻落实党的十八大和省市党代会精神的实际行动，是建设“东方品质之城、幸福和谐杭州”的有力举措，是在全市广大农村培育和践行社会主义核心价值观、提升农民群众综合素质的有效载体，具有十分重要的现实意义。

2. 指导思想。以邓小平理论、“三个代表”重要思想、科学发展观为指导，深入贯彻党的十八大和省、市党代会精神，按照建设“物质富裕、精神富有”的现代化浙江的要求，积极倡导以“务实、守信、崇学、向善”为内涵的当代浙江人共同价值观，切实推进“三城三区”和“东方品质之城、幸福和谐杭州”建设，不断满足农民群众精神文化生活的新期待，以“文化礼堂、精神家园”为主题，坚持设施建设与内容建设相同步，政府主导与多方参与相结合，科学规划、合理布局，以点带面、形成特色，整合资源，共建共享，充分发挥农村文化礼堂在提升农民素质、打造精神家园、繁荣农村文化、促进农村和谐等方面的重要作用。

3. 总体目标。按照“文化礼堂、精神家园”的定位，以有场所、有展示、有活动、有队伍、有机制等为基本标准，通过 5 年努力，在全市行政村建成一大批集学教型、礼仪型、娱乐型于一体的农村文化礼堂。2013 年为文化礼堂试点建设年，在全市范围内力争建成 193 个以上，确保高标准建成 148 个，各县（市、区）原则上在文化特色鲜明、人口相对集中、经济社会发展基础较好的中心村、历史文化村落、美丽乡村、精品村或特色村中

选择建设。根据《浙江省农村文化礼堂建设先进县（市、区）评定奖补办法》的要求，既重视硬件建设，更注重内容建设，争先创优，争当示范，力争今年有多个县（市、区）进入“全省农村文化礼堂建设先进县（市、区）”名单。

4. 基本原则。

——坚持内容为先。始终把弘扬社会主义核心价值观放在首位，着眼于提高农民群众的思想道德和科学文化素质，以设施建设为基础、以内容建设为核心，突出思想引导、道德教化、礼仪培养、文化熏陶，着力建设农民群众开展文化活动、接受文明洗礼、丰富心灵世界的精神家园。

——坚持资源整合。坚持政府主导、社会参与、乡村为主、农民共建共享，以县（市、区）为单位，整合农村现有各类文化设施，调动农民群众的参与积极性，统筹规划、综合利用，上下互动、各方联动，建成布局合理、功能完备、管理有序的农村文化综合体。

——坚持分类推进。立足实际，因地制宜，分步分类推进。在建设进程上，条件好的地方要一步到位，条件尚不具备的可分步实施；在建设形式上，可根据实际情况，分别采取新建、改建、扩建等多种形式推进；在建设标准上，要统一达标验收，做到建一个、成一个。

——坚持彰显特色。充分利用农村自然资源禀赋，挖掘和传承农村优秀传统文化资源，注重传统民俗文化与现代文明的融合创新，着力在文化礼堂的建筑风格、展示内容、活动样式、模式机制等方面形成特色、形成品牌，力争做到“一村一色”“一堂一品”。

二、主要任务

1. 统筹建设场所设施。按照“为民、利民、便民”的要求，选择群众便于聚集、环境相对优美的村居主要区块进行规划建设，也可利用现有设施进行改建扩建，努力把文化礼堂打造成为一个以礼堂、讲堂、文体活动场所于一体的村级文化阵地综合体。文化礼堂基础设施建设包含以下内容：有一定规模的礼堂，配有舞台，能够满足农民群众举办文化节庆、文化仪式、文体活动以及村民议事集会等功能需求；建有面向农民群众进行思想政治教育、形势政策宣讲、科学和法律知识普及、生产技能和健身养生培训等的讲堂；按照省市有关要求，有完备的文化活动室、农家书屋、广播室、“春泥计划”活动室、群众体育活动设施、文化信息资源共享工程基层网点等文体活动场所。有条件的县（市、区），可同步建设网上文化礼堂。

2. 合理设置展示展览。展示展览是文化礼堂建设的一项重要内容，是传承文化、弘扬文明的重要载体。文化礼堂应建设具有宣传教育功能、方便村民观瞻、美化乡村景观的展示展览设施。展示展览设施可根据实际，建成展览墙、室、馆等不同展陈形态，以图片、文字以及实物等展示村史村情、乡风民俗、崇德尚贤、美好家园等内容。村史村情主要展示村庄历史沿革、文化遗存、先贤故事、物产特产、重大事件活动等。乡风民俗主要展示介绍积极健康的家训、族训、家谱、族谱、村规民约，以及村内拥有的非物质文化遗产等。

崇德尚贤主要展示新中国成立以来历任村党组织、村民委员会负责人的功绩，本村各类最美人物、道德模范和优秀学子、成功人士等。美好家园主要展示美丽乡村风貌图片、村庄发展愿景规划、村民创作的文艺作品、科普健身常识等。各地可根据实际情况对本地自然、人文遗存场所进行合理的布置和展示，构建村民的集体记忆场所。

3. 组织文化礼仪活动。举办形式多样的文化礼仪活动，吸引农民群众广泛参与，增强农民群众对文化礼堂的亲近感、认同感和归属感，是把文化礼堂打造成为精神家园的关键。要积极挖掘优秀传统文化，大力传播现代文明，精心设计工作载体，充分利用文化礼堂设施，组织开展节庆礼仪、乡风文明、教育培训、文体娱乐等各项活动。结合中华民族传统节日和重要节庆假日，重点开展春节祈福迎新、庆祝国庆、重阳敬老、儿童开蒙、成人仪式等文化礼仪活动。结合“文明村”“文明家庭”创建，着力培养一批最美杭州人、道德模范。重点开展“最美杭州人”“道德模范”“好邻里”“好媳妇、好婆婆”“阳光少年”“好青年”评选等乡风文明活动。着眼于提高农民群众素质，定期开展党的理论和形势政策、思想道德、实用知识、致富技能、科学知识、法律常识、健康生活等教育培训活动。经常性组织各类文体娱乐活动，丰富农民群众精神文化生活。

4. 建立健全工作队伍。拥有一支农村文化礼堂管理队伍，是文化礼堂正常运行、发挥作用的基本保障。村党组织或村民委员会要明确一名村干部分工负责文化礼堂工作。要配备负责文化礼堂日常管理服务的专（兼）职管理人员。落实道德讲堂宣讲员，适时开展形势政策宣讲和热点问题引导。建立多种形式的业余文艺团队，经常性组织开展活动。组建文化志愿者队伍，协助开展文化礼堂各项工作。发挥农村老年协会、民间调解组织在文化礼堂管理和服务中的作用。加强工作交流和教育培训，不断提高队伍整体素质。

三、工作措施

1. 加强组织领导。各级党委、政府要高度重视农村文化礼堂建设，把这项工作作为文化强市建设和社会主义新农村建设的重要载体和抓手，成立领导小组，扎实推进农村文化礼堂建设工作。各县（市、区）党委、政府要加强对农村文化礼堂建设的指导协调。各县（市、区）要把这项工作列入重要议事日程，认真制定农村文化礼堂建设实施意见；要成立由相关专家组成的指导团，全程指导各个行政村文化礼堂的设施建设、展览展示和活动开展。市里公开聘请一批农村文化礼堂建设工作指导员，派赴各地农村指导帮助工作。市县两级党委宣传部门要建立农村文化礼堂建设档案，全面掌握方案准备、申报、建设、验收、管理和运行等情况。

2. 明确分工责任。在党委、政府的统一领导下，宣传部门要切实担负起牵头协调职责，文明办以及文广新闻出版部门要具体抓好组织实施，农办、发改委、党史办、国土资源、民政、建设、体育、文联、科协、档案、文物、方志办等部门以及杭州文广集团、杭报集团等各级媒体要密切配合，财政部门要积极支持，共同推进农村文化礼堂建设。领导小组办公室主要负责制定农村文化礼堂建设规划、指导、协调和验收等总体工作；文明办负责“道德讲堂”“春泥计划”建设的指导、制定内容标准和验收；文广新闻出版部门负责广播室、农家书屋、电影放映场地、文化信息资源共享工程基层网点、文化体育场地等建设的指导、制定内容标准和验收；农办、发改委、国土资源、民政、建设、体育、文联、科协、共青团、妇联、老龄办等部门要积极支持；党史办、档案、文物、方志办等部门要主动配合好各行政村展示展览的建设；杭州文广集团、杭报集团加强对农村文化礼堂建设情况宣传报道，营造合力推进农村文化礼堂建设浓厚氛围。

3. 加大投入保障。各县（市、区）和乡镇（街道）要发挥主导作用，加大对农村各项建设的整合力度，相关专项资金向农村文化礼堂建设倾斜，发挥各行政村的建设主体地位，多方筹措资金，为农村文化礼堂建设和运行提供资金保障。2013 年至 2015 年市级财政资金每年统筹安排 2 000 万元作为农村文化礼堂的资金。引导社会力量广泛参与，动员企业和社会热心人士贡献力量，发动各级文明单位支援结对共建村，推动各地建好农村文化礼堂。

4. 建立激励机制。把农村文化礼堂建设工作作为考核各级领导班子、领导干部特别是乡镇干部队伍的重要依据，列入政府实事工程，纳入文明县城（城市）、文明村镇等相关评价体系，纳入社会主义新农村建设考核和美丽乡村创建先进县评价的重要内容，与新农村建设同步规划、同步建设、同步验收、同步考核。各新闻媒体要大力宣传农村文化礼堂建设的先进典型，努力营造良好的社会氛围。

附录九　杭州市 2013 年农村文化礼堂建设实施意见

【杭文化礼堂〔二〇一三〕三号】

根据省委办公厅、省政府办公厅《关于推进农村文化礼堂建设的意见》（省委办发〔2013〕37 号）和市委宣传部、市农办（统筹办）、市财政局《关于做好农村公益金资助农村文化“百堂工程”建设工作的实施意见》（市宣〔2013〕14 号）精神，现就 2013 年全市农村文化礼堂建设工作，提出如下实施意见。

一、指导思想

以邓小平理论、“三个代表”重要思想、科学发展观为指导，深入贯彻党的十八大和省第十三次、市第十一次党代会精神，坚持政府主导、规划先行、科学布局、分层推进、走在前列的原则，充分尊重群众意见，集中群众智慧，着力在全市建设一批以“文化礼堂、精神家园”为主题，集思想道德建设、文体娱乐活动、知识技能普及于一体的农村文化礼堂，构建完善以县（市、区）重点文化设施、乡镇综合文化站和农村文化礼堂为主阵地的农村新型公共文化服务三级体系，大力弘扬社会主义核心价值观，积极倡导以“务实、守信、崇学、向善”为内涵的当代浙江人共同价值观，进一步丰富农村精神文化生活，打造农民群众精神家园，为扎实建设“两富”现代化浙江和“东方品质之城、幸福和谐杭州”提供思想文化保证。

二、工作目标

坚持“文化礼堂、精神家园”的定位，按照“搞规划、抓示范、探路子”的工作思路，以有场所、有展示、有活动、有队伍、有机制等“五有”为基本标准，年内在全市范围内力争建成193个集学教型、礼仪型、娱乐型于一体的农村文化礼堂，其中148个重点农村文化礼堂建设项目，必须在年底前保质保量完成。根据《浙江省农村文化礼堂建设先进县（市、区）评定奖补办法》的要求，既重视硬件建设，更突出内容建设，争先创优，争当示范，力争今年有多个县（市、区）进入“全省农村文化礼堂建设先进县（市、区）”。

三、主要任务

各地根据市委、市政府的统一部署，充分利用农村自然资源禀赋，挖掘和传承农村优秀传统文化资源，注重传统民俗文化与现代文明的融合创新，扎实推进农村文化礼堂建设，着力在建筑风格、展示内容、活动样式等方面形成特色、形成品牌，力争做到“一村一品”。建设内容和标准参照省有关文件执行，主要任务有以下五个方面。

1. 统筹建好场所设施。按照“为民、利民、便民”的要求，根据行政村人口规模、人员构成和经济社会发展水平，合理确定农村文化礼堂设施建设规模。农村文化礼堂场所设施主要包括礼堂、讲堂和文体活动场所。农村文化礼堂可建成综合一体式，也可建成分散组合式，名称统一为“××村文化礼堂”，其中道德讲堂名称统一为“××村道德讲堂”。有条件的县（市、区），可同步建设网上文化礼堂。

2. 合理设置展示展览。按照“具有宣传教育功能、方便村民观瞻、美化村庄景观”的要求，围绕村史村情、乡风民俗、崇德尚贤、美好家园等主题，精心整理，深入挖掘，合理设置农村文化礼堂的展示展览。展示展览可建成展览墙、室、馆等不同展陈形态，以图片、文字、视频和实物等形式进行展示。

3. 组织文化礼仪活动。举办形式多样的文化礼仪、乡风文明、教育培训、文体娱乐等活动，丰富农村精神文化生活，提升农民群众道德素养、文明素质和科学文化水平。市里确定5个行政村先行试点，分别负责春节祈福迎新、婚礼、儿童开蒙、庆祝国庆暨“成人礼”、重阳敬老等礼仪活动程序的探索完善，制作示范录像片。各地要立足实际、因地制宜，参照省委宣传部《文化礼堂操作手册》和试点村经验，对“礼仪活动”“道德讲堂”“每月工作”等内容进行充实完善。

4. 建立健全工作队伍。各单位要认真贯彻省市文件（浙宣[2013]50号、杭宣通[2013]25号）精神，通力合作，着力加强 “三支队伍”建设，确保农村文化礼堂各项工作的顺利推进和活动的有效开展。同时，要落实好宣讲员队伍，适时开展形势政策宣讲和热点问题引导。建立各种形式的业余文艺团队，经常性组织开展活动。开展全市农村文化礼堂建设管理骨干培训，在市农村文化礼堂建设工作领导小组的指导下，采取邀请省级专家和指导员集中授课、观看视频、现场观摩等形式，年内完成各县（市、区）有建设任务行政村的全面培训。

5. 加强台账档案管理。各县（市、区）、乡镇（街道）和行政村要注重文化礼堂建设各类台账档案的管理，注意收集礼仪活动、道德讲堂、文化活动、教育培训等文字、视听（照片、录像）材料，做好建档工作。

四、实施步骤

2013 年为农村文化礼堂示范建设年。各地要以改建、提升、修缮为主，重点选择文化底蕴相对深厚、人口相对集中、基础设施较好的精品村、中心村、特色村为实施村，在全市建设一批具有示范引领作用的农村文化礼堂，具体分四个阶段实施。

1. 启动阶段（4 月至 5 月）。坚持市、县（市、区）两级联动，对现有农村文化设施进行深入调研，科学规划好全市农村文化礼堂建设工作；成立市、县（市、区）两级领导机构，召开全市农村文化礼堂建设工作会议，动员部署工作任务；完成今年农村文化礼堂建设的申报、立项和资助资金预拨。各县（市、区）确定今年农村文化礼堂建设项目后，向市农村文化礼堂建设领导小组办公室申报，申报项目的行政村应分两类：第一类是申请市农村公益金资助的行政村，申报村必须年内完成文化礼堂建设，且投资不得少于 20 万元；第二类是由县（市、区）财政投入或者自筹资金建设文化礼堂的行政村。

2. 建设阶段（6 月至 8 月）。各地农村文化礼堂的建筑风格应庄重、大方、美观，建筑面积不少于 200 平方米，并加强安全监管；展示展览应充分整理挖掘村庄的历史沿革、历史传说、先贤故事、重大活动等内容，力求全面、准确、富有教育意义；礼仪活动应坚持规范性和特色性相结合，广泛开展“我们的节日”主题活动，重点设计和开展好春节祈福迎新、婚礼、儿童开蒙、庆祝国庆暨“成人礼”、重阳敬老等礼仪活动，力求活动程序既相对统一、又体现各地特色。

3. 检查验收阶段（9 月至 11 月）。9 月为各县（市、区）自我检查验收期，10 至 11 月为市考核验收期。验收标准按照省有关标准执行。

4. 总结评比阶段（12 月至 2014 年 1 月）。各地汇总资料、整理台账，总结报告年度文化礼堂建设工作。市农村文化礼堂建设领导小组办公室根据考核验收情况，做好评比推荐工作。2014 年 1 月为推荐省级先进申报期。

五、工作要求

1. 加强组织领导。为加强对全市农村文化礼堂建设工作的领导，组建杭州市农村文化礼堂建设领导小组，由市委、市政府分管领导任组长和副组长，成员由市委宣传部、文明办和文广新局、农办、发改委、财政局、建委、国土局、民政局、名胜区管委会、党校、党史研究室、市志办、档案局、体育局、社科院、文联、科协、团市委、妇联、老龄办，以及文广集团、杭报集团等单位的主要负责人或分管领导担任。领导小组下设办公室，落实专门办公场地、专职工作人员，配备必需工作经费。各县（市、区）要相应建立领导小组和办公室，有建设任务的乡镇（街道）和行政村要建立专门班子，分别明确 1 名班子成员具体负责农村文化礼堂工作，为推进农村文化礼堂建设提供强有力的组织保障。同时，成立市农村文化礼堂建设工作专家指导组和各县（市、区）专家指导小组，指导各行政村文化礼堂的设施建设、展示展览和活动开展。

2. 明确责任分工。在市委、市政府的统一领导下，市委宣传部要担负起牵头协调职责，文明办和文广新局等部门要具体抓好组织实施，发改委、财政局要积极支持，农办、建委、国土局、民政局、体育局、科协、社科院、文联、名胜区管委会、团市委、妇联、老龄办等部门要密切配合，共同推动农村文化礼堂建设。市领导小组办公室主要负责农村文化礼堂建设的规划、指导、协调和验收等总体工作；文明办负责“道德讲堂”建设、“春泥计划”实施的指导、制定内容标准和验收；文广新局、体育局等部门负责广播室、农家书屋、电影放映场地、文化信息资源共享工程基层网点、文化体育场地等建设的指导、制定内容标准和验收；档案局、党校、党史研究室、市志办等部门要主动配合各行政村抓好历史、文化资源的挖掘整理和展示展览建设；杭报集团、杭州文广集团和各地新闻媒体要加强对农村文化礼堂建设的宣传报道，推广经验做法，营造浓厚氛围。

3. 强化投入保障。市级财政安排 2 000 万元农村公益金，作为今年农村文化礼堂建设专项资金。市委宣传部和市文广新局单列专项资金，用于市级文化资源配送及专家指导、志愿者服务，为各农村文化礼堂建设送演出、送培训，丰富农村文化生活，培养农村文艺骨干。各县（市、区）、乡镇（街道）要发挥主导作用，加大对农村各项建设的整合力度，将符合公共财政支出范围的农村发展专项资金向文化礼堂建设倾斜，设立扶持农村文化礼堂建设专项资金，为农村文化礼堂持续发展提供资金保障。各行政村要突出建设主体地位，多方筹措资金，加大投入力度。要引导社会力量广泛参与，动员鼓励企业和社会热心人士贡献力量，参与农村文化礼堂建设。要加强对建设项目的监管，切实把农村文化礼堂建设成为实事工程、民生工程、德政工程、廉政工程。

4. 建立激励机制。把农村文化礼堂建设工作列入杭州市城乡区域统筹（新农村建设）工作考核，注重强化考核力度。各县（市、区）要按照全市的统一部署，切实把农村文化礼堂建设列入本县（市、区）城乡区域统筹（新农村建设）工作考核。同时要把农村文化礼堂建设工作作为考核各级领导班子、领导干部特别是乡镇干部队伍的重要依据，列入政府实事工程，纳入文明县城（城市）、文明村镇等相关评价体系。各新闻媒体要大力宣传农村文化礼堂建设的先进典型，努力营造良好的社会氛围。

杭州市农村文化礼堂建设工作领导小组

2013 年 7 月 24 日

附录十　临安市2014年文化礼堂建设实施意见

根据省、杭州市文化礼堂建设工作会议和临安市市委委员会议、党建工作会议精神，为扎实推进文化礼堂建设，努力实现新突破、取得新成效，现提出如下实施意见。

一、指导思想

根据培育和践行社会主义核心价值观的总体要求，坚持“接地气、聚人气、扬正气”，以内涵提升、机制健全为突破口，使文化礼堂成为弘扬主流价值、传承优秀文化、推进基层民主、普及知识技能、开展文体活动的综合性文化服务中心，提升文化礼堂丰富农村文化、促进乡风文明、增加农民收入三大服务力，增强农民群众对文化礼堂的亲切感和认同感，实现以“德”树人、以“文”化人、以“礼”育人、以“艺”悦人、以“堂”聚人，成为农村群众“精神家园”和农村精神文化“地标”。

二、工作原则

1. 注重实效原则。坚持因地制宜、简朴实用、量力而行。建筑上，要能体现地方建筑特色、强化功能整合，做到“一堂多用”、不贪大求洋。活动开展上，要重内容、重效果，不讲排场、不浪费。做好文化礼堂常态化运行管理，不断提升已建文化礼堂的使用率和农民群众的参与率，实现文化礼堂建设效益的最大化。

2. 资源整合原则。充分整合现有文体设施进行改建、扩建，严格控制新建。与杭州市“美丽乡村”、临安“绿富家园”等创建相结合，做到项目统筹、规划统筹、资金统筹。同时，注重活动资源、智力资源和人才资源的整合。

3. 活动为重原则。要在提高活动数量的同时，注重提升活动质量。不断创新载体，丰富活动形式和内涵，发挥活动在思想引导、道德教化、礼仪培养和文化熏陶等方面的作用。

4. 主体负责原则。各行政村要切实担负起文化礼堂建设、运行和可持续发展的主体责任，充分调动农民群众的主动性、创造性，充分发挥农民群众在设施建设、活动开展、长效管理中的主体作用，使农民群众成为文化礼堂的建设者、管理者、参与者和受惠者。

三、工作内容

（一）进一步规范硬件建设

要按照“安全、朴实、人文、特色”的要求，突出硬件建设的规范性、实用性。

1. 规划先行。市级层面，要结合省和杭州市的要求，根据村庄实际和村民意愿，编制临安市文化礼堂建设规划。镇（街道）层面，要按照“群众热情高、文化底蕴厚、基础条件好”的标准，制订辖区内各村文化礼堂建设进度表，确保建一个成一个。村级层面，要根据省“五有三型”（有场所、有展示、有活动、有队伍、有机制，学教型、礼仪型、娱乐型）的建设标准，深入挖掘村庄历史、梳理村落文脉、突出村庄特色，综合考虑村庄历史传承、乡风民俗、产业发展等因素，设计好功能布局和“村史廊、民风廊、励志廊、成就廊、艺术廊”等“五廊”展示内容，有条件的可建设特色展陈馆、特色文化广场，使文化礼堂能体现乡村特色、彰显村庄个性，力求“一村一品”“一村一韵”“一村一景”。

2. 规范建设。建设前期，实行“三级审查”：一是征求村民意见建议，集聚民智、体现民意；二是镇（街道）要严把审核关，做到集体商定、好中选优；三是继续实行全市项目联审制，保证项目的规范性、可行性、实用性。建设过程中，建设村要确立依法建设理念，确保用地、设计、建设的规范和施工、消防的安全。列入今年新建、改建计划的文化礼堂，要倒排时间节点，确保在9月底前完成基础设施主体建设，10月按时保质保量完成建设任务，做好迎接浙江省、杭州市考核验收准备。同时，要提前制定文化礼堂建成后的使用方案，实现建设和使用的无缝对接。建成后，镇（街道）要对项目规划设计、预算、招标、建设、监理、决算等方面进行审核，并开展验收评估、督查整改，之后申请市级层面的考核验收，10月底前，我市将组织自查和完善。各镇（街道）要高度重视文化礼堂的安全工作，落实安全制度，建好安全措施，做好安全评估。

3. 有序更新。明确共性要求，所有文化礼堂要在显著位置设置国旗、“××村文化礼堂”名称（××村也可省略）和全省统一的文化礼堂标识，全省统一标识要亮化。礼堂建筑面积不小于200平方米，天目学堂可建于礼堂之内，也可单独建设，在功能上可与基层党校、乡村业余学校、人口计生学校等共建共享，面积不少于50平方米，天目学堂背墙或幕布设置为“××村天目学堂”。要在“两堂五廊”醒目位置展陈社会主义核心价值观、当代浙江人共同价值观和新时期临安精神的表述。做好文化礼堂内文体设施、展陈内容、文体场地标志标线的日常维护。展示展览可建成展览墙、室、馆等不同展陈形态，以图片、文字以及实物等进行展示，有条件的可同步利用多媒体形式进行展示。文体活动场所如农家书屋、“春泥计划”活动室、文化体育场地等，具体按相关部门的标准进行建设。注重特色建设，要根据本村发展实际，突出乡土性、草根性，及时更新“五廊”展示的内容，鼓励村民及大中小学生在文化礼堂“晒文化”，多举办服务群众生产生活的展示展览，鼓励各相关部门、镇（街道）在文化礼堂举办文化、摄影等展览，增强可读性、教育性和影响力。

（二）进一步提升活动实效

要按照“活动为重、礼仪为要；丰富载体、量质并重”的要求，把文化礼堂活动开展作为推进基本公共文化服务标准化、均等化的重要举措，提升活动成效，确保活动开展经常化、大众化、规范化。

1. 把握内涵。各村要根据村民需求和市、镇（街道）的指导性意见，制定文化礼堂全年工作计划。要坚守精神殿堂的目标，突出文化学堂的特色，强化议事公堂的功能，发挥活动礼堂的作用，重点开展好传承留记忆的礼仪活动、美德扬正气的评比活动、热闹聚人气的大众活动、惠民树新风的服务活动、开放汇民智的议事活动等五大活动，做到每天有活动、每周有议事、每月有主题。

2. 强化引领。坚持形式和内容相统一、传统优秀文化和时代精神相融合，结合村民的生产生活创新主题和形式，积极创作、推广主题礼仪活动，使之成为临安文化礼堂活动的特色品牌。每个文化礼堂都要开展好春节祈福礼、8 月开蒙礼、10 月成人礼、重阳敬老礼等礼仪活动。积极提升和推广新人礼、文艺秀才褒奖礼、参军送行礼等已取得良好成效的主题礼仪活动。继续根据杭州“我们的价值观”活动，开展好天目学堂每月的主题教育实践工作，生动诠释、积极弘扬社会主义核心价值观、当代浙江人共同价值观和新时期临安精神。探索理论宣传作品联合创作机制、优秀理论宣传作品推广机制，围绕市委市政府中心工作，以喜闻乐见的方式在文化礼堂开展党的群众路线教育实践活动宣传、道德宣讲及“五水共治”“三改一拆”“百里画廊、千里画卷”等重大政策举措宣讲。

3. 注重结合。结合各村实际情况，探索实施以“菜单化”选择的形式送文化、送服务、送培训至各文化礼堂。注重与城镇社区结对，开展社区与农村相互“走亲”；与学校结对，建立学生思想品德教育实践基地；与城乡旅游结合，拓展文化礼堂活动形式、活动空间。在文化礼堂探索建立农村“邻里会所”，使其具备心理咨询、政策民意沟通等功能。组织“最美”人物和“好家风”等道德模范先进事迹展示进文化礼堂，引导村风、家风文明。积极参与省和杭州市开展的“村歌”大赛、“我要上村晚”“记得住乡愁”征文和“我的家园、我的梦”主题摄影比赛等，展示文化礼堂风采。通过文化礼堂特色馆建设、培训活动和民俗活动开展，使非物质文化遗产和传统民俗在文化礼堂中得到保护和传承。

4. 完善网上文化礼堂。加大网上文化礼堂建设力度，完善网上文化礼堂架构；理顺机制，融合资源，把网站建成文化礼堂工作的宣传展示平台、学习交流窗口、信息对接渠道；做好与杭州市和其他县（市、区）网上文化礼堂的互动交流。

（三）进一步强化长效保障

按照“建用并重、分级负责、制度管理”的要求，完善机制、明确职责、落实责任，保障文化礼堂建设运行有章可循、有序推进。

1. 强化队伍保障。建立、完善“市—镇（街道）—村”三级队伍。市级层面，继续发挥文化礼堂指导团的作用，实行对口联系指导和课题分工研究的工作机制，加强对各联系文化礼堂的指导；邀请浙江省、杭州市和本市相关专家，筹建、成立文化礼堂专家咨询小组，实现智力支持的专业化、优质化和常态化；进一步完善志愿服务机制，促进求与供、需与送的匹配；鼓励在校大、中学生利用寒暑假和双休日到文化礼堂开展志愿服务活动；各部门要结合自身职能、主动融入，通过文明共建、项目领办开展好各类服务进礼堂活动。镇（街道）级层面，加强村级宣传文化员队伍建设，每年组织专题培训不少于 2 次；建立镇（街道）文化名人库，并组建好本土指导团队，指导各文化礼堂开展好活动。村级层面，村主要负责人要亲自抓，村级宣传文化员作为文化礼堂管理人员要具体抓。依托“五老”人员（老干部、老战士、老专家、老教师、老模范）、本村“草根艺术家”、团员青年、学生和社会热心人士，加强特色队伍和骨干力量的培养，每个村要有一支 5 人以上的文化志愿者队伍、2 名以上的形势政策宣讲员；在农家书屋通过书目推荐、读书沙龙等形式，积极培育读者群，营造全民阅读的氛围。

2. 强化资金保障。探索多元投入之路，不断拓宽文化礼堂建设经费的投入渠道。强化政府投入导向作用，继续设立市本级文化礼堂建设专项资金，对各文化礼堂建设按规定给予补助；出台市本级文化礼堂日常运行激励制度，发挥市本级、镇（街道）、村三级积极性，对日常活动开展进行引导和激励；开展“星级文化礼堂”“十佳主题礼仪”“十佳天目学堂”“十佳宣传文化员”“十佳展陈创新奖”以及支持文化礼堂贡献奖评选；镇（街道）要设立专项资金，用于文化礼堂建设补助、活动开展和文化队伍培训。不断鼓励社会参与，动员企事业单位、热心人士等社会力量参与文化礼堂建设和活动开展，扩大外界支持力量。激发文化礼堂自身“造血”功能，在不影响农村文化礼堂公益功能的前提下，用足文化礼堂自身资源，通过举办特色文化旅游节、推出乡村文化产品等办法，带动乡村休闲旅游产业发展。

3. 强化制度保障。在市、镇（街道）、村各层面建立长效机制。市级层面，完善文化礼堂考核机制，建立市村级文化礼堂建设工作领导小组及其办公室的日常沟通协调机制及例会制度，及时协调解决文化礼堂建设及管理中出现的问题。建立文化礼堂验收挂牌制度，把文化礼堂建设纳入文明村镇等相关评价体系，纳入“绿富家园”和“美丽乡村”建设考核。镇（街道）层面，负责文化礼堂建设安全、运行安全和活动开展安全，要建立健全相应的安全管理制度，加强日常指导、协调和督查；建立村宣传文化员的培训、考核制度，统筹、组织做好月报汇总上报、“文化走亲”和镇（街道）村文化志愿者队伍建设等工作。村级层面，村“两委”要重视文化礼堂建设管理运行，要制定文化礼堂管理制度、资金使用制度、场地使用制度、安全保障制度等，确保农村文化礼堂每天按时开放，做到活动有组织、台账有记录、展陈有充实、场地有管理。探索实施文化礼堂村理事会负责制，探索建立民意调研反馈机制。

四、工作要求

1. 加强组织领导。各地各部门要充分认识建设农村文化礼堂的重要性与必要性，要以为民惠民、干好事业的信念做好文化礼堂相关工作。继续把文化礼堂建设工作纳入对镇、街道的年度宣传思想文化工作考核。市委宣传部和礼堂办要加强牵头协调；文化主管部门要抓好日常指导和服务；领导小组各成员单位要根据自身职能，密切配合，加强统筹，共同推进；各镇（街道）、行政村要具体负责，狠抓落实，确保文化礼堂建设和管理取得实效。

2. 抓好内外联动。要突出内涵提升这一重点，注重通过活动凝聚人心、教育群众。要处理好普及与提高的关系，既注重群体活动的开展，也要打造品牌活动；要加强文化服务联动，推动文化资源重心下移，做到送文化与种文化、文化结对与“文化走亲”相结合；加强人才队伍联动，整合各类文艺人才资源，建立“农村文化人才库”。

3. 强化人员培训。组织开展涉及文化礼堂建设的镇（街道）相关负责人、文体站长和村相关负责人的培训，重点抓好村级宣传文化员、村级文化带头人、主题礼仪活动司仪、志愿者的业务培训、观摩学习和经验交流，提高活动组织水平。

后　记

临安为钱镠文化的发源地，历史悠久，是浙江省西北部的民间艺术之乡。临安市图书馆自 1978 年建馆以来，始终致力于构建与读者密切关联的公共图书馆服务，不断创新服务形式与服务内容，并向多样化、体系化、均等化、标准化方向发展。1986 年，时任临安县图书馆馆长的蒋勤同志在《我对临安县公共图书馆事业发展的设想》中首次提出了“要在临安各乡镇普及图书服务，建立各区分馆，形成县、区、乡三级网络”的设想，这是迄今为止国内最早的总分馆思想的雏形。随后，临安市图书馆的发展，始终秉持着“向基层延伸，构建与读者紧密连接的服务网络”的原则，形成了现有的城乡一体化的公共图书馆服务体系。

我自 2011 年进入临安市图书馆工作以来，经历了杭州市公共文化服务体系不断发展的整体阶段，从“九馆一证通”到总分馆体系的尝试，再到后来“中心馆—总分馆制”思路的逐渐清晰，临安市图书馆一直积极主动地参与杭州市公共文化服务体系的建设。2013 年，杭州图书馆“公共图书馆服务体系的探索与实践——杭州调研”项目正式启动，临安市图书馆为总馆开展的农村公共图书馆服务的创新举措在项目调研过程中脱颖而出。

由于临安地势独特，山区较多，公共文化服务必须以其独有的方式开展才能深入到农村地区，才能更好地发挥公共图书馆的功能。在杭州图书馆“中心馆—总分馆”制度的引领下，临安逐步建立起以临安市图书馆为总馆，街道（乡镇）为分馆，社区（村组）为亚分馆的三级公共图书馆服务体系，并将农家书屋与农家乐、文化礼堂等文化设施相融合建设，以产生联动促进文化发展的效果。这种建设方式在全国都是创新的，因此，继杭州调研项目之后，将这种创造性的模式深入分析、总结经验、发现不足，成为编写这本书的最重要的目的。

总体来讲，本书是对临安市图书馆历史沿革与发展的系统总结和客观评价，对上是承接杭州市“中心馆—总分馆”制度，对下是将公共图书馆服务扎根于基层，更好地为基层服务。对临安公共图书馆服务体系事业发展的调研，将有助于向其他地区面向基层公共图书馆服务体系建设提供相关的经验。同时，临安市图书馆作为浙江省文化礼堂建设的发源地，已经将农家书屋建设与文化礼堂融合在一起，这正是十八届三中全会提出的现代公共文化服务体系的典型代表，对其整体建设的客观评价，将有助于现代公共文化服务体系落到实处。

公共图书馆是国家宏观文化政策中关键一环，作为一种公益性文化事业，深受国家文化政策，特别是现代公共文化服务体系建设相关政策的影响；临安作为杭州市所属的县级市，其公共图书馆服务体系的发展离不开杭州市图书馆的指导。因此，本书首先对公共文化服务体系相关政策进行了细致的梳理，通过这种由国家到杭州市，再到临安市的公共文化服务体系政策的介绍，读者可以清晰地掌握临安市公共图书馆服务体系事业的整体环境。

临安市公共图书馆服务体系的建设，是现代公共文化服务体系创新的典型代表，特别是现代公共文化服务体系的基层建设在临安市获得了蓬勃发展。因此，本书分别对作为总馆的临安市图书馆、其分馆、农家书屋的建设按照时间历程、服务板块或区域的模式进行总结，这种方式既有助于从宏观上描绘临安市公共图书馆服务体系事业“均等化、标准化”的发展趋势，也便于体现临安市不同区域内基层公共图书馆事业“因地制宜、多元开花”的特点。

临安公共图书馆服务体系的建设是以构建现代公共文化服务体系为目标，围绕杭州图书馆“中心馆—总分馆”制度开展的，本书最后部分对临安图书馆服务体系建设经验进行了系统总结，特别强调了在全国范围内属于创新的农家书屋进农家乐、农家书屋与文化礼堂共建的建设模式，并详细描绘了未来临安市图书馆的发展方向，这是在对临安市图书馆历史沿革、建设模式进行客观评价后的自然结果。

本书是由临安市文化广电新闻出版局黄晓明局长、杭州图书馆褚树青馆长策划，南开大学商学院信息资源管理系徐建华教授审定并组织队伍，与本馆员工合力完成的。2013年“公共图书馆服务体系的探索与实践——杭州调研”启动之时，本书的调研团队即对临安的农家书屋进农家乐、农家书屋与文化礼堂共建、亚分馆升级等工作进行了相应调研。随后，团队又分别于2014年6月、8月、2015年2月进行了三次较大规模的实地调研，对临安市图书馆建馆以来的档案资料、相关文件、现有的全市范围内的分馆、农家书屋、文化礼堂建设情况进行了全面的数据收集与整理，合力完成了此书。调研参与者包括南开大学徐建华教授的学生陈嘉茜、付敏君、王茜、宋志强等，以及本馆员工倪庆云、钟飞亚、章慧莲、孙志敏、李洁、唐晓芳、雷杨、鲍华等。

特别感谢浙江省文化厅柳河副厅长、临安市人民政府裘小民副市长为本书作序，使本书增色不少。本书能够顺利出版，还应该感谢许多关心和支持我们的朋友，包括杭州图书馆、临安市委宣传部、市文化礼堂建设小组，以及天津大学出版社的领导与编辑，没有你们的支持和帮助，就没有本书的如期出版。

临安市图书馆仍然在不断努力，本书既是对过去的总结，也是对未来的展望，欢迎广大读者批评指正，以助力临安市公共图书馆事业更快、更好地发展！

临安市图书馆馆长　钱新峰

2015年10月20日